Mit

Evernote

Selbstorganisation und
Informationsmanagement optimieren

W0074290

Herbert Hertramph

Mit

Evernote

Selbstorganisation und Informationsmanagement optimieren

2. Auflage

mitp

Bibliografische Information der Deutschen Nationalbibliothek
Die Deutsche Nationalbibliothek verzeichnet diese Publikation in der
Deutschen Nationalbibliografie; detaillierte bibliografische
Daten sind im Internet über <http://dnb.d-nb.de> abrufbar.

Bei der Herstellung des Werkes haben wir uns zukunftsbewusst für
umweltverträgliche und wiederverwertbare Materialien entschieden.
Der Inhalt ist auf elementar chlorfreiem Papier gedruckt.

ISBN 978-3-8266-9506-3
2. Auflage 2014

www.mitp.de
E-Mail: mitp-verlag@sigloch.de
Telefon: +49 7953 / 7189 - 079
Telefax: +49 7953 / 7189 - 082

Lektorat: Miriam Robels
Sprachkorrektorat: Frauke Wilkens
Satz: III-satz, Husby, www.drei-satz.de
Druck: Medienhaus Plump GmbH, Rheinbreitbach
Covergestaltung: Christian Kalkert

Inhaltsverzeichnis

Kapitel 3: Ordnen und Sortieren   73

Kapitel 4: Teilen und Zusammenarbeiten   105

Kapitel 5: Erinnern und Erledigen   123

Kapitel 6: Suchen und Finden   139

Kapitel 7: Mobil und flexibel   157

Kapitel 8: Apps und Erweiterungen 185

Kapitel 9: Selbstorganisation und Informationsmanagement 221

Kapitel 10: Tipps und Tricks 265

Kapitel 11: Datenschutz und Premium-Account 291

Das »Prinzip Evernote«

Die Rede von der »Informationsflut« ist in unserer Gesellschaft schon fast zu einer Standardklage geworden. In Zeiten des Internets schwirren so viele Informationen umher wie nie zuvor in der jungen Geschichte der Menschheit. Eigentlich doch ein positiver Umstand, könnte man meinen. Doch die meisten Empfänger von neuen Informationen empfinden die Menge an Daten und Eindrücken eher als Belastung, gerade auch was den beruflichen Alltag betrifft.

Ich kann dies gut nachvollziehen. Meine Arbeit an einer Universität erfordert den täglichen Umgang mit sehr vielfältigen und sehr unterschiedlichen Informationen: Forschungsarbeiten, Materialien für die Lehre, Teilnehmerlisten, Rechercheunterlagen, Sitzungsprotokolle usw. Daher habe ich die letzten zehn Jahre sehr viele Programme ausprobiert, die mir helfen sollten, all diese Informationen zu sichten, zu sortieren und zu archivieren. Von der einfachsten Textdatei über Onlinedienste bis hin zu komplexen Datenbanken war alles dabei und wurde jeweils eine bestimmte Zeit genutzt, bis ich unzufrieden war. Mal fand ich doch nicht das Gesuchte, mal musste ich mit mehreren Programmen gleichzeitig arbeiten, mal war die Pflege der gespeicherten Notizen so zeitaufwendig, dass der Einsatz nicht sinnvoll war.

Kein Wunder, dass ich bei der Suche nach einem besseren Archivierungswerkzeug schon sehr früh – etwa um das Jahr 2006 herum – auf die erste Betaversion von Evernote stieß. Aber es war nicht Liebe auf den ersten Blick, der Testlauf überzeugte mich nicht. Evernote sah etwas »überladen« aus, die Funktionen waren auf die damaligen Geräte abgestimmt – Scanner und erste Stift-Tablets mit dem Windows-Betriebssystem. Ja sicher, alles »nett«, aber die Arbeitserleichterung für meine persönlichen Bedürfnisse war zu gering.

Einige Jahre verlor ich Evernote aus dem Blick, bis durch Smartphone und Tablet die Frage wieder aktuell wurde, welche Software oder welcher Onlinedienst die besten Möglichkeiten bot, um die Informationen auf allen Geräten auf dem gleichen Stand zu halten. Da Evernote für fast alle Betriebssysteme und mobilen Geräte angepasste Varianten seiner Software zur Verfügung stellt, unternahm ich einen neuen Test mit der aktuellen und inzwischen ausgereifteren Version.

Zunächst standen Fragen der beruflichen Verwendung im Vordergrund, etwa um meine Unterlagen zu ordnen und immer einen raschen Zugriff auf sie zu haben. Schon bald stellte sich heraus, dass mit der bloßen Archivierung und Sortierung das Potenzial von Evernote bei Weitem nicht ausgeschöpft war, ja, dass es auf Schritt und Tritt auch im privaten Bereich Einsatzmöglichkeiten gab: Herumliegende Broschüren und Flyer? Sie verschwanden aus meinem Wohnzimmer und landeten als digitale Kopie in Evernote. Konzertankündigungen auf einem Plakat beim Bäcker? Ein Schnappschuss und Evernote bewahrte den Termin für mich auf. Die Öffnungszeiten der Reinigung? Evernote erkannte sie auf dem Kassenbon und ersparte mir manch vergeblichen Weg. Viele persönlich erlebte Beispiele werden sich auf den nächsten Seiten finden.

Vor allem aber erkannte ich, dass die Entwickler von Evernote ein durchdachtes Konzept für den Alltag umgesetzt hatten. Es ging nicht darum, möglichst »bunt« und mit tausend »Knöpfen« und Funktionen zu beeindrucken. Immer stand die Frage im Vordergrund: Ist die und die Funktion für den Alltag des Anwenders wirklich brauchbar und kann er sie möglichst intuitiv nutzen?

All diese Erfahrungen führten schließlich dazu, dass ich einen kleinen Weblog mit Evernote-Tipps (*http://notieren.de*) ins Leben rief, um mich mit anderen Anwendern auszutauschen. Die Resonanz war überwältigend: Inzwischen zählt die Community »Evernote DE« bei Google+ fast 2.000 Mitglieder, mein Flipboard-Magazin »Evernote und mehr« wird zurzeit von rund 17.000 Lesern abonniert. In unzähligen Bereichen wird Evernote von Anwendern eingesetzt, aber dennoch zeigt sich, dass auch langjährige Nutzer nur mit einem Bruchteil der Möglichkeiten von Evernote vertraut sind. Immer öfter kam daher die Anfrage, ob ich nicht einmal ein Buch zu Evernote schreiben könnte – nun, dies ist hiermit geschehen …

Ein Elefantenkopf auf grünem Untergrund – so präsentiert sich Evernote dem Betrachter. Das Wappentier wurde für eine Software gewählt, die sich selbst zum Ziel gesetzt hat, Gedächtnis und Erinnerungsvermögen ihrer Nutzer tatkräftig zu unterstützen. Offensichtlich gelingt es Evernote, dieses Ziel zu erreichen, denn bereits jetzt wird das Programm von über 75 Millionen Menschen weltweit genutzt, täglich kommen etwa 50.000 neue Evernote-Anwender hinzu (Stand 2014).

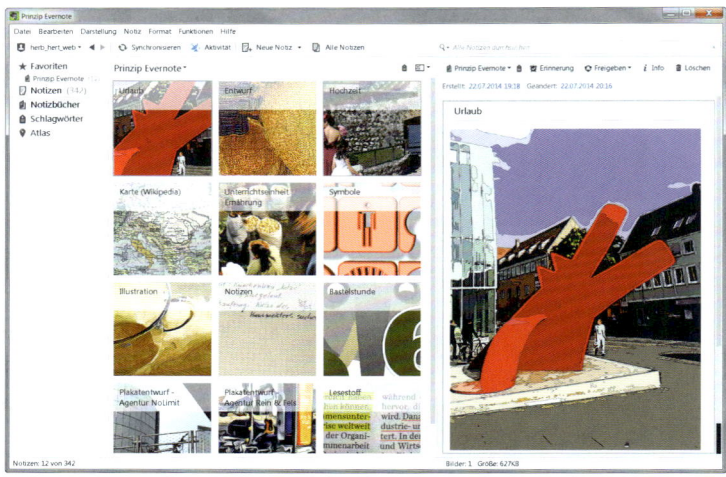

Abb. 1: Prinzip Evernote – das zweite Gedächtnis

Es gibt viele Gründe für den Erfolg von Evernote: Das Programm ist kostenlos erhältlich, es arbeitet mit einer Vielzahl von Betriebssystemen zusammen; ob Windows, Mac, Tablet oder Smartphone – für jedes Gerät existiert eine angepasste Version. Letztendlich sind es aber immer drei zentrale Merkmale, die für das rasante Wachstum von Evernote entscheidend sind:

1. Evernote ist leicht zu bedienen,
2. Evernote funktioniert auf allen Geräten und arbeitet mit allen Betriebssystemen zusammen und
3. Evernote kann an die persönlichen Bedürfnisse problemlos angepasst werden.

Der letzte Punkt ist entscheidend: Evernote ermöglicht es, völlig flexibel auf unterschiedliche Anforderungen einzugehen. Sie möchten eine strukturierte Dateiablage? Evernote bietet Struktur. Sie recherchieren für eine Seminararbeit oder ein Projekt? Evernote sammelt für Sie Informationen zusammen. Sie sind chaotisch und verlegen wichtige Unterlagen? Evernote übernimmt die Suche für Sie. Sie sind Romantiker und möchten sich noch möglichst lange an schöne Momente erinnern? Evernote bewahrt

Ihre Erinnerungen auf. Ihr Beruf erfordert es, dass Sie mit vielen Informationen umgehen? Evernote bereitet diese Informationen für Sie auf. Die Liste ließe sich beliebig erweitern, aber wir werden später noch auf zahlreiche Beispiele zu sprechen kommen.

Ein weiterer Umstand soll an dieser Stelle erwähnt werden: Obwohl sich das Programm bereits seit 2008 auf dem Markt befindet, sind die Nutzerzahlen in den letzten zwei Jahren geradezu explodiert, sodass das Unternehmen selbst von dem riesigen Erfolg überrascht wurde. Dies ist unter anderem der stürmischen Entwicklung auf dem Smartphone- und Tablet-Markt zu verdanken: Die Notizen und Fotos, die unterwegs aufgenommen werden, sollen ohne Umweg auf dem heimischen PC parat sein. Oder umgekehrt: Informationen, die im Büro oder zu Hause erstellt werden, sollen jederzeit unterwegs aufrufbar sein.

Nun stellt sich die Frage: Wenn Evernote so einfach zu bedienen ist, wozu braucht man dann ein ganzes Buch für dieses Programm? Gute Frage! In der Tat können Sie Evernote innerhalb weniger Sekunden installieren, und wenn Sie etwas Erfahrung z.B. mit Office-Programmen haben, werden Sie das Tool bereits nach kurzer Zeit bedienen können. Allerdings fristet die Software dann oft nur ein Dasein als »Notizblock« oder »Dateiablage«. Das ist in etwa so, als wenn Sie sich einen tollen Aktenschrank mit Indexfächern, Dokumentenkörbchen, Hängeregistern und Adressboxen schreinern lassen und anschließend alle Papiere in eine einzige Schublade stopfen.

Das Geniale an Evernote ist, dass es zahlreiche kleine Funktionen zur Verfügung stellt, die im Zusammenspiel ihre Wirkung entfalten. Dazu muss man die Knöpfe und Schalter von Evernote aber näher betrachtet haben, um zu wissen, welche man für seinen eigenen Alltag »drücken« möchte.

Allerdings soll dies hier kein »typisches« Computerbuch sein, das »Bedienungsanweisungen« in den Vordergrund stellt, etwa in der Art: »Klicken Sie links oben auf DATEI, dann sehen Sie rechts unten DRUCKEN und in der Mitte daneben DRUCK BEGINNEN«. Sicher werden Sie erfahren, was sich hinter so mancher Menüoption verbirgt. Aber wichtiger ist, dass Sie das »Prinzip Evernote« verstehen, nämlich wie man durch ein System, das man seinen eigenen Bedürfnissen anpasst, Information strukturieren und besser erfassen kann.

Was erwartet Sie in diesem Buch?

▸ Zunächst erhalten Sie eine kompakte Einführung in das Programm – von der Installation bis zur ersten Notiz.

▸ Danach erfolgt eine Darstellung der zahlreichen Möglichkeiten von Evernote mit vielen Tipps und Tricks, die zum Teil auch langjährigen Evernote-Nutzern unbekannt sind.

▸ Und schließlich gibt es viele Beispiele aus der Praxis, die Ihnen Anregungen für Ihren eigenen Umgang mit Evernote liefern werden.

Dazu kommen Listen, »Spickzettel«, wichtige Weblinks usw. usw. Es kann gut sein, dass dieses Buch in den nächsten Tagen ständig neben Ihrem Computer oder Smartphone liegen und sich Ihr Informationsalltag ein ganzes Stück verändern wird.

Kapitel 1

Installieren und Starten

1.1   Schuhkarton, Notizblock, Datenbank? Evernote ist mehr!

Bevor wir uns den Fragen der Installation und Anwendung von Evernote widmen, sei auf einige zentrale Aspekte aufmerksam gemacht. Evernote ist weit mehr als ein »Archivierungswerkzeug« oder eine »Software für Notizen«. Evernote ist das ideale Werkzeug, um den eigenen – beruflichen oder privaten – Informationsalltag zu bewältigen.

1.1.1   Information auf Schritt und Tritt

Ja sicher, wir leben in einer Informationsgesellschaft. Ich selbst mag dieses Wort nicht, da es suggeriert, dass Menschen all die Informationen, die umherschwirren, auch aufnehmen oder verstehen, was keineswegs der Fall ist. Wichtiger erscheint es mir, Informationen sinnvoll zu verknüpfen oder »zur Hand« zu haben, wenn man sie benötigt.

Aber bleiben wir zunächst bei jenem Alltag, den wir alle kennen. Wir leben in einer Welt, in der uns Informationen auf Schritt und Tritt begegnen. Selbst wenn Sie sich zunächst nur in den eigenen vier Wänden umschauen, werden Sie »Informationsschnipseln« aller Art an vielen Stellen und Orten begegnen:

▸ im Keller: alte Aktenordner, Unterlagen aus Ihrer Studienzeit, Kartons mit Betriebsanleitungen

▸ im Arbeitszimmer: Ordner für die Steuererklärung, Versicherungsunterlagen, Rechnungen; dazu: externe Festplatten und USB-Sticks

▸ im Wohnzimmer: die Post der letzten Tage, Flyer vom Pizzaservice, Konzertankündigungen, Broschüren, Zeitungsausschnitte

▸ in der Küche: aktuelle Termine, Sonderangebote, Kühlschranknotizen

▸ in Aktentasche, Handtasche oder Citybag: Kassenbons, Quittungen, Belege, Unterlagen vom Büro, Reinigungszettel

Dazu werden an verschiedenen Stellen Ihres Haushalts Schachteln verteilt sein mit Materialien, die Sie sonst nirgendwo einordnen können. Oder einordnen wollten, wenn mal Zeit dazu ist. Diesen Entschluss haben Sie nach Neujahr gefasst. Vor zwei Jahren, wohlgemerkt.

Wenn Sie nun eine Information suchen, von der Sie wissen, dass Sie sie »eigentlich« haben, hängt es sehr vom Glück ab, ob Sie fündig werden. Welcher Ordner, unter welchem Buchstaben. Welcher Karton in welchem Regal? Welcher Papierstapel in welchem Zimmer? Irgendwann werden Sie irgendwie fündig – und wenn es zwei Wochen später durch Zufall ist, weil Sie irgendetwas anderes suchen.

▸ **Evernote möchte Ihr zentraler Ort für Informationen sein.** Obwohl man eher von einem Portal sprechen müsste. Evernote ist von einem bestimmten Raum oder Gerät unabhängig – Sie müssen einzig und allein Zugang zu Ihrem Account haben. Von wo aus Sie Evernote aufrufen, ob am PC zu Hause oder in der Eisdiele mit dem Smartphone, ist unerheblich.

▸ **Evernote möchte Ihnen zeigen, was es hat.** Evernote bietet Ihnen nicht einen Wust von Verzeichnissen, Dateinamen, Textwüsten. Wo immer es geht, werden Sie ein Bild, ein Foto, eine Grafik, eine Vorschau von dem Gesuchten zu Gesicht bekommen.

▸ **Evernote möchte Ihnen eine tolle Suchfunktion zur Verfügung stellen.** Sie erinnern sich an ein Wort in einem abfotografierten Text? Evernote wird fündig. Sie wissen, wann Sie die Notiz ungefähr verfasst haben? Evernote passt den Zeitraum an. Sie wissen, an welchem Ort Sie eine Information verfasst haben? Evernote blendet einen Stadtplan ein.

Und da Sie handgeschriebene Texte, Fotos, Webinhalte, Scans und Töne in Ihr persönliches Archiv aufnehmen können, gibt es unendliche Möglichkeiten für den Einsatz von Evernote. Angefangen von der kurzen, raschen Notiz weniger Stichwörter über die schönsten Urlaubserinnerungen bis hin zum systematischen Einordnen aller beruflichen Unterlagen. Ein System, das sich Ihnen und Ihren Bedürfnissen anpasst, ohne dass Sie sich in eine komplizierte Bedienung einarbeiten müssten. Für den Alltag genügen wenige Handgriffe, um Evernote zielgerichtet nutzen zu können. Plus eine Reihe pfiffiger Ideen – und all das finden Sie in diesem Buch zusammen mit einer Vielzahl von Praxisbeispielen.

1.1.2   An wen richtet sich Evernote?

Man könnte es einfach ausdrücken: Evernote richtet sich an alle, die mit verschiedenen Informationen umgehen müssen oder wollen. Dabei bleibt aber festzuhalten, dass Sie keineswegs ein bestimmter »Ordnungstyp« sein müssen, um Evernote zu mögen. Sie können durchaus ein eher »chaotischer« Typ sein, der alle Steuerunterlagen im Karton zum Steuerberater bringt. Oder der »strukturierte« Typ, der auch bei sehr großen Datenmengen den Überblick behalten möchte. Einige kurze Beispiele sollen dies verdeutlichen:

▸ Im privaten Bereich können Sie mit Evernote Übersicht im Informationschaos schaffen, Geburtstage notieren, Rezeptsammlungen anlegen, Fotoalben archivieren, schöne Momente notieren – kurz gesagt: Sie können sich ein zweites Gedächtnis zulegen.

▸ Als Schüler oder Student finden Sie in Evernote einen idealen Lernbegleiter: Ob es das Ordnen von Unterrichtsmaterialien ist, Material für eine Präsentation gesammelt werden soll, Klausuren vorzubereiten sind oder Sie sogar an einer Bachelor- oder Masterarbeit sitzen – Evernote leistet in all diesen Bereichen unschätzbare Dienste.

▸ Im beruflichen Bereich oder im Homeoffice spielt Evernote seine Stärken aus, wenn Sie an mehreren Arbeitsplätzen arbeiten: das Büro an der Uni, das Arbeitszimmer zu Hause, die Tagung in einer anderen Stadt, Begegnungen mit Konferenzteilnehmern. Immer sind Unterlagen und Daten griffbereit, unabhängig von Orten und Geräten. Selbst wenn Sie Ihr Notebook oder Ihr Smartphone im Zug vergessen haben – es genügen die Zugangsdaten, um die persönlichen Materialien auf einem einfachen Hotelcomputer herunterzuladen.

▸ Als Blogger werden Sie rasch die Vorteile von Evernote erkennen: Artikelideen sammeln, News von Webseiten speichern, Rohentwürfe von Texten anfertigen, ein eigenes Grafikarchiv erstellen, eine längere Artikelserie vorbereiten. Als Journalist, Schriftsteller, Lehrer, Coach oder Dozent werden Sie die vielfältigen Möglichkeiten von Evernote schätzen lernen, Material zu recherchieren, zu archivieren und zu strukturieren. Gerade wenn Sie zeitlich knapp dran sind, haben Sie mit Evernote im Nu eine Zusammenstellung zu dem gerade aktuellen Thema. Selbst wenn die ursprünglichen Texte oder Bilder im Netz längst wieder verschwunden sind.

Evernote ist also für all jene interessant, die mit Informationen umgehen müssen oder wollen – und die dabei den Überblick behalten möchten.

1.2   Erste Schritte

Da Firmen- und Produktname identisch sind, kann »Evernote« mehrere Bedeutungen haben. Man kann darunter das Unternehmen in Redwood City, Kalifornien, verstehen, das seine Software weltweit für die Verwaltung von Dokumenten und Informationen zur Verfügung stellt und auch Schulen berät. Oder man versteht darunter einen Onlinedienst, der persönliche Daten zentral aufbewahrt und auf Wunsch auf die Geräte des Dateninhabers zurückspielt; also ein typischer »Cloud-Dienst«, der auf seinen Servern Informationen seiner Kunden zwischenspeichert. Oder es wird damit schlicht und einfach das Softwareprodukt an sich bezeichnet, das sich in Form eines Programms auf Mac oder PC oder in Form einer App auf einem Smartphone oder Tablet findet. Die Unterscheidung ist eher akademischer Natur, denn die Grenzen sind fließend. Aber so kommt es, dass Sie, obwohl Sie ein Computerprogramm einsetzen, sich zeitgleich bei dem Onlinedienst einen – kostenlosen – Account besorgen müssen. Das geht schnell, denn das Verfahren kennen Sie sicher bereits von anderen Diensten wie z.B. Google Mail, GMX.de oder Web.de.

1.2.1   Ein Evernote-Konto einrichten

Am Anfang steht das Einrichten eines persönlichen Kontos bei Evernote, damit Sie von jedem Gerät und von jedem Ort aus Zugriff auf Ihre Notizen und Unterlagen haben. Im Unterschied zu sozialen Netzwerken wie Facebook möchte Evernote fast nichts von Ihnen wissen: Weder Anschrift noch Geburtsdatum noch irgendwelche Freundeslisten müssen eingegeben werden. Eine gültige E-Mail-Adresse und der gewünschte Benutzername genügen, denn bei Evernote handelt es sich um einen eher »abgeschotteten« Dienst, der – im Unterschied zu bekannten sozialen Netzwerken wie Facebook – nicht an Ihrem Beziehungsgeflecht interessiert ist. Soziale Netzwerke möchten in aller Regel möglichst viel über Sie und Ihren Freundeskreis erfahren, um diese Daten der Werbebranche zur Verfügung stellen zu können. Wir werden noch genauer sehen, dass Evernote ein völlig anderes Geschäftsmodell hat (siehe Abschnitt 11.1). Daher garantiert Ihnen

Evernote sogar ausdrücklich: »Ihre Daten gehören Ihnen – und sonst niemandem« (»Die drei Regeln des Datenschutzes« *http://evernote-de.tumblr.com/post/4084829534/die-drei-evernote-regeln-des-datenschutzes*).

Einen Account können Sie bei der Installation des Evernote-Programms anlegen oder vorab auf der Webseite von Evernote:

1. Rufen Sie die Homepage von Evernote in Ihrem Browser auf: *http://www.evernote.com*. Dabei sehen Sie auch sogleich, dass die Texte in Deutsch gehalten sind. Sprachprobleme wird es also nicht geben.
2. In der Mitte bzw. rechts oben auf der Seite entdecken Sie zwei Startpunkte:
   - ▸ ANMELDEN: Wenn Sie bereits über ein Konto verfügen, können Sie sich hier über das Web einloggen.
   - ▸ REGISTRIEREN: Dieser Punkt interessiert uns, denn hier wird ein Konto neu angelegt.

Abb. 1.1: *Die Homepage von Evernote*

Nach der Eingabe Ihrer E-Mail-Adresse in das Feld neben REGISTRIEREN werden Sie nur noch nach dem gewünschten Passwort gefragt. Direkt danach beginnt der Download für Ihr Betriebssystem.

Abb. 1.2: *Passwort wählen*

Sie erhalten wenige Sekunden nach der Registrierung eine Bestätigungs-mail an die angegebene E-Mail-Adresse, die einen Aktivierungslink ent-hält. Erst nach dem Anklicken dieses Links wird Ihr Konto eröffnet. Ever-note möchte damit vermeiden, dass sich ein Unbefugter Ihrer Mailadresse bedient.

Für künftige Anmeldungen benötigen Sie ab sofort nur noch Ihren Benut-zernamen und Ihr Passwort – mehr nicht. Sollten Sie Ihr Passwort verges-sen haben, brauchen Sie nur Ihren Benutzernamen oder Ihre Mailadresse unter dem Punkt PASSWORT VERGESSEN einzutragen – Evernote schickt Ihnen umgehend eine Mail mit hilfreichen Informationen.

Ein Evernote Konto erstellen

Evernote ist eine Anwendung, mit der Sie sich an alles erinnern können, und das auf allen Computern, Telefonen und Tablet-PCs, die Sie verwenden.

Alles festhalten
Speichern Sie Ihre Ideen, Aufgaben, Projekte, Dateien, Recherche-Ergebnisse und vieles mehr.

Von überall abrufen
Mit Evernote können Sie von überall auf Ihre Erinnerungen zugreifen.

Führen Sie schnelle Suchvorgänge aus
Durchsuchen Sie Ihre Notizen nach Schlüsselbegriff, Schlagwort oder sogar mit Texterkennung in Bildern oder Handschrift.

Abb. 1.3: Evernote-Konto erstellen

1.2.2   Evernote-Software installieren

Im Prinzip könnten Sie alle Ihre Materialien allein über die Webseite von Evernote verwalten (und keine zusätzliche Software oder App dazu benötigen). Denn der Webbereich des Evernote-Dienstes ist, wie wir später noch eingehender betrachten werden, optisch und funktional wirklich gut gestaltet. Aber leichter und schneller lässt sich Evernote über die jeweilige Software bedienen. Und da es diese für praktisch alle Systeme – von Windows über Mac OS bis hin zu iPhone, Android, BlackBerry und WindowsPhone – gibt, steht einer Benutzung nichts im Wege.

Evernote hat seine Programme klein und »leicht« gehalten. Selbst wenn Sie einen älteren Computer mit Windows XP im Büro und zu Hause einen superschnellen mit Windows 8 stehen haben – auf allen Systemen wird die Software in der Regel zügig und ressourcenschonend laufen.

Übrigens: Zunehmend gehört Evernote zu den »Standardprogrammen«, die auf neuen Geräten bereits vorinstalliert sind. So finden Sie das grüne Evernote-Icon oft auf Android-Smartphones und -Tablets, aber auch bei

Computern mit Windows 8. In diesem Fall müssen Sie nur das Programm starten und Ihre Kontodaten eingeben – eine Installation entfällt.

Auch bei allen App-Stores – Google-Play, Mac-App-Store, iOS-App-Store usw. – ist Evernote zu finden und rangiert meist auf den vorderen Plätzen. Das Programm wird wie jede andere App auf Ihrem Gerät installiert.

Installation unter Windows

Da Windows bis zur Version 7 keinen eigenen App-Store hat, hier kurz die Schritte für die Installation:

Herunterladen können Sie die Programmdatei unter dem Link

http://evernote.com/intl/de/download/

Sie werden gefragt, ob Sie die Datei Evernote-XYZ.exe speichern möchten. Dies bestätigen Sie und starten danach das Installationsprogramm mit einem Doppelklick.

Wie gewohnt können Sie während der Installation einfach die Standardwerte bestätigen, z.B. die Installation in den Festplattenpfad PROGRAMME, oder Sie passen die Angaben Ihren Wünschen gemäß an. Zum Schluss tragen Sie Ihre E-Mail-Adresse (alternativ: Ihren Benutzernamen) und Ihr Passwort ein. Sollten Sie zuvor noch kein Konto auf der Webseite angelegt haben, haben Sie die Möglichkeit, dies direkt aus dem Installationsprogramm heraus zu erledigen.

Nach der Installation finden Sie das grüne Evernote-Icon auf Ihrem Desktop bzw. im Startmenü unter ALLE PROGRAMME/EVERNOTE die entsprechende Verknüpfung.

E-Mail-Bestätigung

Es lohnt auch ein genauerer Blick auf die E-Mail-Bestätigung. Neben Ihrem Benutzernamen entdecken Sie dort eine persönliche Evernote-Adresse in der Form xyz@m.evernote.com. An diese Adresse, die nur Ihnen selbst bekannt ist, können Sie später per Mail Unterlagen schicken, die in Ihr Evernote-Konto aufgenommen werden (siehe Abschnitt 7.2.4).

An dieser Stelle etwas Grundsätzliches zu den Unterschieden der einzelnen Betriebssystemversionen von Evernote. Windows- und Mac OS-Version sind in Aussehen und Funktionalität sehr ähnlich, die Versionen für iOS bzw. Android unterscheiden sich hingegen sehr deutlich im Aussehen, haben aber in etwa die gleichen Funktionen. Für Windows 8 existiert neben der Desktopversion auch eine App-Variante für die Kacheloberfläche dieses Betriebssystems. Wer Linux bevorzugt, sollte sich einmal das Projekt »Nevernote/Nixnote« näher ansehen (*http://nevernote.source-forge.net*).

Abb. 1.4: *Bestätigungsmail von Evernote*

Die einzelnen Versionen werden in unterschiedlichem Tempo von Evernote entwickelt. So gab es die Terminerinnerungen (siehe Kapitel 5) zuerst für Mac OS und Android, erst später für Windows, während die Dokumentenkamera (siehe Abschnitt 7.1.3) zuerst bei der iPhone-App Einzug hielt. Alle zentralen Funktionen – Notizbücher, Schlagwörter, Lesezeichen, Suchmöglichkeiten – sind aber immer in jeder Version vorhanden.

Kapitel 2

Schreiben und Sammeln

2.1 Ihre erste Notiz

Nach dem ersten Start von Evernote ist noch nicht viel zu sehen, da Sie ja noch keine Inhalte aufgenommen haben. Deutlich wird aber jetzt bereits die Grundstruktur von Evernote: Informationen werden in drei Spalten abgebildet.

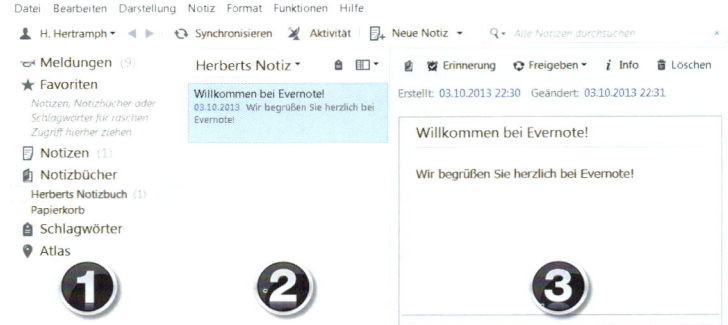

Abb. 2.1: *1 – 2 – 3: alles im Blick*

Spalte 1: Struktur

Die linke Spalte nimmt Namen von einzelnen Notizbüchern auf, Schlagwörter, die Sie später an Notizen vergeben, gruppiert Notizen auf einer geografischen Karte (ATLAS) und bieten oben Platz für individuelle Lesezeichen (FAVORITEN).

Spalte 2: Überblick

Die mittlere Spalte sorgt dafür, dass Sie möglichst viele Notizen gleichzeitig im Blick haben. Dafür stehen Ihnen verschiedene Ansichten zur Verfügung: von der tabellarischen Auflistung der Notizüberschriften über kurze Texte bis hin zur Grafikvorschau in Kästchen.

Spalte 3: Inhalt

Im Hauptfenster, Spalte Nr. 3, das auch den größten Platz einnimmt, befindet sich der eigentliche Inhalt der Notiz, gewissermaßen Ihr »Notizblatt«. Allerdings kann dieses Blatt nicht nur Texte aufnehmen, auch Fotos, Dokumente, handschriftliche Skizzen und vieles mehr kann eine Notiz umfassen. Das mag als erster Überblick genügen; zu den Einzelheiten kommen wir gleich.

Ihr nagelneues Evernote-Konto ist nicht ganz leer – ein Notizbuch wurde für Sie bereits angelegt, das alle neuen Notizen aufnimmt. Ich werde noch darauf eingehen, um was es sich bei »Notizbüchern« und »Notizen« genau handelt. Evernote hat jedenfalls Ihrem ersten Notizbuch Ihren Benutzernamen gegeben. Sie können diesen Namen verwenden, aber damit es klarer wird, was der Sinn dieses Notizbuchs ist, ändern wir zunächst den Namen. Hierzu markieren Sie mit der Maus den Namen des Notizbuchs (im abgebildeten Beispiel HERBERTS NOTIZBUCH) und rufen nach Klicken mit der rechten Maustaste den Punkt UMBENENNEN auf.

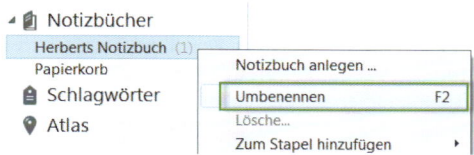

Abb. 2.2: Namensänderung

In unserem Beispiel taufen wir das Notizbuch EINGANGSKORB, Sie könnten es auch STANDARD, SAMMELSURIUM oder was immer Ihnen in den Sinn kommt nennen.

Und wir nehmen auch gleich unsere erste Notiz auf:

1. Wählen Sie den Menüpunkt NEUE NOTIZ.

   In der rechten Spalte öffnet sich eine leere Notizseite, die Grafiken, Dateien und Text aufnehmen kann. Der Cursor befindet sich unter einer Linie (Feld 2); in diesem Feld können Sie Ihren Text verfassen. Schreiben Sie beispielsweise:

   `Dies ist meine erste Notiz – es ist gar nicht schwer!`

2. Geben Sie einen Titel für die Notiz ein.

   Damit dieser Notizzettel auch eine Überschrift erhält, klicken Sie bitte in die Zeile über der Linie (Feld 1) (dort ist zunächst hellgrau die Anweisung ZUM FESTLEGEN DES TITELS KLICKEN eingetragen). Dort tippen Sie:

   `Beispielnotiz`

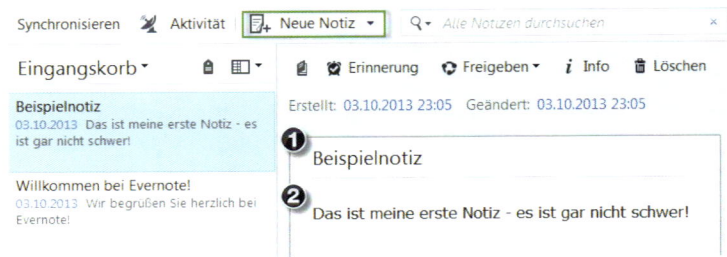

Abb. 2.3: *Ihre erste Notiz*

Hinweis

Sie fragen sich vielleicht, warum der Cursor nicht zunächst in der Titelzeile steht. Beim Anlegen einer neuen Notiz »springt« Evernote in das Hauptfeld, um Ihnen Arbeit abzunehmen. Die erste Zeile Ihres Textes wird automatisch für die Überschrift übernommen, sofern die obere Zeile leer ist. Sie können aber jederzeit einen anderen Titel vergeben.

Das war doch einfach, oder? Werfen Sie nun einen Blick auf die mittlere Spalte: Dort entdecken Sie ebenfalls die Überschrift und die ersten Wörter Ihrer Notiz. Diese mittlere Spalte wird zu einer Art »Inhaltsverzeichnis« oder »Übersicht« werden. Falls Ihre Notiz eine Grafik, ein Foto oder eine PDF-Datei enthält, sehen Sie in dieser Spalte auch ein Vorschaubild. Dazu später mehr.

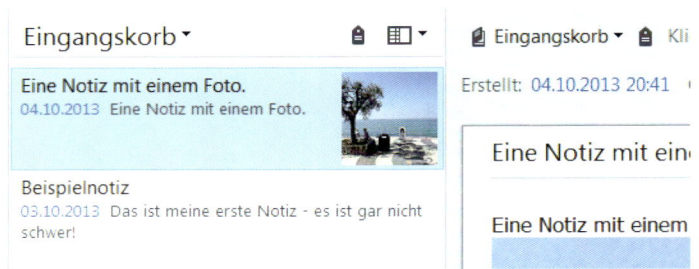

Abb. 2.4: *In der mittleren Spalte erhalten Sie eine Übersicht*

Hinweis

Sofern Sie mit dem Internet verbunden sind, wird Evernote übrigens im Hintergrund auf den Evernote-Servern sichern. Davon werden Sie nicht viel bemerken – aber im Prinzip könnten Sie bereits jetzt mit jedem beliebigen Computer und Ihren Zugangsdaten die Notiz einsehen, die Sie gerade eingegeben haben.

2.1.1   Ein Notizblatt hat viel zu bieten

Sie werden gleich noch sehen, dass ein Notizblatt nicht nur Texte aufnehmen kann, sondern auch Dateien, Fotos und Webinhalte. Bevor ich dazu komme, lassen Sie uns einen Blick auf jene Bereiche eines Notizblatts werfen, die zusätzliche Informationen zum Inhalt liefern. Zu jedem Notizblatt gehören einige weitere Felder, die zum Teil automatisch von Evernote ausgefüllt werden. Die Inhalte können auch vom Anwender verändert oder ergänzt werden. Selbst wenn nicht jede Notiz unbedingt alle Felder benötigt, ist es gut zu wissen, was sich hinter den Informationen verbirgt, denn diese liefern weitere Möglichkeiten der Sortierung und Gestaltung des eigenen Archivs.

Des Weiteren stellt Evernote eine Reihe von Formatierungsmöglichkeiten für den Text einer Notiz zur Verfügung. Auch diese Funktionen sollen hier kurz besprochen werden.

2.1.2   Notizbuch, Titel und Datum

Selbst wenn Sie nur einige Textzeilen eingeben, werden von Evernote automatisch folgende Informationen eingetragen:

▸ Der Titel oder die »Überschrift« einer Notiz. Dazu verwendet Evernote entweder eine Standardformulierung (z.B. »Schnappschuss«) oder die erste Zeile Ihres Notiztextes.

▸ Das Notizbuch. In aller Regel wird der Name Ihres Standardnotizbuchs verwendet. Ein Klick auf dieses Feld öffnet ein Pull-Down-Menü mit einer Auswahl aller vorhandenen Notizbücher.

▸ Ein ERSTELLT- und ein GEÄNDERT-Datum. Also Tag und Uhrzeit des ersten Erstellens der Notiz und das Datum der letzten Änderung.

📁 Eingangskorb ▾ 🔒   Urlaub   ⌄   📅 Erinnerung   🔄 Freigeben ▾   *i* Info   🗑 Löschen

Erstellt: 04.10.2013 20:50   Geändert: 04.10.2013 20:52

Unser Ausflug

Abb. 2.5: *Die Standardfelder einer Notiz*

2.1.3   Autor, Speicherort und Quelle

Neben den eben erwähnten Standardeinträgen gibt es noch Felder, die nicht immer ausgefüllt sind. Die Liste dieser Felder erhalten Sie durch einen Klick auf *i* INFO. Interessant sind vor allem folgende Eintragungen:

▸ Der AUTOR. Wenn Sie eine Mail aus Outlook übernommen haben, erscheint hier die E-Mail-Adresse des Absenders. Sie können aber auch Autorennamen per Hand eintragen.

▸ Unter QUELL-URL erscheint ein Weblink, wenn Sie eine Webseite oder einen Ausschnitt daraus in Evernote aufgenommen haben. Dieser Link bleibt anklickbar, sodass Sie jederzeit zur Originalseite im Web wechseln können.

▸ Der ORT, eine Adress- oder Regionalangabe, ist oft bei Notizen zu finden, die auf einem mobilen Gerät entstanden sind (z.B. bei einem Foto, das mit einem Smartphone aufgenommen wurde). Durch einen Klick auf die Ortseingabe wird in Ihrem Browser Google Maps mit der entsprechenden – meist sehr exakten – Markierung aufgerufen.

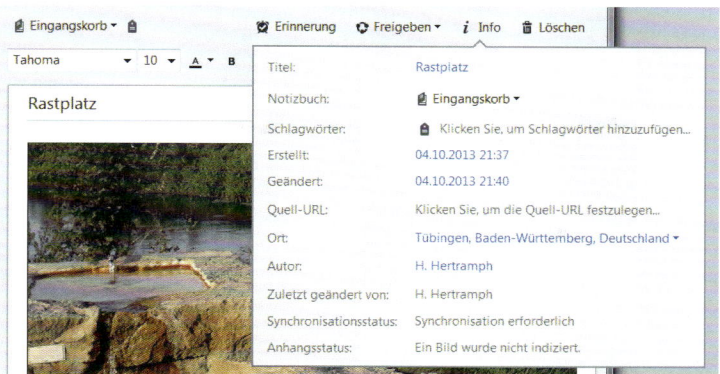

Abb. 2.6: *Notizen können auch Ortsangaben enthalten*

Drei weitere Felder sind in Evernote von zentraler Bedeutung: Neben dem Namen des Notizbuchs (EINGANGSKORB) sehen Sie ein kleines Etikettenschild – ein Symbol für das Schlagwortfeld. Daneben das Icon eines Weckers mit dem Zusatz ERINNERUNG. Und schließlich noch den Menüpunkt FREIGEBEN. Da es zu diesen Feldern sehr viel zu sagen gibt, werde ich in eigenen Kapiteln darauf zu sprechen kommen.

2.1.4 Ansichtswechsel: Notizen formatieren

Sobald Sie das eigentliche Notizblatt anklicken, wechselt die Menüleiste über dem Notiztitel. Erstelldatum und Ortsangabe werden ausgeblendet, stattdessen wird eine Leiste mit Menüpunkten zur Textformatierung angezeigt.

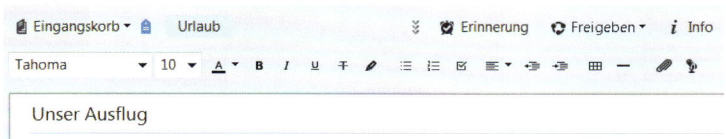

Abb. 2.7: *Formatierungsmöglichkeiten für Texte*

Evernote verfügt über grundlegende Formatierungsmöglichkeiten wie die Einstellung der Schriftart, Einrückungen, Auszeichnungen als fett oder kursiv, die heutzutage durch die gängigen Textverarbeitungen bekannt sind. Auch hier folgt Evernote dem »Keep it simple«-Prinzip. Eine rasche Notiz erfordert nicht alle möglichen Layouteinstellungen, bei denen man mühsam die richtige Funktion suchen muss. Das Erstellen von Broschüren oder komplizierten Ausdrucken soll weiterhin im gewohnten Programm geschehen, also z.B. in Word, InDesign oder Photoshop. Die Ergebnisse dieser Programme können ja jederzeit als Anhang einer Notiz beigefügt werden. Schon jetzt sei verraten: Evernote hat einen sehr cleveren Weg gefunden, Dateien von externen Programmen bearbeiten und aktualisieren zu können. Das Stichwort dazu lautet »Live-Update« – siehe Abschnitt 3.5.2.

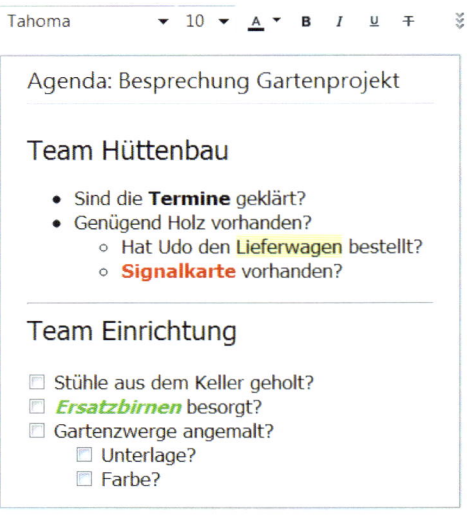

Abb. 2.8: *Texte in Evernote erstellen*

Hervorzuheben ist neben der Tabellenerstellung und dem Leuchtmarker insbesondere die Checkbox-Funktion. Mit dieser lassen sich nicht nur rasch To-do-Listen und Projektschritte erledigen, sie liefert auch einen speziellen Suchparameter, sodass man sich später beispielsweise alle Notizen anzeigen lassen kann, die noch offene Posten aufweisen (siehe Abschnitt 6.4).

Tipp

Wenn Sie statt der Formatierungsleiste wieder die Reihe mit den erwähnten Feldern einblenden möchten, klicken Sie kurz in die mittlere Spalte. Damit sind Sie nicht mehr im Bearbeitungsmodus der Notiz.

2.2   Der digitale Schuhkarton: Die vielen Gesichter der Notizen

Der Anfang ist gemacht; wie einfach Text in Evernote aufgenommen werden kann, wurde zu Beginn dieses Kapitels gezeigt. Doch die Flut an Informationen, die zu unserem Alltag gehört, besteht aus vielen, vielen unterschiedlichen Informationsarten. Wenn noch einmal das Bild des Schuhkartons bemüht werden darf: Dort finden sich Quittungen, Rechnungen, Broschüren, Kinokarten usw. Doch auch das ist nur ein kleiner Bereich unserer Informationswelt. Ob Dokumente in Dateiform, Urlaubsfotos, Informationen aus dem World Wide Web, E-Mails – eigentlich müssten wir einen Schuhkarton mit gigantischen Ausmaßen haben, wollten wir all das unter einen Hut bringen. Um sich die Vielfalt der Informationen noch einmal kurz vor Augen zu führen, eine Liste von Beispielen, die bei Weitem keinen Anspruch auf Vollständigkeit legt:

‣ das Wohnzimmer: die Visitenkarte des Energieberaters, der Konzertflyer, der Müllabfuhrkalender am Kühlschrank, die Busverbindungen, der Reinigungsabholschein, Bedienungsanleitungen, Prospekte, Ausschnitte aus Wochenblättern …

‣ die Ordner im Aktenschränkchen: der Rentenbescheid, die Heizungsrechnung, Spesenquittungen von der letzten Dienstreise, Rechnungen für die nächste Steuererklärung, Versicherungspolicen …

‣ Unternehmungen und Freizeit: die Reiseplanung, Erinnerungsfotos, Fahrpläne, Rezepte, Bastelanleitungen, Etiketten von Weinflaschen, Adressen und Rufnummern, Termine von Freizeitveranstaltungen, Musikstücke, Videos …

‣ der Computer: wichtige Sicherungsdateien, Einstellungen des WLAN-Routers, verzweigte Pfade zu Konfigurationsprogrammen, Hilfedateien und Lizenznummern zu Softwareprodukten, Dateien, die beruflich wichtig sind, Passwörter …

▸ das Internet: Mails mit Bestellbestätigungen, Telefonrechnungen, PDF-Dateien zu einem aktuellen Thema, Einzelartikel von Onlinezeitungen, Geschenkwünsche vom Onlinebuchhandel, ein Angebot auf eBay, Infos für die Weiterbildung, Geschenkideen für die nächsten Geburtstage …

▸ unterwegs: Informationen auf Schildern, Fotos, Notizen von Freunden, Fundstücke, Einfälle beim Spaziergang, im Café Skizzen auf Servietten …

Diese tausend Schnipsel verdichten sich zu einem Knäuel im Kopf und werden für viele zu einem fast unüberwindlichen Berg bei der Bewältigung alltäglicher Aufgaben.

Nun kann Evernote nicht alle Probleme lösen, aber das Programm ist außerordentlich hilfreich beim Ablegen, Archivieren, Sicherinnern, Wiederfinden, Umsortieren – kurz: Evernote verschafft einen Überblick über all das, was uns im Alltag so begegnet. Und das nicht nur am Notebook zu Hause oder am Computer im Büro, sondern auch unterwegs mit Tablet/iPad oder Smartphone.

Abb. 2.9: Informationsflut im Alltag

2.2.1   Wie gelangt die Information in den Karton?

Bei der einfachen Textnotiz, die Sie am Anfang dieses Kapitels geschrieben haben, wurde der Inhalt direkt in Evernote erzeugt. Aber es gibt viele Wege, auf denen Informationen in ein Evernote-Notizbuch gelangen können:

▸ Sie können eine Audionotiz erstellen, indem Sie z.B. ein Headset verwenden. Sie können auch ein Bild mit Ihrer Webcam einfangen.

‣ Dateien aus Textverarbeitungen oder Tabellenkalkulationen können angehängt, PDF-Dateien integriert werden.

‣ Fotos, Grafiken und Skizzen können in eine Notiz einfach per Drag & Drop wandern.

‣ Webseiten oder Artikel aus Onlinezeitungsangeboten können in Evernote archiviert werden.

‣ Dateien, die ein Scanner von Ihrem Schriftverkehr erzeugt, können automatisch von Evernote erkannt und archiviert werden.

‣ Direkt aus dem Dateimanager heraus können Sie Unterlagen an Evernote senden oder, auf einem Mac-System, sogar via »Evernote-Drucker« aufnehmen.

‣ Sie können auch an Evernote »schreiben« und dem Programm per Mail eine Datei zusenden.

Dies mag für einen kurzen Überblick genügen – alle diese Methoden beschreibe ich auf den folgenden Seiten ausführlich.

2.2.2 Die Textnotiz

Da das Eingeben von Texten die einfachste Form ist, eine Notiz zu erstellen, haben wir diese Variante bereits zu Beginn dieses Kapitels kurz besprochen und müssen hier nicht mehr ausführlich darauf eingehen. Woran Sie aber denken sollten: Jeder Text kann mit weiteren Informationen ergänzt werden, z.B. durch ein Foto oder einen Dateianhang. Und umgekehrt kann jedes in Evernote gespeicherte Dokument durch einen eigenen Text ergänzt werden. Durch diesen zweiten Punkt unterscheidet sich Evernote auch von einer reinen Onlinefestplatte, auf der Dateien unkommentiert gespeichert werden.

2.2.3 Besondere Dateien: PDF-Dokumente, Fotos und Grafiken

Die im vorigen Abschnitt erwähnten Dateien verhalten sich wie normale Anhänge, die Sie auch vom Mailprogramm her kennen – sie sind gewissermaßen an eine Notiz »geheftet« und Sie müssen sie erst öffnen, um einen Eindruck vom Inhalt zu bekommen. (Zumindest, wenn Sie das Windows-Betriebssystem verwenden – bei Mac-Usern kann oft auch eine Vorschau solcher Formate eingeblendet werden.) Eine der Stärken von

Evernote ist aber, dass Sie in vielen Fällen einen »Soforteindruck« erhalten können, ohne ein weiteres Programm zu bemühen. Dies trifft zu auf

‣ Texte und Formatierungen, die in Evernote erstellt wurden,

‣ Texte und Formatierungen, die aus Dateien mit bestimmten Formaten (TXT, HTML oder RTF) übernommen wurden,

‣ Webseiten, die in Evernote mit dem Web Clipper gespeichert wurden (siehe Abschnitt 2.2.10),

‣ PDF-Dateien,

‣ Fotos, Grafiken, Illustrationen in einer Notiz.

Dadurch erhalten viele Notizen einen aussagekräftigen visuellen Anker, durch den Sie sehr schnell eine gewünschte Notiz wiederfinden können.

***Abb. 2.10**: Grafiken und PDF-Dateien erhalten Vorschaubilder*

PDF-Dokumente

PDF – Portable Document Format – hat sich seit vielen Jahren als Standardformat für den Austausch von Dateien durchgesetzt: Behörden bieten ihre Formulare in diesem Format an, Unternehmensseiten ihre Handbücher und Gebrauchsanleitungen, Zusammenfassungen, Aufsätze, Studienergebnisse – die Liste ist praktisch endlos. (Fast die gesamte digitale Bibliothek mit allen Lehrbüchern an der Universität, an der ich arbeite, ist in diesem Format gehalten.)

Daher hat Evernote einen besonderen Schwerpunkt auf die Verwaltung von PDF-Dateien gelegt: Die erste Seite eines PDF-Dokuments wird als Erinnerungshilfe sowohl in der Ausschnittvorschau in der Mitte des Programms angezeigt als auch direkt beim Aktivieren in der Notiz.

Außerdem können Sie das PDF-Dokument »innerhalb« der Notiz lesen, Sie müssen die Datei also nicht in einem getrennten Anzeigeprogramm aufrufen. Wenn Sie hingegen lieber die Datei in Ihrem gewohnten PDF-Anzeigeprogramm lesen möchten, etwa im Adobe Reader, geht dies auch problemlos: Führen Sie einfach einen Doppelklick auf der angezeigten Datei oder dem kleinen Adobe-Icon am oberen Rand aus.

Des Weiteren können Sie die Datei ganz bequem via Drag & Drop mit dem kleinen »Griff« rechts außen direkt in jedes beliebige andere Programm ziehen, z.B. auf eine Mail in Outlook.

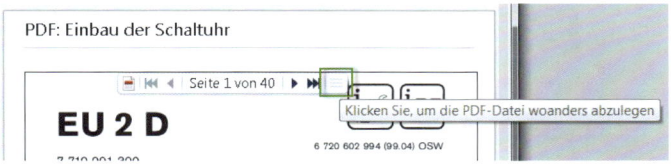

Abb. 2.11: *Bedienelement für PDF-Dateien*

Tipp

Noch kurz ein Wort zu den dicken Bedienungsanleitungen, die mit ihren Serbisch-/Chinesisch-/Kisuaheli-Übersetzungen viel Platz wegnehmen: Im Netz finden Sie auf der Herstellerseite oft eine PDF-Version der Gebrauchsanleitung ausschließlich in Ihrer Sprache. Nehmen Sie diese in Evernote auf, vielleicht zusammen mit einem Scan des Kaufbelegs, damit Sie später auch gleich am Datum erkennen können, ob ein Reparaturfall noch in der Garantiezeit liegt.

Fotos

Ob Fotos nun mit einer kleinen Digitalkamera oder mit dem Smartphone gemacht werden, sie sind ideale Informationslieferanten: Schilder mit Öffnungszeiten, ein Konzertplakat auf dem Heimweg, die Besprechungsnotizen auf einem Whiteboard – ja sogar die Ecke in der unbekannten Stadt, in der man sein Auto abgestellt hat. Oder Sie stellen ein großes Gerät wie Ihren neuen Flachbildfernseher auf – knipsen Sie kurz die Anschlüsse auf der Rückseite, bevor Sie das Gerät zur Wand stellen. Auf diese Weise wissen Sie später, ob noch eine Buchse frei ist oder wie die Verkabelung ursprünglich vorgenommen worden war. Oder legen Sie das Akkuaufladegerät neben das dazugehörige Handy und fotografieren Sie das Pärchen. Beim nächsten eBay-Verkauf werden Sie dankbar sein, wenn Sie passend zu Ihrem Altgerät das korrekte Zusatzteil aus der Technikkiste wühlen können.

Abb. 2.12: *Ein schneller Schnappschuss erspart Tipparbeit*

All das und noch sehr viel mehr sind nützliche Informationen, die man in Evernote ganz einfach einordnen kann.

Wenn Sie die Aufnahmen mit dem Smartphone durchführen, können Sie sich einfach der jeweiligen Evernote-Software bedienen, die es für die Betriebssysteme der meisten mobilen Geräte gibt. Werden die Fotos mit einer Digitalkamera aufgenommen, können Sie direkt von der Speicherkarte des Geräts das gewünschte Bild auf das Evernote-Icon ziehen – und schon entstehen Fotonotizen.

Eine Besonderheit, die Evernote seinen Anwendern zur Verfügung stellt: Jedes Foto durchläuft eine Schrifterkennung (OCR), die außerordentlich gut funktioniert. Wenn Sie beispielsweise ein Schild mit Öffnungszeiten aufnehmen, wird das entsprechende Foto von Evernote gefunden, wenn Sie in das Suchfeld den Begriff Öffnungszeiten eingeben. Auf diesen Punkt komme ich später noch einmal zurück.

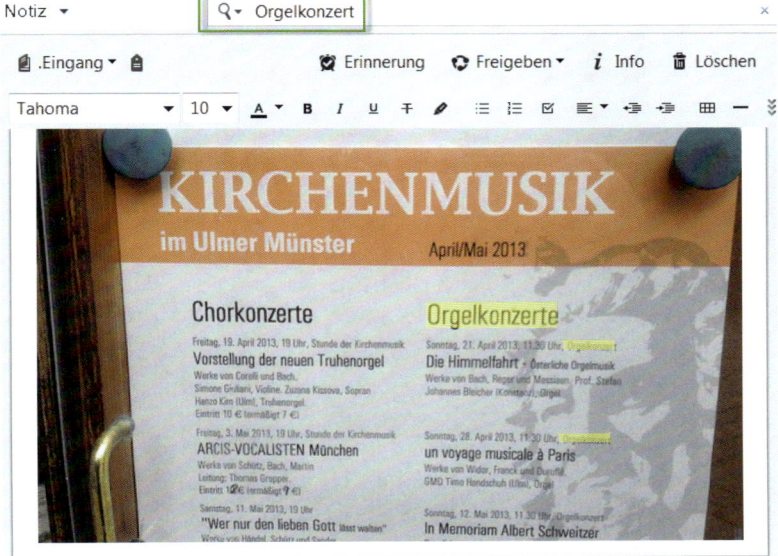

Abb. 2.13: *Texte in Fotos werden erkannt*

Tipp

»Weg mit dem Etikett.« Nicht nur das große schwedische Möbelhaus liebt es, an jedes kleinste Textilstück ein großes Etikett zu heften, T-Shirts, Jacken usw. – überall sind die störenden Streifen zu finden, die mit der Zeit unleserlich werden. Dennoch traut man sich oft nicht, das Etikett einfach zu entfernen – vielleicht werden die darauf stehenden Informationen ja noch benötigt, z.B. wenn man ein Kleidungsstück waschen oder in die Reinigung geben möchte. Machen Sie vom Etikett einfach kurz ein Foto und speichern Sie dieses in Evernote. Anschließend können Sie das »richtige« Etikett ruhigen Gewissens beseitigen …

2.2.4   Notizen mit Anhängen versehen

Prinzipiell lassen sich alle Dateiformen in Evernote aufnehmen, also beispielsweise Office-Dokumente von Word oder Excel, Audio- und Videodateien. Um einen derartigen Notizanhang zu erzeugen, gibt es verschiedene Wege, die Ihnen auch aus anderen Programmen bekannt sein werden:

Datei anfügen oder via Drag & Drop aufnehmen

Im Evernote-Menü DATEI finden Sie den Punkt DATEIEN ANFÜGEN, der den vertrauten Explorer/Finder aufruft. Sie bewegen sich in Ihrer Verzeichnisstruktur bis zur gewünschten Datei und klicken auf sie – fertig. Alternativ aktivieren Sie im Notizeneditor das Icon mit der Büroklammer, womit ebenfalls die Verzeichnisstruktur Ihrer Festplatte angezeigt wird. Die einfachste Methode: Rufen Sie Ihren Dateimanager auf und ziehen Sie einfach die gewünschte Datei auf das Evernote-Icon oder eine bestimmte Notiz.

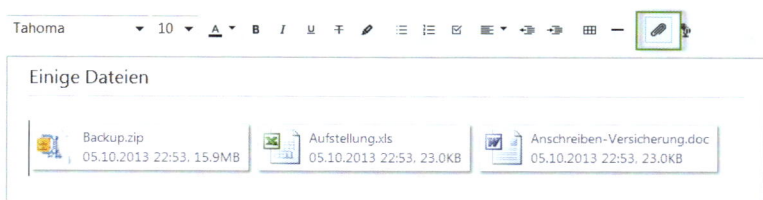

Abb. 2.14: *Eine Notiz nimmt beliebige Dateiformate auf*

Dateien mit »Senden an« an Evernote schicken

Bei der Installation fügt Evernote dem Dateimanager einen neuen Punkt hinzu, der sich in der Praxis als außerordentlich nützlich erweist: Sie markieren die gewünschte Datei auf Ihrer Festplatte, rufen mit der rechten Maustaste das Kontextmenü auf, wählen den Punkt SENDEN AN und anschließend EVERNOTE aus – und schon wird die Datei an Evernote geschickt, ohne dass Sie das Programm zuvor aufrufen müssten.

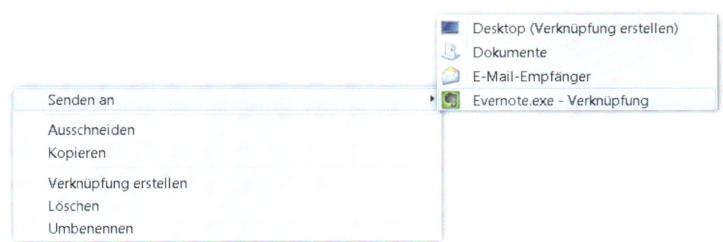

Abb. 2.15: *Nützlicher Punkt im Explorer-Kontextmenü*

Dateien an eine Mail anhängen

Gleichzeitig mit der Erstellung eines neuen Evernote-Accounts erhält Ihr Konto eine persönliche Mailadresse. Diese ist *nicht* zur Weitergabe für den Mailverkehr an andere Personen bestimmt. Vielmehr greifen Sie zu dieser Mailadresse, wenn Sie eine Notiz oder eine Datei per Mail an Ihr Konto senden möchten. Die Adresse besteht aus Ihrem Benutzernamen und einer kleinen Ziffernfolge mit dem Zusatz @m.evernote.com. Sie finden Ihre private Evernote-Adresse wie folgt:

Im Evernote-Desktopprogramm rufen Sie den Menüpunkt FUNKTIONEN und dann den Unterpunkt KONTOINFORMATIONEN auf. Es wird die Kontozusammenfassung Ihres Accounts aufgerufen, in der auch Ihre persönliche Evernote-Adresse zu finden ist.

Abb. 2.16: *Ihre persönliche Evernote-Adresse*

An die Adresse mustermax.1234@m.evernote.com können Sie nun also von Ihrem gewohnten Mailprogramm aus eine E-Mail senden und beliebig viele Dateien anhängen. Evernote zaubert daraus eine eigenständige Notiz samt angehängten Dateien. Wir werden noch sehen, dass diese Mail-adresse außerordentlich wertvoll für den mobilen Einsatz ist. Denn die meisten Smartphone- oder Tablet-Apps können Dateien, etwa die Route Ihres Joggingwegs, an eine Mailadresse und damit auch an Evernote schicken.

Tipp

Sie können über die Betreffzeile neben dem Titel sogar ein Notizbuch und gewünschte Schlagwörter mitschicken, sofern diese bereits in Evernote angelegt sind. Mit dem @-Zeichen markieren Sie den Namen des Notiz-buchs, mit der Raute (#) die Schlagwörter. Das sieht dann so aus:

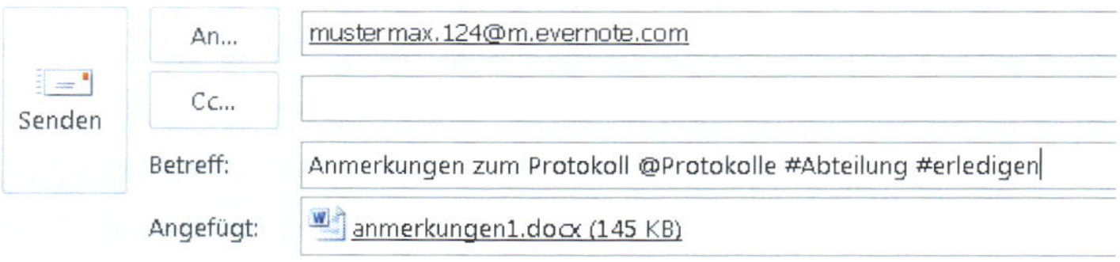

Senden	An...	mustermax.124@m.evernote.com
	Cc...	
	Betreff:	Anmerkungen zum Protokoll @Protokolle #Abteilung #erledigen
	Angefügt:	anmerkungen1.docx (145 KB)

Abb. 2.17: Dateien an Evernote schicken

Weitere Parameter, die die Betreffzeile aufnehmen kann:

Ein Pluszeichen am Ende der Zeile »addiert« den neuen Inhalt zu einem bereits bestehenden. Wenn beispielsweise ein Notizblatt den Titel »Biopro-duktion 2014« trägt und Sie eine Mail mit dem Betreff »Bioproduktion 2014 @Produktion #Statistik +« mit dem Inhalt »Januar: 2,3 Eier/Henne« senden, so wird diese Zeile als neue Zeile in die bestehende Notiz aufgenommen. Tragen mehrere Notizen den Titel »Bioproduktion 2014«, wird die neueste Notiz ergänzt. Falls keine Notiz mit diesem Titel existiert, wird eine neue angelegt.

Es gibt auch noch Parameter, um die Notiz zu terminieren. Dazu mehr in Kapitel 5 »Erinnern und Erledigen«.

Es gibt noch einige weitere Möglichkeiten der Dateiaufnahme – Outlook kann Mails an Evernote weiterleiten und Evernote kann Ordner auf der Festplatte überwachen (siehe Abschnitt 3.5).

Noch ein Wort zu den aufgenommenen Dateien: Diese werden per gängigem Doppelklick in der Evernote-Notiz mit dem jeweils verbundenen Programm geöffnet. Ein Doppelklick auf einen Word-Anhang ruft also die Textverarbeitung auf; mit einem Doppelklick auf eine Grafik wird Ihr gewohntes Bildbearbeitungsprogramm, z.B. Photoshop, geöffnet.

Es lässt sich übrigens auch jede Datei wieder aus Evernote »lösen«, das heißt an einem beliebigen Ort der Festplatte speichern; die Datei steht Ihnen also zu jedem Zeitpunkt in Originalform zur Verfügung.

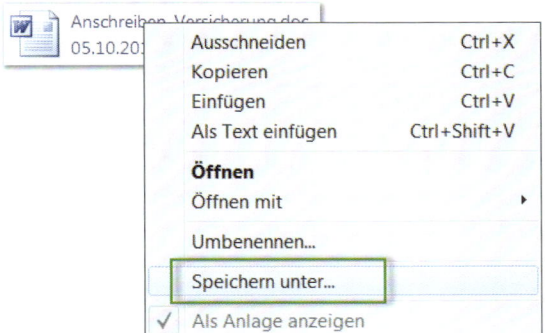

Abb. 2.18: *Notizenanhänge exportieren*

2.2.5   Dateien vom Scanner

Wenn man vom »papierlosen Büro« spricht, denkt man natürlich gerade an jene Schriftstücke und Unterlagen, die nicht in digitaler Form eintreffen, sondern eben auf Papier. Wer nur gelegentlich etwas scannen möchte, ist heutzutage eigentlich mit der ausgezeichneten Scannersoftware für Smartphones besser bedient, darauf werden wir noch ausführlicher eingehen (siehe Abschnitt 8.1).

Bei einem mittleren Scanaufkommen lohnt sich eine der üblichen Drucker-Scanner-Kombinationen, nach Möglichkeit mit einem Scanaufsatz, damit der Vorgang schnell von der Hand geht. Solche Modelle sind oft schon für einen Betrag zwischen 150 und 200 Euro zu haben. Ebenfalls gute Dienste leisten mobile Scanner wie Doxie Go, die mittels WLAN ihre Resultate an Evernote übermitteln.

Wer aus beruflichen Gründen viel korrespondiert, wird sich ohnehin ein entsprechendes Scangerät zugelegt haben, vielleicht sogar mit Duplexaufsatz, sodass Vorder- und Rückseite eines Schreibens in einem Zug eingescannt werden können. Oder einen Dokumentenscanner; ScanSnap von Fujitsu wird in diesem Zusammenhang oft genannt. Inzwischen hat Evernote auch einen eigenen, allerdings mit ca. 500 Euro recht hochpreisigen Dokumentenscanner im Angebot.

Bei der heute üblichen Scansoftware können Sie auch den Grad der Auflösung und das Dateiformat festlegen. Wenn Sie z.B. zusammengehörige Schriftstücke beieinanderhalten wollen, empfiehlt sich oft eine PDF-Version von mehreren Seiten, bei Einzelstücken genügt auch eine Bilddatei.

Ein Dokument in Papierform können Sie nur einmal ablegen, oder Sie müssen eine Fotokopie erzeugen, die Ihren Papierberg noch vergrößert. Einmal digitalisiert, können Sie mit den Unterlagen völlig flexibel hantieren: mehrere Stichwörter zuweisen oder in mehrere Notizbücher aufnehmen, an andere per Klick verschicken usw.

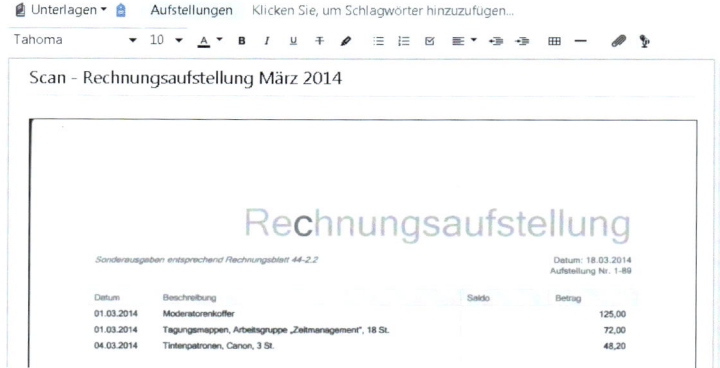

Abb. 2.19: *Scannen Sie Ihren Schriftverkehr*

Natürlich empfiehlt sich oft, z.B. bei Versicherungsunterlagen, die Papierversion weiterhin zu behalten. Nur kann diese jetzt getrost samt Ordner in den Keller wandern, Sie haben die wichtigen Informationen ja dank Evernote zur Hand – und finden sie dort meist auch viel schneller. Endlich wieder Platz im überquellenden Regal – das ist der Mühe schon wert!

Tipp

Schon an dieser Stelle sei ein kleiner Trick verraten: Im Abschnitt 3.5 »Ordner unter Beobachtung« wird gezeigt, dass Evernote bemerkt, wenn eine neue Datei auf zuvor festgelegten Festplattenverzeichnissen »eintrifft«, und diese Dateien dann automatisch in seine Notizbücher aufnimmt. In den meisten Fällen können Sie bei Ihrer Scannersoftware den Dateipfad festlegen, in dem direkt nach dem Scan das Resultat gespeichert werden soll. Wenn dies ein von Evernote überwachtes Verzeichnis ist, können Sie sich einige Arbeitsschritte sparen, da das Dokument ohne Ihr Zutun archiviert wird. Alle z.B. an diesem Wochenende eingescannten Dateien landen sofort in Evernote, ohne dass Sie selbst die Notizblätter erzeugen müssten. Sie können sogar ein spezielles Notizbuch festlegen, z.B. SCAN UNTERLAGEN FINANZAMT, in das die Dateien automatisch aufgenommen werden. So müssen Sie am Schluss nur dieses Notizbuch durchgehen und entsprechende Schlagwörter wie etwa KLÄRUNGSBEDARF oder ERLEDIGT vergeben.

Auch Digitalkameras oder Smartphones, die Sie vielleicht ohnehin schon besitzen, können als »Scanner« verwendet werden. Bei manchen Materialien, z.B. gefalteten Flyern, gehefteten Broschüren oder großformatigen Unterlagen, ist dieses Verfahren sogar einem Scanner überlegen: Sie positionieren die Kamera einfach über die Informationen, die von Interesse sind, und schicken das entstandene Foto an Evernote.

2.2.6   E-Mails aufnehmen

Der E-Mail-Verkehr ist für die meisten Menschen inzwischen zur Nummer eins des Informationsaustauschs geworden, wichtiger noch als Telefon oder die Papierpost. Rechnungen und Vertragsunterlagen erreichen uns auf diesem Weg, Termine und Vereinbarungen, Einladungen, Tagungsprogramme und … und … und … Oft wird als Mailprogramm die Software Outlook von Microsoft genutzt. Daher wird von Evernote bereits bei der Installation der bekannte grüne Button in Outlook eingefügt, sodass Sie die Archivierung von Mails – samt Anhängen – in Evernote immer nur einen einzigen Klick kostet.

Abb. 2.20: *Evernote ist auch in Outlook vorhanden*

Tipp

Manchmal möchte man unterschiedliche Mails zu einem Vorgang zusammenfassen. Das funktioniert überraschend einfach:

1. In der Outlook-Listenansicht markieren Sie die gewünschten Mails mit gedrückter ⟨Strg⟩-Taste.
2. Anschließend klicken Sie auf den erwähnten grünen Button – alle ausgewählten Mails landen »in einem Rutsch« in Evernote.

Falls Sie lieber über die Webseiten Ihres Mailanbieters Ihre Post verwalten – Google Mail, Web.de oder GMX sind beliebte Dienste –, gibt es auch hier eine einfache Möglichkeit: Benutzen Sie die Funktion »Weiterleitung«, mit der Sie sonst eine Mail an einen Dritten weitersenden. Nur tragen Sie in diesem Fall nicht den Namen einer Person ein, sondern die »persönliche Mailadresse«, die Ihnen Evernote zur Verfügung stellt (siehe Abschnitt 2.2.4). Bei Google Mail kann sogar der Web Clipper (siehe Abschnitt 2.2.10) Inhalte auf direktem Weg an Evernote übergeben.

Abb. 2.21: *Google Mail via Web Clipper*

2.2.7   Webcam, Audio und Handschrift verwenden

Vor einiger Zeit hat sich jemand in meinem Bekanntenkreis ein Notebook zugelegt. Strahlend erklärte er, dass er sich auch gleich eine kleine Webcam dazugekauft habe, da er Skype nutzen wolle. Was er übersehen hatte: Sein Notebook hatte im Monitorrahmen schon eine Cam integriert, ein Mikro war ebenfalls eingebaut. So könnte es auch Lesern gehen, die eben in ihrem Alltag keine Webcam nutzen und dadurch übersehen, dass das ein pfiffiges Hilfsmittel für Notizen ist. Denn Evernote erkennt Kameras – egal ob eingebaut oder extern angeschlossen. Statt NEUE NOTIZ wählen Sie NEUE WEBCAM-NOTIZ aus. Dann können Sie den Gegenstand, den Sie als Gedächtnisstütze ablichten möchten, vor die Linse halten: ein Zeitungsausschnitt, die Seite eines Buches, die Verpackung einer neuen Teesorte, einen Konzertflyer, das Weinetikett usw.

Der Evernote-Button wird automatisch eingeblendet, das Foto wandert in die neue Notiz, Text kann dazugeschrieben werden – eine flotte Angelegenheit.

Abb. 2.22: *Die Webcam verwandelt sich zur Schnappschussnotiz*

Wenn es nur um eine Audioaufnahme geht, stellen Sie eben auf AUDIO-NOTIZ um, und schon können Sie den Ohrwurm summen, auf dessen Titel Sie nicht kommen – und sich später noch mal darum kümmern …

Tipp

Inzwischen geht es sogar noch einen Schritt weiter: Smartphones können Sprache direkt in Text umwandeln – beim iPhone drücken Sie z.B. eine kleine Mikrofontaste auf der virtuellen Tastatur. Wunder darf man zwar nicht erwarten – gerade was die Erkennung von Fachbegriffen oder Eigennamen betrifft –, aber insgesamt ist die Erkennungsrate bei deutlicher Aussprache doch überraschend hoch, sodass ein Test auf jeden Fall lohnenswert ist.

Im Menüpunkt NEUE NOTIZ können Sie die Option NEUE HANDSCHRIFTLICHE NOTIZ wählen. Gemeint sind damit jene Zeichentabletts, die Grafiker oft verwenden. Kleinere Modelle, wie z.B. das Wacom Bamboo-Board, gibt es auch für den Privatanwender. Sie können damit Zeichnungen und Skizzen als Notizen anlegen – oder sogar mittels der eingebauten Windows-Handschriftenerkennung Ihren geschriebenen Text in einen Font umwandeln lassen. Nebenbei: Falls Ihnen das Aussehen dieser Funktion etwas altbacken vorkommt – zu Recht. Evernote hatte zu seiner eigenen Entstehungszeit (2008) noch Anwender der alten Windows-Tablets vor Augen, die seit etwa 2005 ein paar Möglichkeiten des handschriftlichen Inputs integriert hatten. Angesichts der Möglichkeiten heutiger Tablets wirken diese ersten Gehversuche eher rührend.

2.2.8 Screenshots mit Evernote erstellen

Nicht immer kann man Informationen ausdrucken oder markieren, oft ist die Darstellung auf dem Bildschirm an sich wichtig: das neue Layout der Firmenwebseite, ein Menüpunkt einer Textverarbeitung, den man seinem Kollegen schicken möchte, die zusammenfassende Bestellbestätigung auf einer Webseite usw. Für all diese Fälle ist es am einfachsten, einen Screenshot – früher oft »Hardcopy« genannt – zu erzeugen. Evernote bringt ein solches »Ausschnitt-Werkzeug« von Haus aus mit. Aktivieren können Sie es entweder über das Kontextmenü (rechte Maustaste) des Evernote-Icons oder mit der Tastenkombination ⊞ + Druck . Es wird ein Fadenkreuz angezeigt, mit dem Sie – mit gedrückter linker Maustaste –

den gewünschten Ausschnitt markieren. Unmittelbar nach dem Markieren erzeugt Evernote ein neues Notizblatt mit dem Ausschnitt und dem Titel BILDSCHIRM CLIP, den Sie natürlich anpassen und ändern können. Alternativ können Sie das Evernote-Zusatzprogramm Skitch nutzen, das in Kapitel 8 näher besprochen wird.

Abb. 2.23: *Bildschirmausschnitte einfangen*

Tipp
Sehr nützlich ist dieser Vorgang auch bei neuer Software, mit der man noch nicht vertraut ist – z.B. beim Umstieg von Word 2003 auf Word 2013. Alle Menüpunkte liegen plötzlich an anderen Stellen, durch Zufall hat man den Punkt gefunden, mit dem das Lineal eingeblendet wird – jetzt rasch ein Screenshot und man muss drei Tage später nicht wieder von Neuem auf die Suche gehen.

2.2.9 »Textshots« mit Quellverweis

Oft möchte man einfach eine Reihe von »Textschnipseln« aus Dokumenten oder Webseiten in Evernote speichern, ohne groß mit Evernote hantieren zu müssen. Für diese Fälle ist die Tastenkombination ⌨+Ⓐ ideal: Sie markieren die gewünschte Textstelle, drücken die Tastenkombination und bemerken – nichts. Evernote arbeitet im Hintergrund und erstellt eine neue Notiz mit dem markierten Inhalt, ohne das Fenster zu überdecken, in dem Sie gerade arbeiten. Lediglich in der rechten unteren Bildschirmecke erscheint ein kurzer Hinweis über die neue Notiz, der aber nach wenigen

Sekunden automatisch verschwindet. So wird der Lesefluss also nicht unterbrochen. Besonders praktisch: Im Notizinformationsfenster findet sich später oft ein Quellverweis, also entweder die Adresse der Webseite, von der Sie den Text kopiert haben, oder der Festplattenlink z.B. zur Word-Datei. Ein einfacher Klick öffnet den Browser oder das Word-Programm samt Ursprungstext.

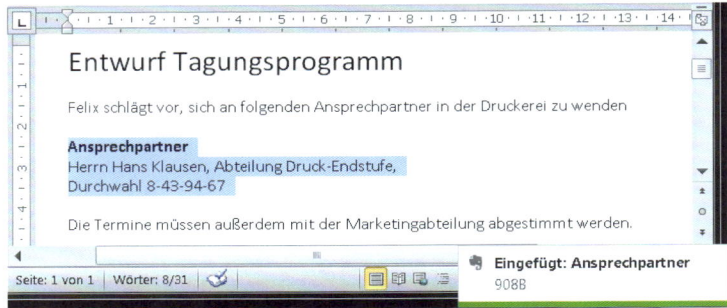

Abb. 2.24: *Text per Tastenkombination kopiert …*

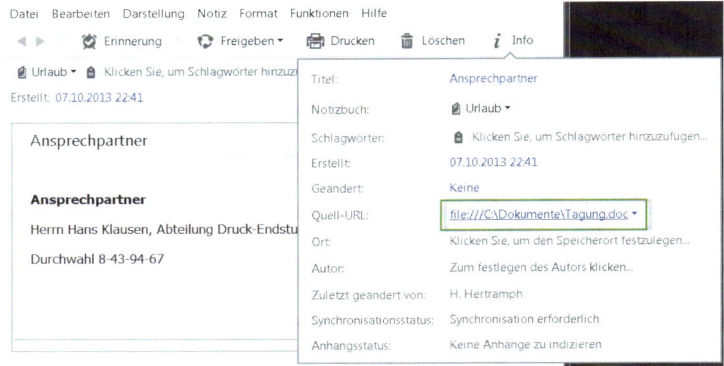

Abb. 2.25: *… erscheint in Evernote samt Meta-Informationen*

2.2.10 Informationen von Webseiten archivieren: Der Web Clipper

Schon lange ist das World Wide Web ebenfalls zu einer der wichtigsten Informationsquellen für Beruf und Alltag geworden. Ob wir Geschenke kaufen, etwas über ein Medikament wissen wollen, Fahrpläne oder Studienbedingungen nachschlagen möchten, das Web ist unentbehrlich für unseren Alltag geworden. Und Evernote ist das ideale Instrument, um all diese Informationen zu sammeln, zu ordnen und aufzubewahren. Dazu stellt Evernote für alle gängigen Browser eine Erweiterung zur Verfügung, den sogenannten Web Clipper.

Abb. 2.26: *Web Clipper mit vielen Möglichkeiten*

Ursprünglich konnte man mit dem Web Clipper hauptsächlich Webseiten und Teile davon – Bilder oder Textabschnitte – zu Evernote umleiten. Inzwischen sind die Möglichkeiten stark erweitert worden: PDF-Dateien und E-Mails werden erkannt, Markierungen können angebracht und Seiten von überflüssigen Menüs oder Werbebannern bereinigt werden. Aber der Reihe nach.

Hinweis

Evernote nimmt neue Funktionen zeitversetzt in die unterschiedlichen Browsererweiterungen auf. Oft erhält zunächst Chrome, der Browser von Google, ein Update, etwas später Firefox. Safari und Internet Explorer müssen meist ein wenig länger auf entsprechende Ergänzungen warten.

Webinhalte erfassen

Im CLIP-Bereich des Web Clipper werden Ihnen verschiedene Möglichkeiten angeboten, Inhalte von Webseiten zu erfassen:

Ganze Seite erfassen

Unter »ganzer Seite« versteht Evernote tatsächlich die vollständige aufgerufene Seite, also nicht nur den Ausschnitt, den man gerade am Bildschirm sieht. (Bei Startseiten wie z.B. der von »SPIEGEL Online« haben Sie ja meist nur die Teaser für vier bis sechs Artikel vor Augen, während Sie für die restlichen Inhalte scrollen müssen.) Evernote versucht bei dieser Art der Speicherung möglichst das Layout des Originals zu erhalten. Das gelingt in vielen Fällen, aber nicht immer. Inhalte auf Webseiten werden oft mit komplexen Techniken (JavaScript, Flash) erzeugt, Evernote verfügt aber nur über einen »Grundwortschatz« (HTML, Anweisungen in Stylesheets), weshalb man bei der archivierten Seite manchmal ein paar Abstriche machen muss.

Artikel und Ausschnitte erfassen

Meist sind Sie ja an dem zentralen Inhalt einer Seite interessiert – etwa an einem Artikel einer Onlinezeitung zu einem politischen Thema. Evernote erkennt solche Passagen einer Seite und bietet Ihnen an, nur diese zu übernehmen – also etwa einen Artikeltext samt den darin enthaltenen Bildern und den Links, aber ohne die Werbegrafiken im Seitenkopf oder am Seitenrand.

Sie können aber auch mit der Maus die Teile markieren, die Sie benötigen – etwa ein Foto samt den ersten Zeilen der Seite. Wenn Sie direkt im Anschluss an die Markierung den Web Clipper aufrufen, stellt dieser keine weiteren Fragen, sondern übernimmt die markierten Inhalte in Ihr Notizbuch.

Sie sind nur an einem bestimmten Element der Seite interessiert, z.B. einem Artikelfoto? Dann können Sie sich sogar das Markieren sparen. Lassen Sie den Mauszeiger einfach über diesem Foto schweben, drücken Sie die rechte Maustaste und wählen Sie AN EVERNOTE SENDEN.

Abb. 2.27: *Artikel speichern*

Formatierungen entfernen

Oft ist für die Archivierung von Webinhalten gar nicht so sehr das Originallayout entscheidend, vielmehr möchte man die Inhalte möglichst »pur« lesen können. Der Web Clipper bietet daher auch die Variante »Artikel ohne Formatierung speichern« an. Übernommen werden in diesen Fällen der Text und die Bilder eines Artikels. Es entsteht eine sehr gut lesbare Variante, ähnlich wie man das von E-Book-Seiten kennt.

Vom Weblogschreiber zum Bühnenautor

cooles Stück

Ja, auch Shakespeare fing einmal klein an, mit Hamlet oder so. Hätte es damals schon Weblogs gegeben, hätte alles schneller gehen können: Ein kleiner Beitrag im Blog, die Entdeckung durch einen Theaterintendanten, Aufführung und tosender Applaus – das alles hätte ihm passieren können. Nun ja, eine Nummer kleiner ist es abgelaufen, aber immerhin:

Abb. 2.28: *Überflüssige Formatierungen wurden entfernt*

Lesezeichen erfassen

Unter dem Erfassen eines »Lesezeichens« versteht Evernote eine kleine Zusammenfassung eines Webangebots: Es wird ein Weblink zusammen mit einem kleinen Vorschaubild und einem Textausschnitt als Gedächtnisstütze gespeichert. Der in den Text aufgenommene Link bleibt anklickbar und führt zur Originalseite.

Abb. 2.29: *Lesezeichen in Evernote aufnehmen*

> ## Tipp
>
> An anderer Stelle (siehe Abschnitt 2.3.3) wird beschrieben, wie sich mehrere Notizen zu einer Gesamtnotiz zusammenfassen lassen. Mit diesem Verfahren können Sie auch eine Liste aus mehreren Lesezeichen erstellen, die Sie an andere – z.B. zur Einführung in ein Themengebiet – weitergeben oder per Notizfreigabe (siehe Kapitel 4) im Web zugänglich machen können.

Webinhalte markieren

Zwar gibt es im Bereich CLIP noch den Punkt SCHNAPPSCHUSS, aber dieser betrifft eigentlich schon die nächste Rubrik MARKIEREN. Denn um grafische Elemente vor der Speicherung in Evernote anzufügen, erstellt der Web Clipper – bis auf eine Ausnahme – ein Bildschirmfoto der aktuellen Ansicht. Diesmal fängt man also nur den aktuell sichtbaren Teil der Webseite ein – Inhalte, die über die Monitoranzeige hinausgehen, werden nicht archiviert. Es gibt allerdings eine Ausnahme: das Textmarker-Werkzeug.

Abb. 2.30: *Unterschiedliche Zeichentools stehen zur Verfügung*

Der Textmarker

Jener gelbe Leuchtstift, der uns allen aus der Schulzeit noch gut bekannt ist, nennt sich in diesem Fall HTML-MARKIERER. Mit ihm können in der gewohnten Weise Textstücke markiert werden, was sich für das spätere Auffinden zentraler Informationen als ausgesprochen hilfreich erweist. Im Unterschied zu den anderen Markierungstools bleibt die Formatierung der

Webseite erhalten. Daher wird in diesem Fall weiterhin der gesamte Inhalt einer Webseite in Evernote übernommen und nicht nur jener Teil, der gerade auf dem Bildschirm zu sehen ist. Sie können Ihre Hervorhebungen also auch in längeren Texten anbringen.

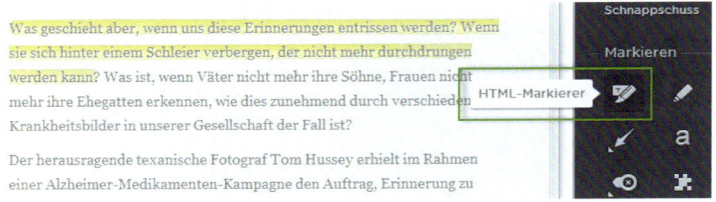

Abb. 2.31: *Texte markieren*

Formen, Text, Pixel und Zuschnitt

Manche Symbole der Web Clipper-Leiste sind zum Aufklappen und bieten dann weitere Optionen. So wird in der Standardansicht zwar das Instrument PFEIL HINZUFÜGEN angezeigt, aber dahinter verbergen sich auch Formen wie OVAL, KREIS oder RECHTECK. Ähnlich sieht es mit der Farbpalette aus. Sie können den Screenshot auch vergrößern oder verkleinern oder an den Seiten zuschneiden. Als recht nützlich kann sich die Pixel-Funktion erweisen: Mit ihr lassen sich Namen, Autokennzeichen oder Gesichter unscharf zeichnen, sodass sensible Daten unkenntlich gemacht werden können.

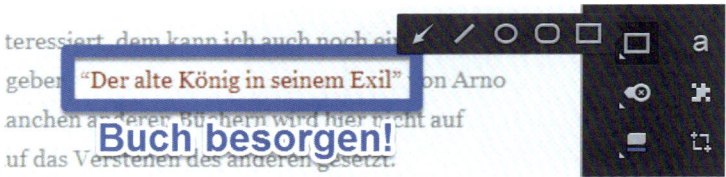

Abb. 2.32: *Formen und Texte hinzufügen*

Pfeilgerichtete Information

Während die meisten Werkzeuge auch in anderen Grafikprogrammen zu finden sind, sind die kreisförmigen Pfeilausrichtungen – Tempel-Tool genannt – eine Besonderheit, die präzise Markierungen samt Kommentar zulassen. Nach der Auswahl des Pfeils nach Farbe und »innerem Icon« lässt ein zweiter Klick einen Punkt erscheinen, den Sie auf einem Orbit bewegen und damit gleichzeitig die Pfeilspitze ausrichten können. Zugleich taucht ein Textfeld auf, in dem Sie entweder eine Eingabe vornehmen oder das Sie löschen können. Gerade im Bereich von Designfehlern auf Webseiten, die man z.B. mit Kollegen durchsprechen möchte, eine aussagekräftige Form der Kennzeichnung.

Abb. 2.33: *Pfeilmarkierung mit Text*

Tipp

Sie können für exaktere Positionierungen der Markierungen den erzeugten Screenshot größer zoomen. Wenn Sie das Bildschirmfoto dann bewegen möchten, weil nicht mehr alles auf den Monitor passt, halten Sie die `Strg`-Taste gedrückt.

Ordnen und Speichern

Wenn nicht viel Zeit zur Verfügung steht, können Sie einfach den SPEICHERN-Button anklicken und die Information in Evernote aufnehmen. Sie wird dann zunächst entweder mit Standardvorgaben für das Notizbuch und das Schlagwort abgelegt. Oder Sie aktivieren in den Einstellungen der Erweiterung SMART FILING NUTZEN, dann versucht Evernote anhand des Textinhalts und bisheriger Gewohnheiten die entsprechenden Einordnungen. Allerdings ist diese automatische Zuordnung ein wenig »Glücksspiel«. Sie sollten testen, wie treffsicher die Zuordnung von Evernote für den eigenen Datenbestand gelingt.

Die Einstellungen finden Sie bei Chrome unter TOOLS – ERWEITERUNGEN, bei Firefox unter ADD ONS – ERWEITERUNGEN.

***Abb. 2.34**: Einstellungen für den Web Clipper*

Hinweis

Sie können in den Einstellungen auch festlegen, ob die Speicherung über den Webclient (siehe Abschnitt 1.2.2) oder die installierte Desktopsoftware geschehen soll. Im ersten Fall wird der Inhalt direkt an den Evernote-Server geschickt und steht allen Geräten, auf denen Sie Evernote nutzen, zur Verfügung. Im zweiten Fall wird zunächst in der Desktopanwendung gespeichert – erst nach einer anschließenden Synchronisation findet der neue Inhalt Eingang im zentralen Server. In der Regel ist die Desktopspeicherung etwas flotter, da sie zunächst nicht den Umweg über das Web nehmen muss.

Viele Anwender übersehen, dass der Web Clipper ein recht umfangreiches Auswahlmenü zur Verfügung stellt, wenn man in der Rubrik DATEI Notizbü-

cher oder Schlagwörter anklickt: Es erscheint eine Liste mit Notizbuchsta-
peln und Notizbüchern, außerdem sind Suchfelder und sogar ein Kommen-
tarfeld vorhanden. Prinzipiell ist es ratsam, alle Einordnungen gleich
vorzunehmen, da man in diesem Moment ja weiß, wozu man die Information verwenden möchte. Die andere Variante – erst rasch speichern, später
in Evernote einordnen – bedeutet, dass man die Notiz quasi ein zweites Mal
»anfassen« und sich erinnern muss, was man damit vorhatte.

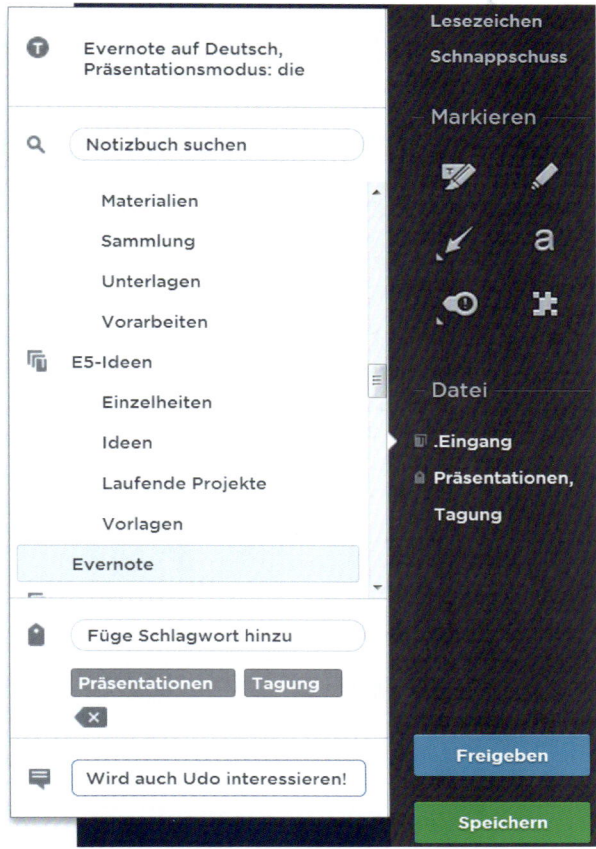

Abb. 2.35: *Einordnung während des Speicherns*

Sofern in den Einstellungen der Erweiterung VERWANDTE NOTIZEN ANZEIGEN aktiviert ist, werden direkt nach dem Speichervorgang von Evernote einige Notizen aus dem eigenen Bestand angezeigt, die thematisch ähnliche Inhalte aufweisen, z.B. weil sie früher mal von der gleichen Webseite aufgenommen wurden. Vor allem aber: Sie können die Notiz noch im Browser mit einer Erinnerung (siehe Kapitel 5) versehen und müssen dazu nicht erst Evernote starten – sehr hilfreich, wenn es sich um zeitkritische Informationen handelt (z.B. für eine bevorstehende Tagung).

Neben dem Speichern von Notizen ist es auch möglich, diese für andere freizugeben. Da das Teilen von Notizen ein umfangreiches Thema ist, mag an dieser Stelle der Verweis auf Kapitel 4 genügen.

Abb. 2.36: *Der Web Clipper kann auch Termine erfassen*

Web Clipper für verschiedene Browser

Die Web Clipper-Funktion für den Internet Explorer wurde in diesen Browser bereits bei der Installation von Evernote eingefügt.

Für die anderen Browser hat Evernote die Erweiterungen auf einer speziellen Seite zusammengestellt:

http://evernote.com/webclipper/

Dort ist auch ein sogenanntes Bookmarklet zu finden, das mit fast jedem aktuellen Browser, z.B. Opera, zusammenarbeiten sollte. Unter einem Bookmarklet können Sie sich ein spezielles Lesezeichen vorstellen, das Sie einfach in die Favoritenleiste Ihres Browsers ziehen.

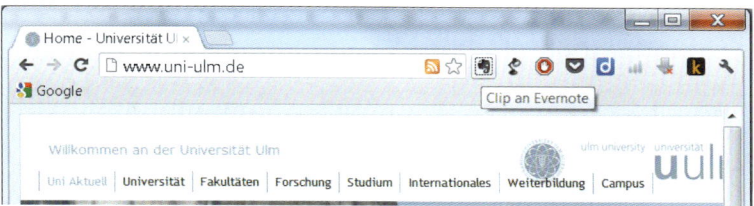

Abb. 2.37: *Der Web Clipper erscheint als kleines Icon neben der Adressleiste*

Der Web Clipper funktioniert übrigens auch in den Browsern mobiler Geräte. Dazu und zu den vielen Möglichkeiten mobiler Apps, Informationen an Evernote zu schicken, mehr in Kapitel 8.

2.3 Mehr aus Notizen machen – Inhalte kombinieren

Viele Anwender schöpfen die Möglichkeiten von Evernote nicht aus, weil sie noch das Bild von (Online-)Festplatten, Backup- oder Archivierungssystemen vor Augen haben. Doch Evernote hat gegenüber Systemen wie z.B. externen Festplatten oder Onlinediensten wie Dropbox einen entscheidenden Vorteil: Informationen können ihrerseits mit weiteren Informationen versehen werden.

Das klingt auf den ersten Blick sehr simpel, bringt aber in der Praxis eine große Erleichterung. Konkret bedeutet es:

▸ Sie können den Inhalt von Notizen auch nach längerer Zeit noch korrekt interpretieren, wenn Sie etwa ergänzende Bemerkungen aufgenommen haben.

▸ Sie können unterschiedliche Medieninhalte, also etwa eine handschriftliche Notiz zu einem Musikstück, kombinieren und erhalten dadurch ganz neue Möglichkeiten.

▸ Evernote ergänzt Ihre Notizen automatisch, z.B. um eine Ortsangabe, sodass Sie weitere Möglichkeiten zum Sortieren, Filtern und Auffinden haben.

2.3.1 Eine Notiz zur Notiz

Zunächst ein einfaches Beispiel, um das Prinzip zu verdeutlichen. Angenommen, Sie müssen für die Renovierung Ihres Hauses verschiedene Rechnungen, Vorauszahlungen, Kalkulationen usw. im Auge behalten. Dann können Sie die entsprechenden Dateien, also etwa eine Excel-Datei, in Evernote aufnehmen. Sie können aber Besonderheiten dazu notieren, ob z.B. Rückfragen beim Handwerker notwendig sind. Bei einer »normalen« Festplatte müssten Sie immer erst die Datei öffnen, um sie vor Augen zu haben und sich an den Kontext zu erinnern. Bei Evernote können Sie sich *eine Notiz zur Notiz* anlegen. Und diese Informationen haben Sie immer sofort vor Augen – das ablenkende Öffnen mit externen Programmen ist in vielen Fällen gar nicht mehr nötig.

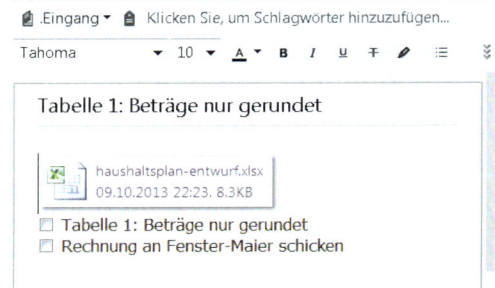

Abb. 2.38: *Notizen um weitere Informationen ergänzen*

Ein anderes, ebenfalls einfaches Beispiel ist die Ergänzung einer Notiz um eine Historie. Das hört sich zwar etwas hochtrabend an, gemeint ist damit einfach, dass Sie ja jede Notiz jederzeit um neue Informationen ergänzen können.

Nehmen wir den Fall von Telefonnotizen: Sie müssen einen bestimmten Gesprächspartner erreichen, kopieren vielleicht via Web Clipper die Telefondaten in eine Notiz und werden wegen Urlaub, Dienstreisen usw. immer mit Kollegen verbunden, die beispielsweise unterschiedliche Auskünfte geben. Wenn Sie dann endlich den zuständigen Mann am anderen Ende der Leitung haben und dazu Ihre Notiz aufrufen, können Sie minutengenau erklären, was bisher geschehen ist, ohne in verschiedenen Papiernotizen zu wühlen.

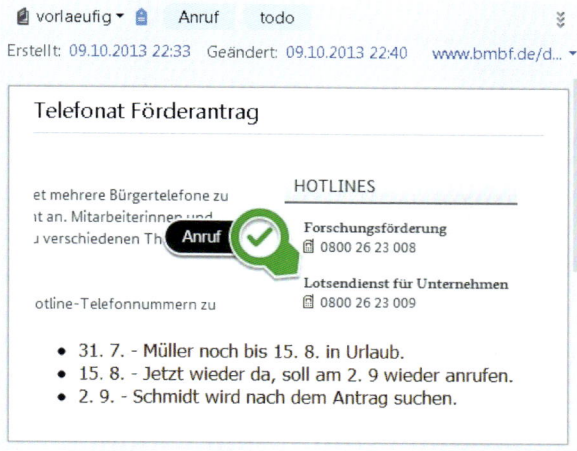

Abb. 2.39: *Fortlaufende Ergänzungen*

2.3.2 Notizarten kombinieren

Ob Text, Datei, Foto, Video, Webinhalte – in Evernote können die unterschiedlichsten Inhalte aufgenommen werden. Eine Stärke des Programms ist es, dass verschiedenartige Medien beliebig kombinierbar sind – und das auf die einfachste Weise: per Tastendruck!

Auch in diesem Fall werden die Vorteile am raschesten durch einige Bei-spiele deutlich. Nehmen wir an, dass Ihnen spätabends einfällt, dass Sie unbedingt noch ein Geburtstagsgeschenk für Ihre liebe Freundin Korinna benötigen. Da Sie um diese Zeit nicht mehr den Computer anwerfen wol-len, notieren Sie auf einem Zettel, was infrage kommen könnte. Den Zettel fotografieren Sie noch kurz mit der Evernote-App (siehe Abschnitt 7.1.2) auf dem Smartphone – erledigt.

Am nächsten Tag fällt Ihnen in der Mittagspause wieder der Geburtstag ein, Sie sitzen ohnehin noch am Computer, stöbern ein wenig im Internet und halten via Web Clipper passende Geschenkideen fest, falls Sie sich nicht sofort entscheiden können. Diese Internetausschnitte »kleben« Sie einfach unter das Foto Ihrer handschriftlichen Liste. Da der Web Clipper ja getrennte Notizblätter erzeugt, haben Sie mehrere Möglichkeiten, die ein-zelnen Notizteile zusammenzubringen: Texte und Grafiken kopieren sowie mehrere Notizen verbinden.

Texte und Grafiken kopieren

Sie können in einer Notiz Elemente wie etwa das aus dem Web übernom-mene CD-Cover markieren und in der gewohnten Weise mit $\boxed{\text{Strg}}$+$\boxed{\text{C}}$ oder dem Kontextmenübefehl KOPIEREN in die Zwischenablage überneh-men. Anschließend öffnen Sie die »Zielnotiz«, die alle Schnipsel aufneh-men soll, und fügen den Inhalt der Zwischenablage ein, etwa mit $\boxed{\text{Strg}}$+$\boxed{\text{V}}$ (siehe Abbildung 2.40).

Mehrere Notizen verbinden

Mehrere Notizen, genauer bis zu fünf Einzelnotizen, lassen sich aber auch noch auf einem anderen Weg kombinieren. Sie markieren in der mittleren Vorschauleiste die gewünschten Notizen, wobei es unerheblich ist, ob die Notizen direkt untereinander stehen oder »verstreut« sind. Die Markierung erfolgt in der üblichen Weise, indem Sie die $\boxed{\text{Strg}}$-Taste gedrückt halten und mit der linken Maustaste die betreffenden Notizen anklicken (siehe Abbildung 2.41).

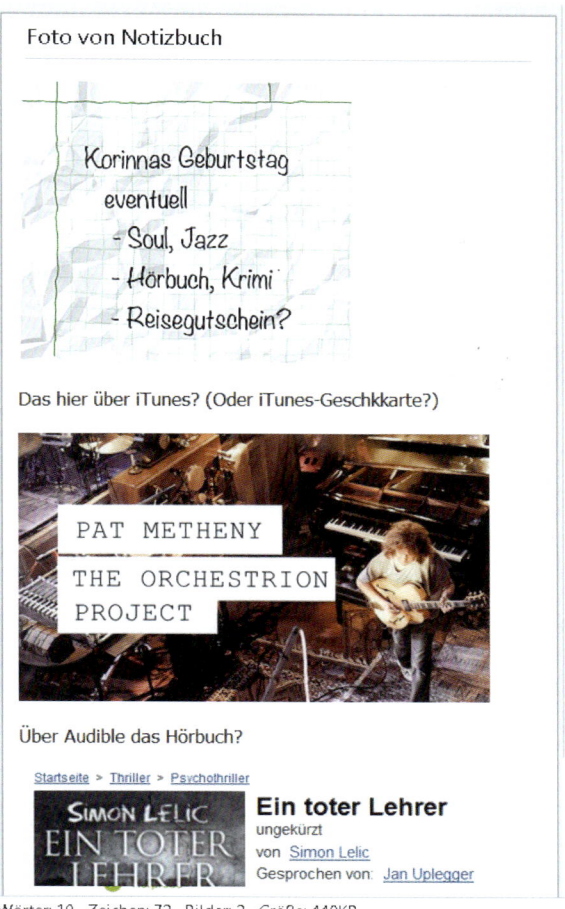

Wörter: 10   Zeichen: 73   Bilder: 3   Größe: 449KB

Abb. 2.40: *Ideen in einem Notizblatt sammeln …*

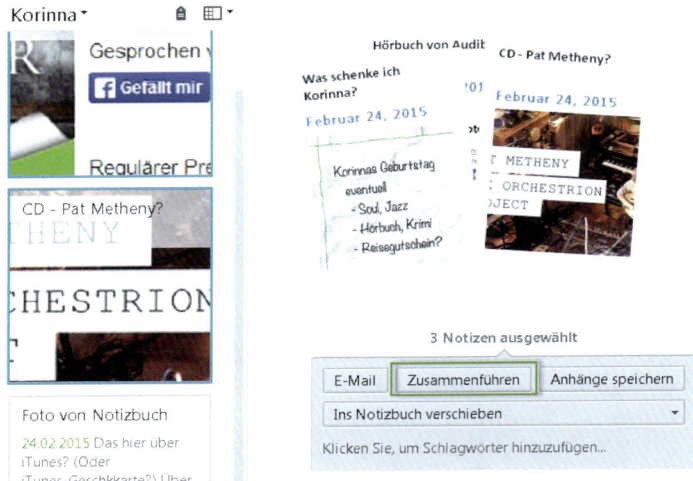

Abb. 2.41: *… oder mehrere Notizblätter zusammenführen …*

Im gleichen Moment fächert Evernote die ausgewählten Blätter wie Spielkarten auf und stellt Ihnen einige Optionen zur Verfügung. Momentan interessiert uns nur der Punkt ZUSAMMENFÜHREN. Sobald Sie diesen Punkt angeklickt haben, werden die Notizen zu einer einzigen Notiz – mit blauem Trennbalken zwischen den Inhalten – verschmolzen.

Abb. 2.42: ... *zu einer einzigen Notiz*

2.3.3   Notizen miteinander verknüpfen

Wenn Sie, wie im vorigen Abschnitt beschrieben, Notizen zusammenführen, werden die ursprünglichen Notizblätter gelöscht. Das ist so auch in den meisten Fällen gewollt, aber bei größeren Projekten hat eine andere Methode Vorteile: Sie können Notizblätter untereinander verlinken, also etwas, was Sie z.B. auch in der Wikipedia vorfinden.

»Verlinken« bedeutet, dass Sie lediglich einen Hyperlink zu einer Notiz einfügen, die Notiz aber unangetastet lassen. Die verlinkte Notiz kann sich in einem anderen Notizbuch befinden und auch mehrfach verlinkt werden – ideale Voraussetzungen, um z.B. ein kleines Wissensmanagementsystem oder Handbuch zu erstellen; dazu später mehr (siehe Abschnitt 9.4). Jetzt soll uns nur das Vorgehen interessieren:

1. Sie markieren die zu verlinkende Notiz in der mittleren Vorschauleiste.
2. Mit der rechten Maustaste rufen Sie das Kontextmenü auf und wählen den Punkt LINK ZUR NOTIZ KOPIEREN.
3. Den Link können Sie nun aus der Zwischenablage heraus in jede andere Notiz einfügen.

Wenn Sie anschließend auf den Link klicken, landen Sie sofort in der Zielnotiz – einfacher geht es nicht.

Abb. 2.43: *Ein Link zu einer Notiz wird erzeugt*

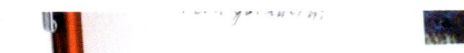

Die neue CD von Till Brönner schenken? (Notizblatt CDs)
Tobias meint, Musicalkarten wären besser (Mail von Tobias)
Karola hat den Spielplan vom Theater am Gärtnerplatz und
Foto von Schuhen geschickt (Karolas Vorschläge)

Abb. 2.44: *Beliebig viele Notizen können verlinkt werden*

Ideal ist dieses Vorgehen auch, um ein »Inhaltsverzeichnis« eines Notizbuchs zu erzeugen. Sie wählen zunächst ein Notizbuch aus, markieren
dann mit [Strg]+[A] alle Notizen, rufen den Punkt LINKS DER NOTIZEN KOPIE-
REN auf und fügen in eine leere Notiz alle Verweise »in einem Zug« ein. Da
beim Kopieren die Überschriften der Notizen übernommen werden, entsteht eine aussagekräftige Auflistung von Textzeilen.

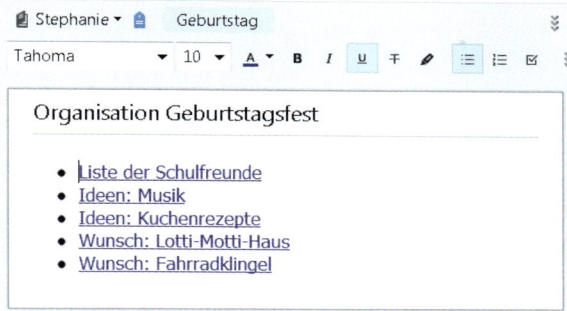

Abb. 2.45: *Inhaltsverzeichnis eines Notizbuchs*

Kapitel 3

Ordnen und Sortieren

3.1 Notizen sind Ansichtssache

Wir haben bereits gesehen, dass sich Evernote dem Betrachter sehr aufgeräumt darstellt: links eine Spalte mit den Namen der Notizbücher und Schlagwörter, rechts der große Bereich der einzelnen Notiz und in der Mitte eine kleine Vorschau auf alle Notizen oder – falls Sie zuvor ein Notizbuch ausgewählt hatten – auf die Notizen des jeweiligen Notizbuchs. Diese mittlere Spalte kann in drei Varianten dargestellt werden. Schauen wir einmal, welche Vorteile die jeweilige Ansichtsart bringt. Aber zuvor lohnt ein Blick auf die Übersichtsseiten für Notizbücher und Schlagwörter.

3.1.1 Indexansichten: Auf einen Blick

Mit einem Klick auf den Begriff NOTIZBÜCHER bzw. SCHLAGWÖRTER in der linken Seitenleiste öffnen Sie alphabetisch sortierte Übersichtsseiten.

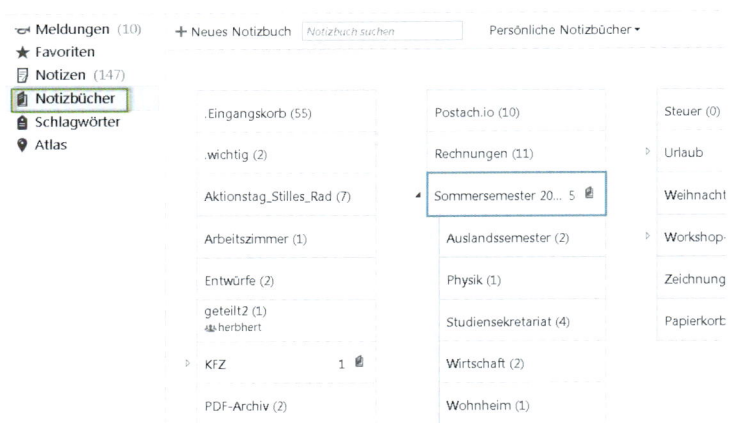

Abb. 3.1: *Alle Notizbücher ...*

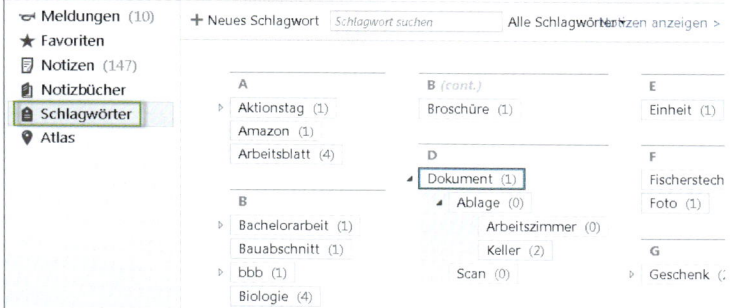

Abb. 3.2: ... *oder alle Schlagwörter*

Beide Ansichten stellen für umfangreiche Evernote-Archive eine große Erleichterung dar. Zwar können Sie die Titel der Notizbücher und Schlagwörter auch in der linken Seitenleiste aufklappen, doch müssen Sie dort meist scrollen und bei längeren Listen recht genau hinschauen, bis Sie den gewünschten Begriff entdeckt haben. Bei diesen kompakten Ansichten haben Sie hingegen alle oder doch sehr viele Ihrer Titel direkt vor Augen. Wenn es immer noch zu umfangreich sein sollte: Auf beiden Seiten befindet sich oben ein Suchfeld. Jeder eingetippte Buchstabe reduziert sofort die Liste. Dabei ist es gleichgültig, ob Sie mit dem Titelanfang beginnen oder ein Stück aus der Wortmitte tippen.

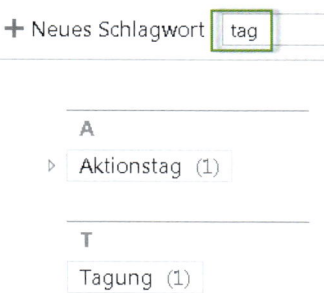

Abb. 3.3: *Lange Listen kürzen*

Ein Doppelklick auf ein Notizbuch wechselt zur gewohnten dreispaltigen Ansicht und zeigt dort alle Notizen, die dieses Notizbuch enthält. Analog werden bei einem Doppelklick auf ein Schlagwort alle Notizen aufgeführt, die dieses Schlagwort mit sich führen, gleichgültig aus welchem Notizbuch sie stammen.

Ebenso lassen sich in beiden Listen sehr gut an den »treppenförmigen« Einrückungen Hierarchien ablesen, z.B. wenn Sie einen Notizbuchstapel (siehe Abschnitt 3.3.1) mit Unternotizbüchern angelegt haben.

Sie können in der Schlagwortübersicht sogar kleine Verknüpfungen herstellen, wenn Sie verschiedene Schlagwörter mit gedrückter Strg-Taste und einem Mausklick kennzeichnen und abschließend rechts oben NOTIZEN ANZEIGEN anklicken.

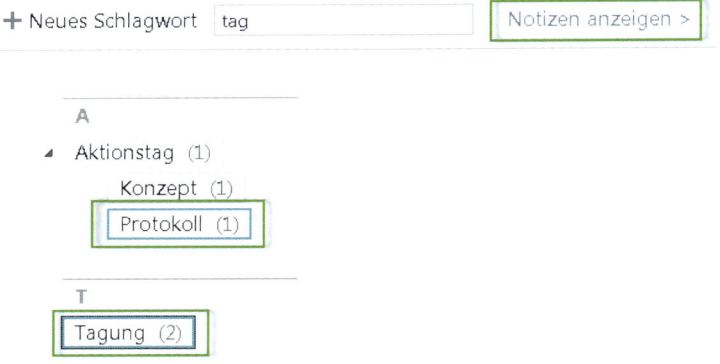

Abb. 3.4: *Mehrere Schlagwörter markieren*

Im vorliegenden Beispiel werden alle Notizen angezeigt, die gleichzeitig das Schlagwort »Tagung« und das Schlagwort »Protokoll« enthalten. Es erfolgt also eine UND-Verknüpfung; mit einem anderen Verfahren lassen sich aber auch ODER-Verknüpfungen herstellen (siehe Abschnitt 6.4). Evernote zeigt dann also alle Notizen an, die entweder das Schlagwort »Protokoll« oder das Schlagwort »Tagung« oder bei das Schlagwörter aufweisen.

Beim Index der Notizbücher klappt dieses Verfahren nicht, da eine Notiz immer nur einem einzigen Notizbuch zugeordnet werden kann.

Tipp

Wenn Ihnen der Aufbau der Schlagwortseite mit den vorangestellten Buchstaben des Alphabets gefällt, können Sie diese Ansicht auch auf der Notizbuchseite herstellen. Öffnen Sie dazu mit der rechten Maustaste das Kontextmenü und klicken Sie Notizbuchtitel einblenden/ausblenden an.

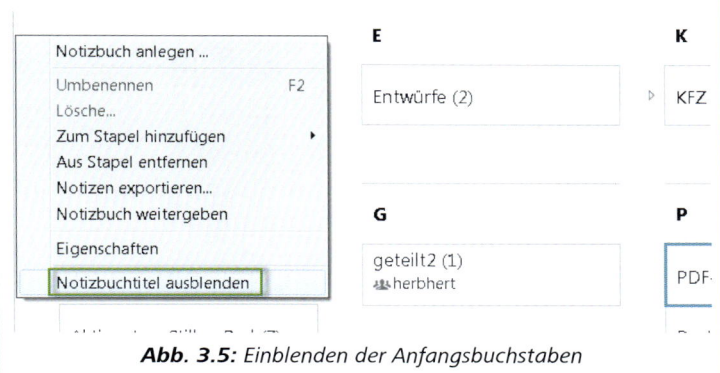

Abb. 3.5*: Einblenden der Anfangsbuchstaben*

Weitere Einstellungen am oberen Rand dieser Seiten (Alle Notizbücher/Schlagwörter bzw. Eigene Notizbücher/Schlagwörter) beschäftigen sich mit dem Ein- bzw. Ausblenden von Notizen, die zu geteilten Notizbüchern gehören. Darauf wird an anderer Stelle näher eingegangen (siehe Kapitel 4).

3.1.2 Atlas-Ansicht

Bei manchen Notizen erinnert man sich noch gut an den Ort, an dem sie entstanden sind: Stichwörter während der Tagung in Hamburg, Urlaubsnotizen aus Paris oder Fotoaufnahmen in Florenz. Sofern die Notizen auf einem Smartphone oder einem anderen mobilen Gerät entstanden sind, wird in vielen Fällen automatisch der Entstehungsort erfasst. Evernote bildet daraus eine Art »Gedächtnislandkarte«, die Notizen nach Regionen gruppiert. Diese Landkarte kann mit dem Menüpunkt Atlas aufgerufen werden.

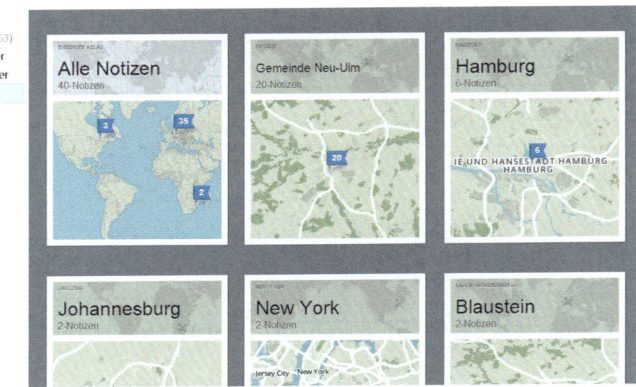

Abb. 3.6: *Alle Notizen auf einen Blick*

Neben der Weltkarte werden Städte, Bezirke und Regionen aufgeführt. Diese Teilkarten kann man ihrerseits anklicken und vergrößern, sodass sich ein Notizenbündel je nach Zoomfaktor aufteilt. Es wird jeweils die Anzahl der Notizen angezeigt. Ist nur eine vorhanden, wird eine kleine Vorschau auf die Notiz angezeigt.

Abb. 3.7: *Notizen mit Vorschau*

Ein Klick auf die Ziffer ruft alle Notizen auf, die an diesem Ort entstanden sind. Sofern Sie neben Evernote auch die Anwendung Evernote Food (für die Darstellung von Rezepten) oder sie Anwendung Evernote Hello (eine Kontaktverwaltung von Evernote) nutzen, werden diese Notizen mit gesonderten Symbolen gekennzeichnet.

Abb. 3.8: *Symbole für Notizarten*

Die Atlas-Ansicht eignet sich gut für einen raschen Überblick. Allerdings hat sie nicht so viele Möglichkeiten wie andere Ansichten, da ihr bestimmte Filtermöglichkeiten fehlen (z.B. »Zeige mir nur Notizen an, die eine PDF-Datei enthalten«).

Hinweis

Wenn Sie die Atlas-Funktion das erste Mal aufrufen und eventuell schon einen größeren Notizenbestand angelegt oder importiert haben, kann es einige Minuten dauern, bis Evernote die Ansicht vollständig einblendet. Aber das ist ein einmaliger Vorgang, bei späteren Aufrufen reagiert diese Ansicht ähnlich schnell wie alle anderen Darstellungen.

3.1.3 Ausschnittansicht: Schnelles Auffinden

In der mittleren Spalte können Sie zwischen drei Hauptansichten wählen: Listen-, Ausschnitt- und Kartenansicht. Das Umschalten zwischen diesen Darstellungsarten erfolgt entweder über das kleine Symbol rechts oben in der Spalte, über das Menü DARSTELLUNG oder über das Tastenkürzel Strg + F5 für die Listenansicht, Strg + F6 für die Ausschnittansicht und Strg + F7 für die Kartenansicht.

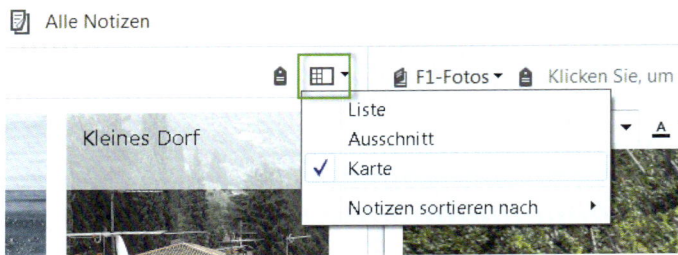

Abb. 3.9: *Auswahl der Darstellungsart*

Die bekannteste Ansicht, die auch die Standardansicht nach der Installation ist, trägt die Bezeichnung Ausschnitt. Durch die Kombination von Notiztitel, Datumsangabe, ein paar Wörtern aus dem Textanfang und einem kleinen Vorschaubild ist sie besonders geeignet, um mit bloßem Auge – auch beim schnellen Durchscrollen – eine gesuchte Notiz zu entdecken.

Das Motiv für das kleine Bild ist entweder eine in der Notiz enthaltene Abbildung oder auch die erste Seite einer eingebundenen PDF-Datei. In anderen Fällen, wie bei einem Word- oder Excel-Anhang, wird das Standardicon für den jeweiligen Dateityp eingeblendet.

Abb. 3.10: *Rascher Überblick in der Ansicht »Ausschnitt«*

Diese Ansicht eignet sich recht gut für den Alltag, denn meist nimmt Evernote eine Mischung aus Text-, Datei- und Grafikelementen auf. Durch die längliche, schmale Auflistung erhält man, trotz der Vorschaubilder, eine recht große Anzahl von Notizen.

Tipp

Sehr praktisch für kleine Bildschirme oder den zweiten Monitor: Wenn Sie in der Vorschauansicht auf eine Notiz doppelklicken, öffnet sich diese in einem eigenen Fenster. Sie können also das Hauptprogramm, das mit seinen drei Spalten viel Platz einnimmt, minimieren und sich auf den Inhalt der ausgewählten Notiz konzentrieren.

3.1.4 Kartenansicht: Grafiken im Mittelpunkt

Bei der Kartenansicht steht der grafische Gesichtspunkt im Vordergrund: quadratisch angeordnet sind Fotos, erste Seiten von PDF-Dokumenten usw. zu sehen.

***Abb. 3.11**: Kartenansicht – fällt ins Auge*

Sofern ein Notizbuch überwiegend grafische Elemente enthält, etwa Fotos vom letzten Urlaub, Designideen usw., findet das Auge damit etwas rascher die gesuchte Notiz. Das Anpassen der Anzahl der in der Spalte aufgeführten Kartenbilder ist durch Verschieben des rechten oder linken Spaltenrands mit der Maus, wie bei den beiden anderen Ansichten auch, möglich.

Sowohl für die Ausschnitt- als auch für die Kartenansicht steht eine Liste von Sortiervarianten zur Verfügung. Standardmäßig werden Notizen nach dem Erstelldatum sortiert; wenn Sie ein anderes Kriterium auswählen, gilt die neue Sortierung für alle Notizbücher, bis Sie die Sortierung wieder ändern.

Abb. 3.12: *Sortierung ändern*

3.1.5 Listenansicht – mächtig unterschätzt

Die dritte Option im Bunde, die Listen- oder Tabellenansicht, wird von vielen Anwendern eher selten genutzt, da sie ohne Bilder auskommt und einen »trockenen« Eindruck macht. Um darin eine Notiz zu finden, muss man den Text jeder Überschrift lesen, was – im Vergleich zu den beiden anderen Ansichten – umständlicher erscheint.

Doch die Stärken der Listenansicht liegen auf einem anderen Gebiet: In ihr kann eine Vielzahl von Spalten eingeblendet werden: Region, Ort, Datum, Schlagwörter, Quellprogramm, Freigabeoptionen usw. Mit einem einfachen Häkchen können Sie sich die gewünschten Spalteninformationen aussuchen. Wie von Tabellenprogrammen gewohnt, können Sie durch einen Klick auf eine Spaltenüberschrift den Feldinhalt sortieren. Auf diese Weise stehen z.B. im Nu alle Notizen untereinander, die an einem bestimmten Tagungsort erstellt wurden, oder alle, die vom Webbrowser geliefert wurden.

Aktionstag_Stilles_Rad ▾

Erstellt	Titel	Notizbuch	Schlagwörter
23.08.2013 20:47	Unterlagen (Index)	Aktionstag_Stilles_...	Aktionstag, Protokolle
23.08.2013 19:53	Strukturbericht-49.pdf	Aktionstag_Stilles_...	
23.08.2013 19:56	Plakatentwurf - Agentur Rein ...	Aktionstag_Stilles_...	Plakat
23.08.2013 19:55	Plakatentwurf - Agentur NoLi...	Aktionstag_Stilles_...	Plakat
23.08.2013 20:39	Notizen von Paula	Aktionstag_Stilles_...	Notiz
23.08.2013 19:54	Entwicklung bis 2020	Aktionstag_Stilles_...	
23.08.2013 20:15	Baustelle Friedstr. 18	Aktionstag_Stilles_...	Verkehr

Abb. 3.13: *Listenansicht – oft unterschätzt*

16 Felder können ausgewählt und in beliebiger Reihenfolge angeordnet werden. Die Liste der Felder erhalten Sie, wenn Sie mit der rechten Maustaste einen Klick auf die Kopfzeile der Tabelle ausführen, danach können Sie die entsprechenden Auswahlhäkchen setzen. Spalten werden verschoben, indem Sie den Mauszeiger auf der betreffenden Spaltenüberschrift positionieren und die Spalte an die gewünschte Stelle ziehen. Ein Klick auf die Spaltenbezeichnung sortiert die Notizen, ein zweiter Klick kehrt den Sortiervorgang um – so wie Sie es beispielsweise auch von Dateiverzeichnislisten oder Excel-Tabellen her kennen.

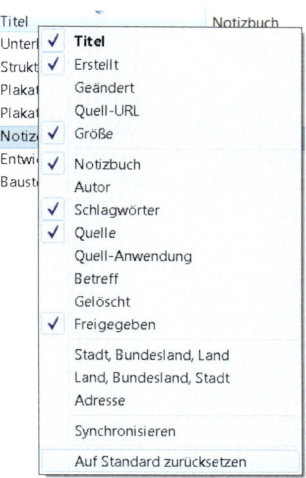

Abb. 3.14: *Spalten für die Listenansicht*

Des Weiteren können Sie festlegen, ob Sie eine »horizontale« oder eine »vertikale« Listenansicht bevorzugen. Mit »horizontal« ist die Aufteilung gemeint, die manche von alten Outlook-Versionen oder Thunderbird kennen: die Tabelle in der oberen Bildschirmhälfte, die Notizansicht in der unteren. Deutlich mehr Zeilen sind in der vertikalen Ansicht zu sehen: Hier wandert die Tabelle in die mittlere Spalte, die Notizansicht ist rechts daneben. Alles, was Sie tun müssen, um zwischen diesen beiden Ansichten umzuschalten: Halten Sie die ⇧-Taste gedrückt, wenn Sie auf das Wort LISTE klicken.

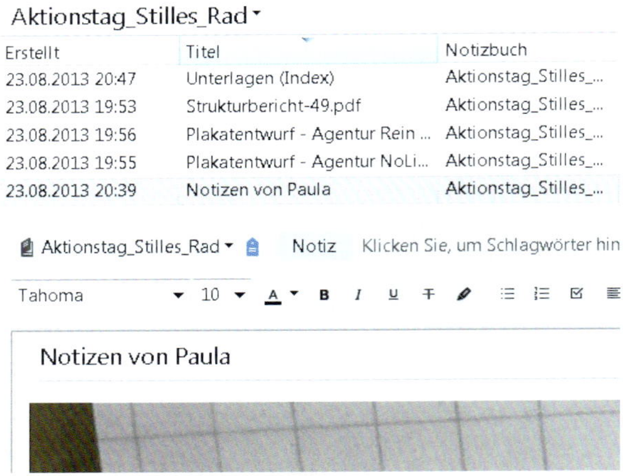

Abb. 3.15: Horizontale Listenansicht

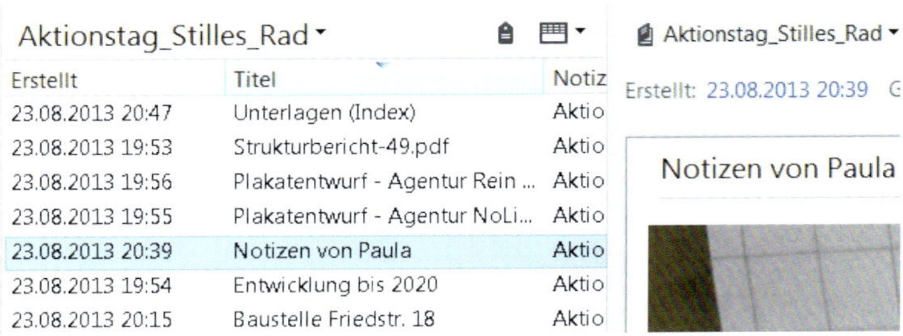

Abb. 3.16: Vertikale Listenansicht

Tipp

Wenn Sie die Liste nicht nur nach einem Schlagwort, sondern zusätzlich beispielsweise auch nach dem Datum ordnen wollen, haben Sie folgende Möglichkeit: Führen Sie einen Suchvorgang mit dem gewünschten Schlagwort, z.B. »Beruf«, durch – nur diese Einträge bleiben in der Tabelle stehen. Nun klicken Sie auf die Spalte DATUM – und schon sind alle Notizen mit diesem Schlagwort nach Datum sortiert.

3.2   Notizen blitzschnell zur Hand: Die Favoriten-Rubrik

Ganz oben in der linken Spalte haben Sie sicher bereits den Punkt FAVORITEN mit dem Sternchen bemerkt. In diesem Bereich können Sie eine Art »Lesezeichen« für besonders wichtige Evernote-Elemente anlegen: beispielsweise Ihre To-do-Liste, ein aktuelles Projektnotizbuch oder ein bestimmtes Schlagwort, das Sie häufig benötigen.

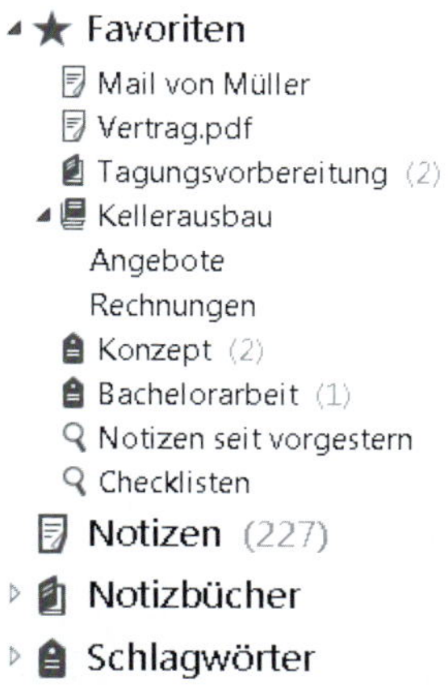

Abb. 3.17: *Favoriten anlegen*

Die Liste ist recht einfach zu erstellen: Ziehen Sie mit gedrückter Maustaste die gewünschten Inhalte in diesen Bereich.

Das abgebildete Beispiel zeigt alle Evernote-Komponenten, die die FAVO-RITEN-Rubrik aufnehmen kann:

- einzelne Notizen
- Notizbücher
- Notizbuchstapel (siehe Abschnitt 3.3.1)
- Schlagwörter
- gespeicherte Suchvorgänge (siehe Abschnitt 6.3)

Als Bezeichnung für die einzelnen Punkte werden die Notiztitel übernommen. Sie können – über den Kontextmenüfehl UMBENENNEN oder mit $\boxed{\text{F2}}$ – diese Bezeichnungen ändern, dann ändert sich aber auch der Titel Ihrer Notiz. Die Zahl in Klammern hintern den Begriffen verweist auf die Anzahl der Notizen eines Elements. Im vorliegenden Beispiel enthält das Notizbuch TAGUNGSVORBEREITUNG momentan zwei Notizen.

Sie rufen also mit einem Klick die jeweilige Notiz auf, ohne dass Sie sich durch Ihre Notizbuchstruktur hangeln müssen. Außerdem wird immer der aktuelle Stand eingeblendet: Im vorliegenden Beispiel gibt es momentan nur eine Recherchenotiz, die das Schlagwort BACHELORARBEIT erhalten hat. Entsprechend würde bei einem Klick auch nur diese Notiz eingeblendet. Wenn Sie nun zwei weitere Notizen mit diesem Schlagwort versehen und vielleicht drei ganz neue zu dem Thema erstellt haben, werden mit einem Mausklick alle sechs betroffenen Notizen angezeigt.

Falls Sie einen Favoriten aus der Liste entfernen möchten, geschieht das durch Aufruf des betreffenden Befehls im Kontextmenü. Damit wird nur der Eintrag in der FAVORITEN-Rubrik gelöscht – die Notiz selbst, die gespeicherte Suche usw. bleibt unangetastet.

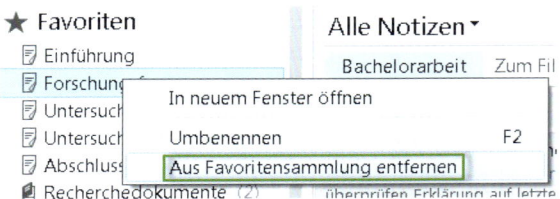

Abb. 3.18: *Favorit entfernen*

Die eigentliche Überschrift – FAVORITEN – weist ein eigenes Kontextmenü auf. Damit können Sie entscheiden, ob die gleiche Lesesammlung auf allen Ihren Geräten erscheinen soll, oder ob Sie lieber getrennte Favoritensammlungen verwalten möchten. So werden Sie auf Ihrem Bürocomputer vielleicht Verweise zum Bauprojekt und zu Reisekostenunterlagen haben, während Sie zu Hause und auf Ihrem Smartphone eher rasch die Einkaufsliste oder Kontaktdaten zur Hand haben möchten. In diesem Fall entfernen Sie auf dem Bürocomputer das Häkchen für die Synchronisation.

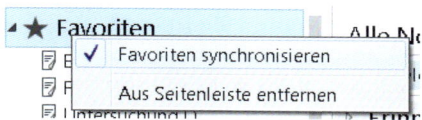

Abb. 3.19: *Sammlungen synchronisieren*

Es gibt übrigens eine kleine Eigenheit, die Sie sich zunutze machen können: Die ersten zehn Favoriten erhalten automatisch Tastenkürzel, nämlich `Strg`+`1`, `Strg`+`2` bis `Strg`+`0`, mit denen die Zielnotizen direkt aufgerufen werden können. Die Belegung ändert sich, wenn Sie die Reihenfolge der Favoriten ändern, ein neues Element hinzufügen oder eines löschen, sodass Sie sich eventuell immer wieder an eine neue Belegung gewöhnen müssen. Mein Vorschlag wäre, jene Favoriten, die Sie längere Zeit behalten, oben in der Liste zu belassen, sodass sich hier die Shortcuts nicht ändern und Sie sie sich gut einprägen können. Neue oder nur kurzfristig benötigte Favoriten wandern hingegen nach unten.

Abb. 3.20: *Tastenkürzel für Favoriten*

Im vorliegenden Beispiel wurden die Bezeichnungen zum besseren Einprägen mit der Tastenbelegung ergänzt: Mit $\boxed{\text{Strg}}$+$\boxed{4}$ werden beispielsweise immer die Notizen des aktuellen Monats aufgerufen. Nach den ersten fünf dauerhaften Lesezeichen wurde als optischer Unterteiler eine leere Notiz in die Liste gezogen, die einen Titel aus Gedankenstrichen bekommen hat.

Die FAVORITEN-Rubrik weist noch eine andere Besonderheit auf: Sie können die einzelnen Verweise beliebig manuell verschieben. Notizen können in den anderen Bereichen von Evernote nur nach festgelegten Kriterien sortiert werden, also z.B. alphabetisch oder nach Datum. Hier können Sie sich, etwa für eine Abschlussarbeit oder einen größeren Projektantrag, eine eigene Gliederung »basteln« und die Abschnitte manuell verschieben.

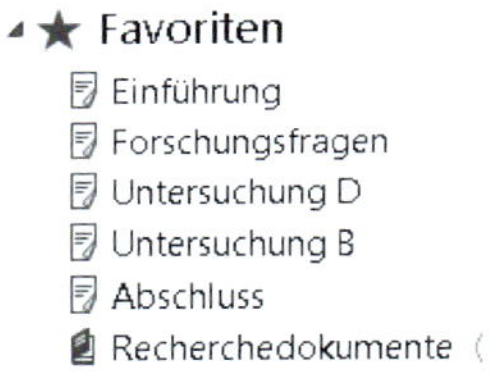

⊿ ★ Favoriten
    📄 Einführung
    📄 Forschungsfragen
    📄 Untersuchung D
    📄 Untersuchung B
    📄 Abschluss
    📄 Recherchedokumente (

Abb. 3.21: *Gliederung mit Favoriten*

Tipp

Einen festen Platz in meiner FAVORITEN-Rubrik hat eine Notiz mit dem Titel HEUTE. Dabei handelt es sich um eine ganz simple Einzelnotiz, in die ich kurz und ohne große Formatierung die wichtigsten Punkte des Tages tippe und Erledigtes lösche. Dieser Notizzettel hat zwar ein eigenes Schlagwort und ist auch in ein spezielles Notizbuch einsortiert, aber auf diese Weise habe ich ihn immer – auch unterwegs – sofort zur Hand.

3.3   Von Notizbüchern und Schlagwörtern

Evernote hilft, mit einer einfachen, aber sehr effizienten Struktur den Überblick zu bewahren – gleich, ob Sie damit nur eine kleine Sammlung oder große Datenbestände verwalten wollen. Daher bleiben Ihnen eine Unzahl von Menüpunkten, Reitern, Unterseiten, Buttons usw. erspart. Das Prinzip von Evernote erinnert eher an das schlichte Ringbuch, das Sie noch von Ihrer Schulzeit her kennen – allerdings ergänzt um ausgesprochen clevere Ordnungsfunktionen.

3.3.1   Notizbücher

Sie werden vielleicht zu Anfang einige Notizbücher anlegen wollen, damit Sie neue Notizen in entsprechende Rubriken aufnehmen können. Das Einrichten eines Notizbuchs ist sehr einfach: Sie markieren in der linken Spalte das Wort NOTIZBÜCHER. Die Ansicht, die damit aufgerufen wird, enthält ganz oben ein Pluszeichen gefolgt von NEUES NOTIZBUCH.

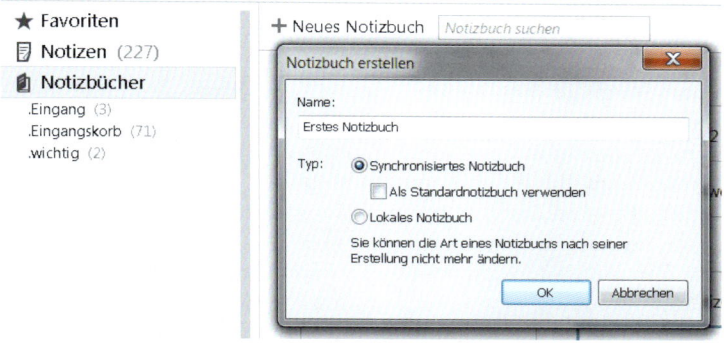

Abb. 3.22: *Notizbuch erstellen*

Nach Aktivierung dieses Punkts erscheint ein Auswahlfenster, in das Sie eine Bezeichnung für das Notizbuch eingeben können. Sie können zwischen lokalen, synchronisierten und Standardnotizbüchern unterscheiden; dazu später mehr. Für den Moment belassen Sie es bitte bei der bereits ausgewählten Option SYNCHRONISIERTES NOTIZBUCH.

Hinweis

Was ist ein Standardnotizbuch? Mit der Auswahl ALS STANDARDNOTIZBUCH VERWENDEN würden Sie ein neues »Eingangskörbchen« bestimmen. Standardnotizbuch bedeutet einfach, dass all jene Notizen zunächst in diesen Ordner kommen, die nicht an ein bestimmtes Notizbuch adressiert sind.

> Wenn Sie über andere Anwendungen, beispielsweise die Foto-App auf Ihrem Smartphone, Notizen zu Ihrem Evernote-Account schicken, werden diese Notizen zunächst in Ihrem Standardnotizbuch abgelegt.
>
> Ein Wechsel kann sinnvoll sein, wenn Sie z.B. gerade mit einem Projekt beschäftigt sind und dazu besonders viel Material sammeln. Dann können Sie für die Recherchezeit die Standardeinstellung z.B. vom Notizbuch EIN-GANGSKORB in das Notizbuch BUCHPROJEKT ändern, sodass alle Webrecher-chen, PDF-Dateien usw. direkt im Projektordner landen und Sie die Materialien nicht erst vom Eingangskorb umsortieren müssen.

Nun müssen Sie nur noch OK anklicken und das neue Notizbuch ist fertig. Mit diesem Vorgehen haben Sie ein Notizbuch auf der »oberen« Ebene erstellt. In vielen Fällen wird diese Art von Notizbüchern auch ausreichend sein.

Achten Sie darauf, Ihren Notizbüchern aussagekräftige Titel zu geben. Sie fahren oft zu Tagungen? Dann sortieren Sie alle entsprechende Notizen – Fahrpläne, Hotelreservierungen, Tagungsprogramm, Anmeldebestätigung – in ein Notizbuch mit dem Namen TAGUNGEN ein. Sie stoßen oft auf Koch-rezepte, die Sie bei Gelegenheit einmal ausprobieren möchten? Also erstel-len Sie ein Notizbuch mit dem Etikett REZEPTE – Zutatenlisten, Bilder aus dem Web, Zubereitungsanweisungen, Einkaufslisten, das alles wandert in dieses Notizbuch.

Bei besonders umfangreichen Notizsammlungen kann es sein, dass Ihr Notizbuch zu unübersichtlich wird. Kein Problem: Sie können »Unternotiz-bücher« erzeugen – es entstehen *Notizbuchstapel* (siehe Abbildung 3.23).

Bei der ersten Einrichtung eines Stapels müssen Sie ein wenig umdenken. Es funktioniert nämlich nicht so, dass Sie zunächst einen leeren Stapel mit einer Hauptüberschrift und danach die dazugehörigen Notizbücher erzeu-gen. Ein »normales« Notizbuch, das Sie in den neuen Stapel aufnehmen möchten, muss bereits vorhanden sein – oder kurz nach der eben beschriebenen Methode angelegt werden. Ob es bereits Notizen beinhal-tet oder leer ist, ist unerheblich.

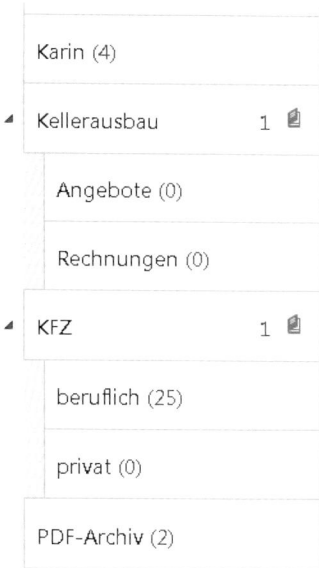

Abb. 3.23: *Notizbuchstapel*

Angenommen, Sie möchten für Ihre Terminverwaltung einen Stapel mit der Bezeichnung »Termine« erzeugen. Darin sollen dann Notizbücher wie »Öffnungszeiten«, »Steuer 2014« usw. aufgenommen werden. Sie legen das Notizbuch »Öffnungszeiten« auf die gewohnte Weise an (oder wählen es aus, falls Sie es schon vor einiger Zeit erstellt haben und nun merken, dass Sie zusätzliche Notizbücher benötigen). Mit der rechten Maustaste rufen Sie das Kontextmenü zu diesem Notizbuch auf, in dem Sie den Punkt ZUM STAPEL HINZUFÜGEN und danach NEUER STAPEL wählen.

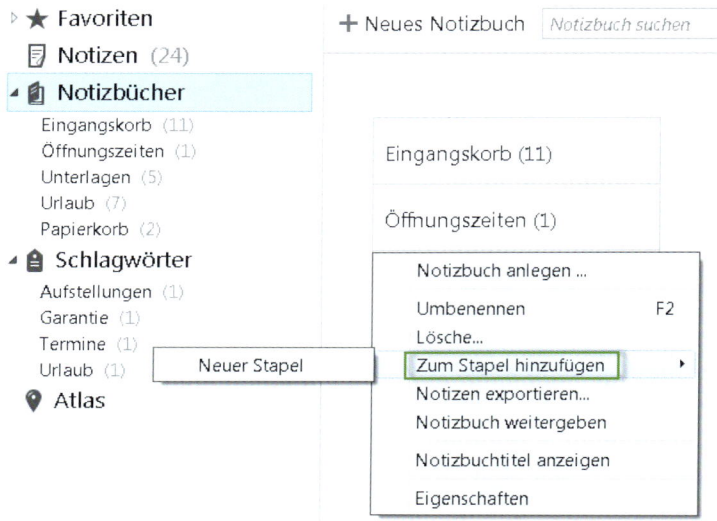

Abb. 3.24: *Notizbuchstapel anlegen*

Es erscheint eine Rubrik mit der Bezeichnung NOTIZBUCH-STAPEL, darunter ist das Notizbuch ÖFFNUNGSZEITEN eingeordnet. Da der Titel NOTIZBUCH-STAPEL wenig aussagekräftig ist, markieren Sie diese Bezeichnung und wählen im Kontextmenü UMBENENNEN (oder drücken die Taste ⌊F2⌋) und vergeben den Namen TERMINE.

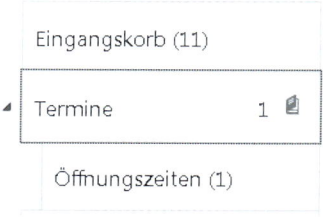

Abb. 3.25: *Geänderte Überschrift*

Sobald der Stapel einmal angelegt ist, haben Sie mehrere Möglichkeiten, darin neue Unternotizbücher aufzunehmen: Wenn Notizbücher schon bestehen, können Sie diese mit gedrückter Maustaste einfach in den Stapel hineinziehen. Alternativ wählen Sie im Kontextmenü des zu verschiebenden Notizbuchs NOTIZBUCH IN "TERMINE" ANLEGEN. Sie können aber auch das Kontextmenü des Stapels mit der rechten Maustaste öffnen. Diesmal erscheint der Punkt NOTIZBUCH ERSTELLEN IN "XYZ", sodass Sie direkt in einem Stapel ein leeres Notizbuch erstellen können.

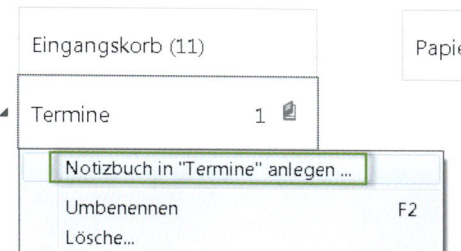

Abb. 3.26: Weitere Notizbücher anlegen

3.3.2 Schlagwörter

Jede Notiz kann mit Schlagwörtern versehen werden, also Stichwörtern, Etiketten oder – wie sie im englischsprachigen Raum oft genannt werden – sogenannten Tags. Sie haben drei Möglichkeiten, einer Notiz Schlagwörter zuzuweisen:

▸ Klicken Sie über der Notiz, neben dem Notizbuchnamen, auf das kleine Etikettensymbol und tragen Sie das betreffende Stichwort in ein hellblaues Feld ein.

Abb. 3.27: Schlagwort im Notizeneditor hinzufügen

▸ Klicken Sie im gleichen Fensterbereich das Feld *i* INFO an und tragen Sie die betreffenden Begriffe in die Zeile SCHLAGWÖRTER ein.

Abb. 3.28: *Schlagwort im Informationsfeld hinzufügen*

▸ Ziehen Sie mit gedrückter Maustaste Schlagwörter aus der linken Spalte auf die Notizvorschau. Das klappt auch umgekehrt: Ziehen Sie das Vorschaubild auf das Stichwort.

Abb. 3.29: *Schlagwort mittels Drag & Drop hinzufügen*

Diese Schlagwörter sind eine ungemein praktische Angelegenheit. Wenn man jeder Notiz nur ein Stichwort beigeben könnte, wäre das ein recht starres System und hätte keine Vorteile gegenüber Papierordnern. Dort können Sie ja jedes Blatt nur in einen Ordner legen (oder Sie fertigen eine Fotokopie an). Jedes »Notizblatt« könnte sich dann nur in einem Ordner oder »Hefter« befinden. Was mache ich aber, wenn mir das Foto, das ich bei meinem letzten Spaziergang von einem Konzertplakat aufgenommen habe, verschiedenen Zwecken dienen soll? Es soll mich an ein bestimmtes Datum erinnern (die Veranstaltungszeit). Gleichzeitig hilft es mir, daran zu denken, dass die Konzertkarten ein ideales zusätzliches Geburtstagsgeschenk für eine Bekannte sind. Und schließlich darf ich nicht vergessen, im Theater anzurufen, ob überhaupt noch Karten vorhanden sind.

Ganz einfach: Ich vergebe die Schlagwörter TERMINE, STEFFI (so heißt die Bekannte) und ANRUFE.

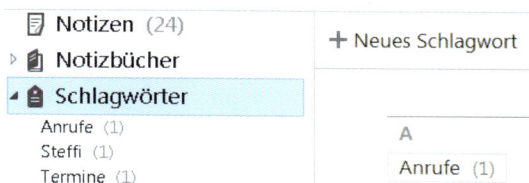

Abb. 3.30: *Liste von Schlagwörtern*

Mit dem Etikett STEFFI habe ich schon diverse andere Geschenkideen versehen (den Amazon-Screenshot eines Krimis, die Notiz mit dem Namen eines Weins, von dem ich weiß, dass er Steffi schmecken könnte). Und unter ANRUFE habe ich all jene Angelegenheiten eingeordnet, die am nächsten Tag per Telefon zu erledigen sind. Wenn ich am nächsten Werktag auf das Schlagwort ANRUFE klicke, taucht auch das Konzertfoto auf. Nach erledigtem Anruf kann ich das Schlagwort entfernen und das Foto mit ein paar Worten ergänzen, z.B. Karten müssen 1 Stunde vor Beginn abgeholt werden.

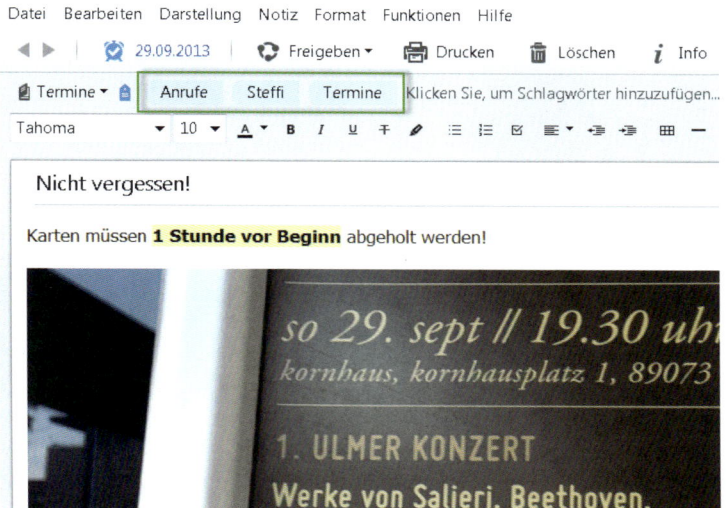

Abb. 3.31: *Konzertplakat mit Schlagwörtern*

Frage ich mich hingegen am Wochenende, was ich Carola, Felix und Steffi zu ihren Geburtstagen eigentlich schenken wollte, klicke ich auf das Schlagwort STEFFI und atme erleichtert auf – dieses Geschenk habe ich ja schon besorgt.

Sie sehen also: Immer handelt es sich um die gleiche Notiz, die durch die Schlagwörter »mehrfach« verwendet werden kann, ohne dass ich sie kopieren oder doppelt anfertigen müsste.

Auf ähnliche Weise, wie Sie Notizbücher stapeln können, können Sie auch Untergruppen von Schlagwörtern bilden. Diese Gruppen werden ebenfalls durch Einrückungen angezeigt. Es gibt aber einen entscheidenden Unterschied: Während Sie bei Notizbüchern nicht mehr als eine Unterebene bilden können, gibt es bei Schlagwörtern diese Einschränkung nicht. Sie können also beispielsweise folgende Struktur für Ihre Schlagwörter wählen:

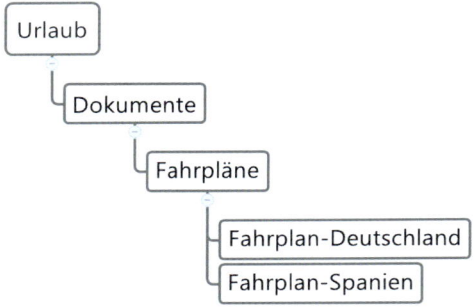

Abb. 3.32: *Schlagwörter strukturieren*

Das sieht in Evernote dann so aus wie in Abbildung 3.33.

Die verschiedenen Ebenen lassen sich sehr einfach anlegen: Klicken Sie das Schlagwort mit der rechten Maustaste an und wählen Sie SCHLAGWORT IN "XZY" ANLEGEN (siehe Abbildung 3.34).

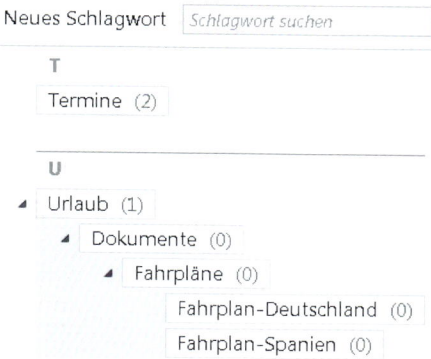

Abb. 3.33: *Schlagwörter untergliedern*

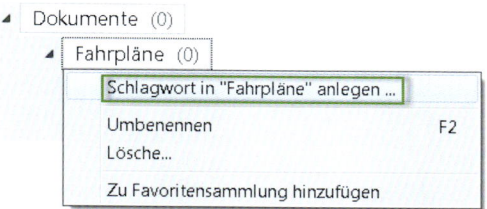

Abb. 3.34: *Unterschlagwörter anlegen*

Hinweis

Jedes Schlagwort darf nur einmal vorkommen. Sie können also nicht die Hierarchie bilden:

– Reiseunterlagen-USA

– – Dokumente

– Reiseunterlagen-Italien

– – Dokumente

Der Begriff DOKUMENTE kommt in diesem Beispiel zweimal vor. Wenn Sie aber die Schlagwörter unterschiedlich ergänzen, also etwa DOKUMENTE-USA und DOKUMENTE-I klappt es mit den Verzweigungen.

Bei intensivem Gebrauch von Evernote kann die Schlagwortliste sehr umfangreich werden, sodass sogar auf der alphabetischen Indexseite der Überblick verloren geht. In diesen Fällen ist es hilfreich, wenn nur jene Schlagwörter angezeigt werden, die Sie im gerade aktiven Notizbuch vergeben haben. Sind Sie etwa im Notizbuch STEUER 2014, so sind die Begriffe, die Sie im Notizbuch HAUSHALT vergeben haben (z.B. EINKAUF, MÖBEL, MÜLLABFUHR), überflüssig. Um die Gesamtliste von Schlagwörtern zu reduzieren, gehen Sie wie folgt vor:

1. Sie wählen zunächst das Notizbuch aus, im vorliegenden Beispiel STEUER 2014 (entweder in der linken Seitenleiste oder in der mittleren Spalte).

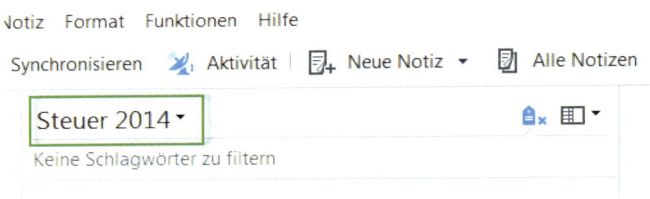

Abb. 3.35: *Notizbuch auswählen*

2. Anschließend klicken Sie auf das Etikettensymbol in der mittleren Spalte. So werden nur jene Schlagwörter angezeigt, die Sie im Notizbuch STEUER 2014 bisher vergeben haben.

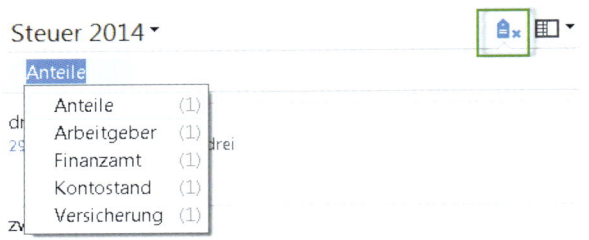

Abb. 3.36: *Reduzierte Schlagwortliste*

Tipp

Diese Vorgänge, das Auswählen von Notizbüchern oder das Einblenden einer Schlagwortliste, benötigt man im Alltag recht häufig. Daher kann es lohnend sein, sich die beiden Tastenkürzel einzuprägen:

Mit $\boxed{\text{Alt}}$ + $\boxed{\text{⇧}}$ + $\boxed{\text{N}}$ erscheint eine Liste der Notizbücher,

$\boxed{\text{Alt}}$ + $\boxed{\text{⇧}}$ + $\boxed{\text{T}}$ blendet die Schlagwortliste ein.

3.4   Praxisbeispiel »Homeoffice«

Gedanklich sortiert man ganz automatisch Informationen und Daten nach bestimmten Kriterien. Dabei kann sich beispielsweise eine räumliche Struktur abbilden (Büro, Arbeitszimmer zu Hause), eine chronologische (Urlaubserinnerungen, Termine) oder eine thematische (Projektantrag, Rezepte). Insbesondere verändert sich unsere Arbeitswelt: Immer mehr Arbeitnehmer arbeiten an beruflichen Projekten auch zu Hause weiter. Eine typische Notizbuchstruktur für jemanden, der Evernote im Homeoffice-Bereich einsetzt, könnte also so aussehen wie in Abbildung 3.37.

Berufliche Notizbücher werden sich in der Regel mit aktuellen Projekten befassen oder auf Unterlagen ausgerichtet sein, die man immer zur Hand haben möchte. Durch die Synchronisation über den Evernote-Dienst haben Sie an jedem Ort den aktuellen Stand zur Hand: Wurde also an einem Word-Dokument eine Ergänzung auf dem Mac-Rechner im Büro vorgenommen, können Sie zu Hause sofort die Datei mit Ihrem Windows-PC weiterbearbeiten. Benötigen Sie bei einem Telefonat unterwegs die letzte Statistik, können Sie mit Ihrer Smartphone-App die Protokolle nachschlagen usw.

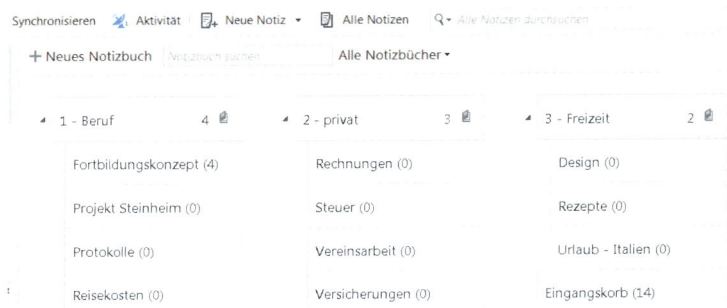

Abb. 3.37: Notizbücher ordnen Arbeitsbereiche

Bei den privaten Unterlagen werden Sie eine ähnliche Struktur vorziehen, die Sie vielleicht schon als Aktenordner im Regal stehen haben – also Steuerunterlagen, Versicherungsdaten usw. Aber da mit Evernote ein neuer »Aktenordner« in Sekundenschnelle erstellt ist, lohnt es sich, auch die Informationen zu Ihren Freizeitaktivitäten (Vereinsarbeit, Urlaubsunterlagen, Rezeptideen) in Notizbücher einzusortieren.

Schlagwörter kommen immer ins Spiel, wenn ich eine Information in mehreren Bereichen gleichzeitig benötige. »Spesenquittungen« sind ein gutes Beispiel. Diese entstehen ja in der Regel in beruflichen Zusammenhängen und haben daher ihren Ort im Notizbuchstapel BERUFLICHE UNTERLAGEN, um sie z.B. bei der Reisekostenabrechnung einzureichen. Bei diesen Dokumenten ist es aber sehr gut möglich, dass ich sie auch in meiner Steuererklärung berücksichtigen möchte, sodass ich die gleiche Information zu gegebener Zeit rasch finden möchte, ohne einzelne Notizbücher durchsuchen zu müssen. Also vergebe ich einfach zusätzlich das Schlagwort STEUER, und schon entgehen sie mir nicht bei der Erklärung. Hier ein Beispiel mit Schlagwörtern, die im Alltag oft nützlich sind (siehe Abbildung 3.38).

Etwas, was »wichtig« ist, kann ja sowohl den beruflichen als auch den privaten Bereich betreffen, bei den anstehenden »Terminen« kann es sich um einen wichtigen Abgabetermin für eine Examensarbeit oder einen Konzertbesuch handeln, mit dem Sie Ihre Partnerin überraschen möchten. Durch ein Schlagwort können Sie auf einfache Weise Informationen aus unterschiedlichen Notizbüchern »zusammenziehen« und haben sie so rasch vor Augen.

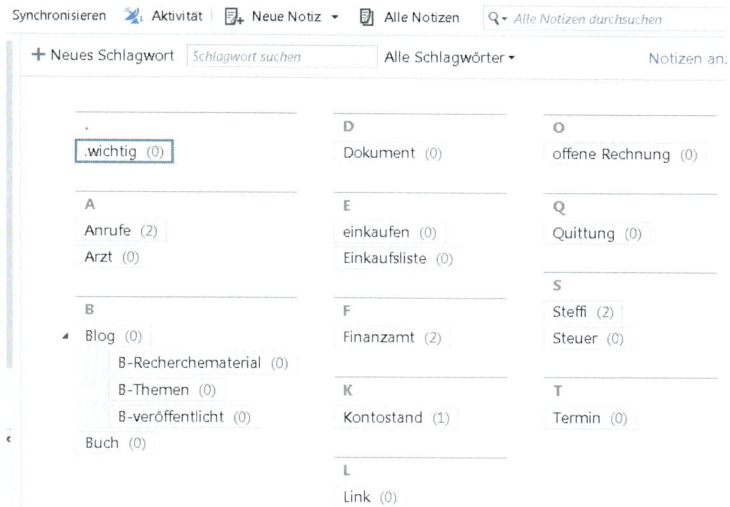

Abb. 3.38: *Schlagwörter bündeln Informationen*

Der Einsatz von Sonderzeichen – im abgebildeten Beispiel ».wichtig« – kann bei der Namensgebung von Notizbüchern oder Schlagwörtern sehr nützlich sein. Ein einfacher Punkt oder ein Ausrufezeichen zu Beginn des Namens führt beispielsweise dazu, dass der Begriff an erster Stelle in der Liste steht. Oder man stellt Ziffern voran, sodass die gewünschte Reihenfolge unabhängig von der alphabetischen Sortierung eingehalten wird.

Tipp

Sie sollten sich gleich bei der Vergabe neuer Schlagwörter auf eine einheitliche Form festlegen. Also z.B. immer Singular oder immer Plural bzw. immer den gleichen Begriff verwenden. Also nicht mal »Dokument« und mal »Dokumente« gemischt mit »Unterlagen« oder »Papiere«, sondern immer »Dokument«. Sonst wird erstens Ihre Schlagwortliste mit der Zeit unnötig umfangreich und zweitens müssen Sie später immer überlegen, ob Sie Variante A, B oder C für ein Stichwort gewählt haben.

3.5   Ordner unter Beobachtung

Im Laufe der Zeit werden Sie sich eine Verzeichnisstruktur auf der Fest-platte eingerichtet haben, die Ihren Anforderungen entspricht: berufliche Dateien in Projektordnern, private Dateien auf einer anderen Partition, Urlaubsbilder im Fotoverzeichnis usw. Nun könnten Sie natürlich z.B. per Drag & Drop benötigte Dateien in Evernote speichern. Doch dazu müssen Sie sich immer wieder durch den »Verzeichnisdschungel« Ihrer Festplatte hangeln. Gerade wenn es ein Pfad ist, in dem sich häufig etwas tut, kann es wesentlich nützlicher sein, wenn Sie sich um den Import gar keine Gedanken machen müssen. Vielleicht haben Sie sich im Zuge des »papier-losen Büros« angewöhnt, neue Papierdokumente regelmäßig einzuscan-nen? Wenn Sie Evernote den Pfad mitteilen, auf dem Ihr Scanner die ein-gescannten Dokumente speichert, nimmt das Programm automatisch jede neue Datei in die Datenbank auf. Sie können sogar einstellen, dass Ever-note direkt danach die Festplattendatei löscht, sodass Sie keine unnötigen Doppelungen erzeugen.

Im Unterschied zu ähnlichen Ordnerimporten von anderen Programmen, z.B. Dropbox, wird der Vorgang nicht auf einen bestimmten Pfad beschränkt. Sie können beliebig viele Pfade gleichzeitig überwachen lassen, gleichgültig, ob sich diese auf Festplatte C, D oder USB-Stick X befinden.

Hinweis

Mac-Anwender können sich via ActionScript ähnliche automatische Import-möglichkeiten schaffen. Eventuell lohnt hier auch ein Blick auf das Tool Hazel, das im Zusammenspiel mit Evernote sehr gute Dienste leistet: *http://www.noodlesoft.com/hazel.php*.

3.5.1   Ordnerimport einrichten

Rufen Sie im Menü FUNKTIONEN den Befehl ORDNER IMPORTIEREN auf. Es öff-net sich ein Pop-up-Fenster mit dem Button HINZUFÜGEN. Wenn Sie diesen anklicken, erscheinen die vom Explorer gewohnten Festplattenbuchsta-ben und Dateiverzeichnisse. Mit der linken Maustaste markieren Sie das gewünschte Verzeichnis. Damit erscheint die Pfadangabe im Evernote-Pop-up-Fenster. Daneben gibt es drei weitere Spalten mit Voreinstellun-gen. Wenn Sie direkt auf die Voreinstellungen klicken, öffnet sich jeweils ein kleines Auswahlmenü. Einstellen können Sie damit folgende Punkte:

▸ Sollen alle Unterverzeichnisse ebenfalls überwacht werden? Wird beispielsweise der Ordner C:\URLAUB überwacht und Sie speichern im Unterordner C:\URLAUB\SPANIEN ein Foto, wird dies in der Standardeinstellung von Evernote ignoriert – im anderen Fall wird auch diese Datei aufgenommen.

▸ Sehr praktisch ist es, dass Sie jedem überwachten Ordner ein eigenes Notizbuch zuordnen können. Während also die Spanienbilder im Notizbuch FOTOS erscheinen, werden die Dateien Ihres USB-Sticks K:\DOKUMENTE automatisch zum Notizbuch BERUF umgeleitet.

▸ Schließlich können Sie noch dafür sorgen, dass die Datei sofort nach der Aufnahme in Evernote vom Pfad gelöscht wird oder auf der Festplatte verbleibt.

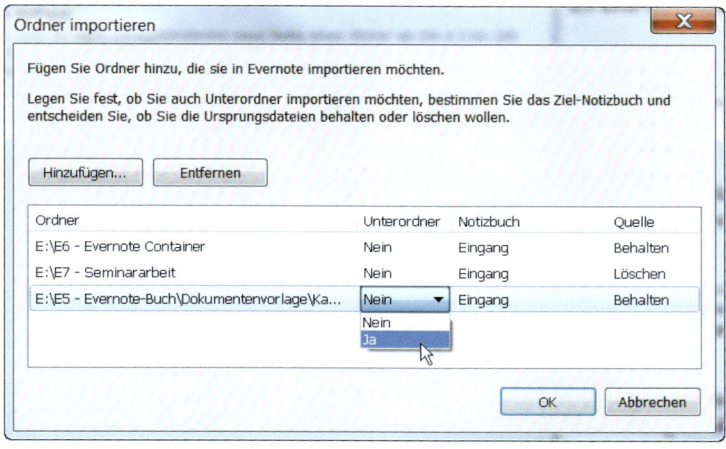

Abb. 3.39: *Ordner können vielfältig überwacht werden*

3.5.2   Live-Update – darauf müssen Sie achten

Von reinen Synchronisierungsprogrammen sind Sie es vielleicht gewohnt, dass nach jeder Änderung an einer Datei die vorherige Version im Onlinearchiv überschrieben wird. Sie behalten damit eine einzige Dateiversion. Wenn Sie hingegen bei einem von Evernote überwachten Verzeichnis Änderungen an einer Datei vornehmen und diese wieder im gleichen Ordner speichern, legt Evernote eine neue Notiz mit Dateianhang an, sodass es leicht passieren kann, dass Sie plötzlich vier- oder fünfmal Ihre Datei –

in verschiedenen Bearbeitungsstadien – in Evernote finden. In manchen Fällen kann dies gewünscht sein, wenn Sie etwa die Entstehung eines Textes in verschiedenen Phasen archivieren möchten. Die meisten Anwender bevorzugen jedoch ein einziges Exemplar ihrer Datei. Dies ist auch mit Evernote möglich, nur müssen Sie nach dem ersten Import die betreffende Datei auf einem anderen Weg öffnen und speichern, ein Verfahren, das Evernote »Live-Update« nennt: Sie rufen die Datei direkt mit einem Doppelklick aus Evernote heraus auf, nehmen die gewünschten Veränderungen vor und wählen den Speicherbefehl. Dabei wird eventuell ein längerer temporärer Pfad angezeigt – kümmern Sie sich nicht darum, sondern bestätigen Sie einfach das Überschreiben. Auf diese Weise bleibt es bei der einen Notiz.

Tipp

Für den Browser Firefox gibt es eine Erweiterung, die ausgezeichnet mit der Evernote-Importfunktion zusammenarbeitet: Sie trägt den Namen Save File to und ist im Firefox-Add-on-Portal zu finden (https://addons.mozilla.org/). Nach der Installation können Sie damit die gleichen Überwachungspfade vorgeben, die Sie bereits bei Evernote eingetragen haben. So sparen Sie sich beispielsweise bei einer intensiven Internetrecherche, bei der Sie viele Dateien aus dem Web speichern, das »Hangeln« durch die Verzeichnispfade.

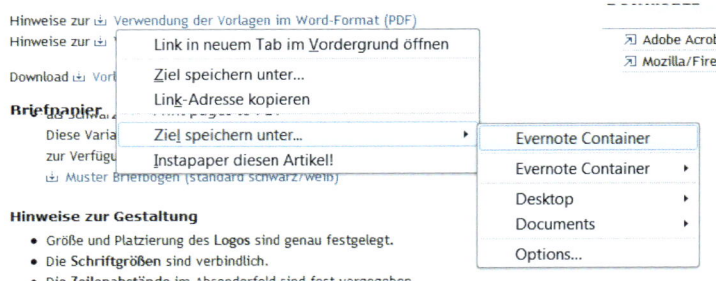

Abb. 3.40: *Firefox-Erweiterung Save File to*

Kapitel 4

Teilen und Zusammen- arbeiten

In Zeiten sozialer Netzwerke ist das (Mit-)Teilen seiner Informationen zum Alltag geworden – allerdings auch mit erheblichen Nachteilen verbunden, was Datensicherheit und Privatsphäre betrifft. Denn wenn es zum Kern eines Dienstes gehört, dass alle möglichen Personen – Freundeskreise, Buddies und wie immer sie heißen mögen – möglichst leicht und bequem Zugang zu gespeicherten Daten erhalten sollen, werden oft Schleusen geöffnet, die später nur wieder schwer zu schließen sind.

Evernote unterscheidet sich in diesem Punkt erfreulich deutlich: Sinn und Zweck von Evernote ist in erster Linie das Verwalten persönlicher Daten, sodass Evernote mit einer Öffnung nach »außen« eher behutsam umgeht. Nun kann es aber gute Gründe geben, einzelne Notizen, Teile seines Archivs oder Notizbücher für eine Gruppe oder für die Öffentlichkeit zugänglich zu machen.

‣ Jemand benötigt Informationen, die Sie bereits in Evernote archiviert haben – Sie wollen diese mit einem Klick abrufbar machen.

‣ Sie planen ein Fortbildungsseminar und haben alle Ihre Materialien in Evernote archiviert – die Seminarteilnehmer sollen die Materialien unkompliziert zu Gesicht bekommen.

‣ Sie besuchen eine Messe, machen Aufnahmen, kommentieren diese und möchten, dass Ihre Arbeitskollegen im heimischen Betrieb möglichst zeitnah ein Auge darauf werfen können.

‣ Sie erleben einen tollen Urlaub, machen Fotos, nehmen Töne auf, speichern Ausschnitte aus Google Maps ab und möchten, dass Ihre Familie und Ihre Freunde ein solches »Urlaubsnotizbuch« einsehen können.

‣ Sie sind ein toller Koch, zaubern wunderbare Gerichte, die Sie auf digitale Fotos bannen, und möchten der Welt zeigen, wie man bei Ihnen speist und trinkt.

Für all diese Zwecke – ja, auch an die Facebook- und Twitter-Freunde ist gedacht – stellt Evernote eine Reihe von Möglichkeiten zur Auswahl. Schauen wir uns die entsprechenden Funktionen nun näher an.

4.1 Evernote kann E-Mails verschicken

Wenn es um einen einzelnen Notizinhalt geht, rufen Sie in der Voransicht mit der rechten Maustaste das Kontextmenü der betreffenden Notiz auf, wählen den Punkt FREIGEBEN und anschließend PER E-MAIL VERSENDEN.

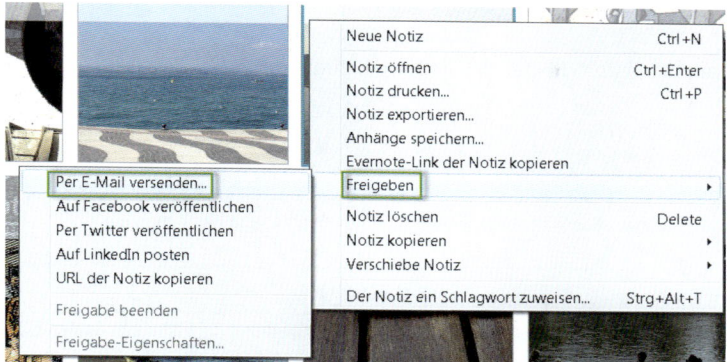

Abb. 4.1: *Schnell verschickt – die Einzelnotiz*

Für mehrere Anlagen haben Sie das Verfahren bereits kennengelernt: Sobald Sie einige Notizen in der Voransicht markieren, werden diese »spielkartenförmig« aufgeblättert und mit einem zusätzlichen Menü versehen.

Diesmal wählen Sie den Punkt E-MAIL aus, woraufhin ein kleines Eingabefenster erscheint. Darin geben Sie die Mailadresse des Empfängers ein und schreiben einen kleinen Begleittext. Fertig.

Auf diese Weise sind Sie sehr viel schneller, als erst umständlich die Materialien auf der Festplatte zu speichern, Ihr Mailprogramm zu öffnen, eine neue Mail zu starten, die Anhänge in diese Mail aufzunehmen usw. (obgleich Sie diesen Vorgang etwas verkürzen könnten, indem Sie per Drag & Drop Materialien von Evernote in Ihre Mail verschieben).

Und die Sache ist sicher – der Empfänger erhält keinen Zugang zu Ihrem Evernote-Konto.

Abb. 4.2: *Anlagen direkt durch Evernote verschicken lassen*

Hinweis

Die Mail enthält als Absenderdaten den Namen, den Sie bei Evernote gewählt haben und die Mailadresse, die Sie bei Evernote angegeben haben. Wenn Ihnen das nicht recht ist, können Sie – falls Sie über einen Premiumzugang (siehe Abschnitt 11.5) verfügen – den Benutzernamen z.B. von »Bond007« auf »Max Schmidt« ändern lassen. Im Falle eines freien Accounts könnten Sie einen zweiten mit den echten Daten einrichten.

4.2   Notizen für andere zugänglich machen

Die zweite Möglichkeit, die sich auch für Twitter und Facebook eignet, besteht darin, einen Weblink zu dem entsprechenden Notizblatt »freizuschalten«. Freischalten oder freigeben bedeutet, dass Dritte weiterhin keinen Zugang zu Ihren Notizen haben, sich aber über den Browser ein einzelnes Blatt – samt Anhang – ansehen können, ähnlich wie bei einer Webseite.

Auch in diesem Fall werden die Freigabeeinstellungen über das Kontextmenü der Notiz aufgerufen, diesmal wählen Sie den Punkt URL DER NOTIZ KOPIEREN aus.

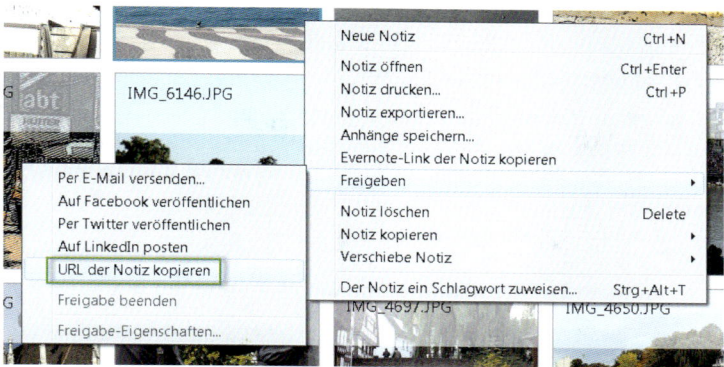

Abb. 4.3: *Einen öffentlichen Link zur Notiz erzeugen*

Hinweis

Am Anfang ist es etwas verwirrend, dass Evernote zwei verschiedene Linkvarianten kennt. Zum einen geht es um übliche »Weblinks«, also Seiten, die jeder in seinem Browser aufrufen kann. Zum anderen kennt Evernote noch eine interne Variante – sogenannte Evernote-Links –, die davon unabhängig ist und von Unberechtigten nicht aufgerufen werden kann. Letztere verweisen innerhalb des Programms von einer Notiz zur anderen.

Diesen Link können Sie versenden, auf Ihrem Weblog veröffentlichen oder via Twitter/Facebook mitteilen. Wenn Sie also ein lustiges Bild Ihrer Familie in Evernote gespeichert haben, könnten Sie dieses Foto der Welt via Evernote-URL bekannt geben (eine andere Frage ist, ob sich Ihre Familie darüber freuen wird …).

Es wird ein »kryptisch« anmutender Link erzeugt, der mit *http://www.evernote.com/shard/* beginnt, gefolgt von einer langen Zahlenreihe.

Hinweis

Bei neuen Notizen wird es Ihnen so vorkommen, als ob Evernote »stocken« würde, bevor es den Link freigibt. Evernote benötigt eine kurze Synchronisation mit seinem Web-Frontend, weil der Dienst ja erst einmal sehen muss, an welcher Stelle er im Web die neue Notiz speichert.

Wenn der Empfänger den mitgeteilten Link anklickt, öffnet sich eine Webseite mit den Inhalten des Notizblatts und einigen Angaben: das Erstell- und Änderungsdatum, die Dateigröße, ein Drucksymbol.

Interessant ist der Button SPEICHERN. Falls der Empfänger selbst über ein Evernote-Konto verfügt, kann er damit das Notizblatt direkt in ein Notizbuch seiner Wahl übernehmen, ohne dass er vorher irgendwo irgendwelche Daten ablegen müsste – eine praktische Angelegenheit.

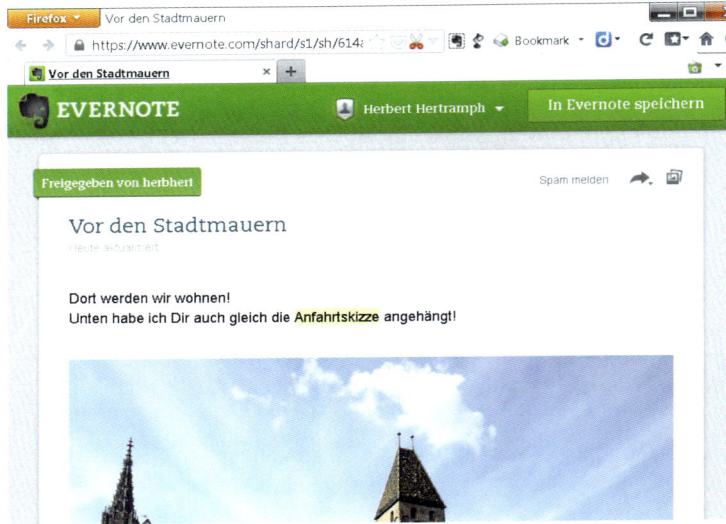

Abb. 4.4: Ein freigegebenes Notizblatt

Sie können die Freigabe der Notiz jederzeit beenden – sie wird dann wieder »unsichtbar«. Das ist nützlich, wenn sich Informationen erledigt haben oder Sie einfach auf Nummer sicher gehen wollen, dass kein Unberechtigter durch einen – statistisch gesehen fast unmöglichen – Zufall auf die Notiz stößt. Dazu rufen Sie bei der betreffenden Notiz einfach die FREIGABE-EIGENSCHAFTEN auf und wählen den Button FREIGABE DER NOTIZ BEENDEN.

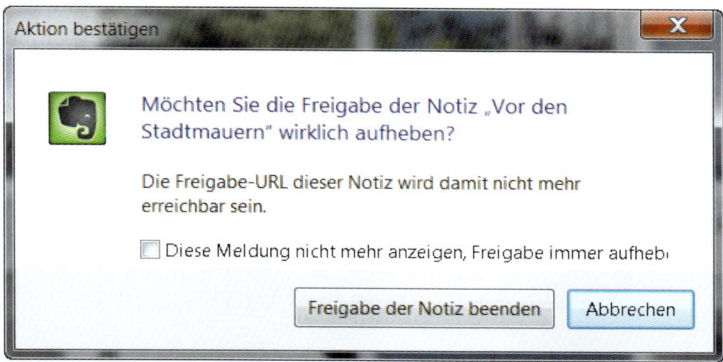

Abb. 4.5: *Eine Freigabe beenden – schnell erledigt*

Im Laufe der Zeit werden Sie wahrscheinlich eine ganze Reihe Notizen auf diese Weise freigegeben haben, sich aber nicht mehr an jede dieser Notiz erinnern. Um rasch alle Ihre freigegebenen Notizen zu sehen, haben Sie zwei Möglichkeiten:

▸ Sie können die Suchparameter `sharedate:*` (mit Sternchen) verwenden.

▸ Sie können in der mittleren Spalte auf die Listenansicht umstellen und die Spalte FREIGEGEBEN einblenden. Mit Klick auf die Spaltenüberschrift werden die entsprechenden Notizen untereinander aufgeführt.

Alle Notizen ▾

Titel	Freigegeben
Vor den Stadtmauern	Vor 18 Minuten
Beispiel Everbot	07.12.2013 01:48
PISA-2012-Zusammenfassung	05.12.2013 21:20
Mathematik bei den "Simpso...	05.12.2013 21:16

Abb. 4.6: *Freigegebene Notizen auflisten*

Tipp

Ihre freigegebene Notiz ist keine »statische« Webseite. Wann immer Sie in Ihrem Evernote-Programm eine Ergänzung oder Änderung mit Synchronisation vornehmen, ändert sich automatisch der Inhalt der Webseite. Eine überaus praktische Angelegenheit z.B. für Listen, die ergänzt werden, für den Entwicklungsprozess eines Layouts, den man Kunden zeigen möchte, für Seminarmaterial usw.

4.3 Öffentliche Freigabe von Notizbüchern

Hier sind wir jetzt bei den eingangs erwähnten Beispielen angelangt: Man besucht eine Messe, macht mit einer mobilen Evernote-App Aufnahmen von Ausstellungsstücken, interviewt mit der Audiofunktion von Evernote Leute an Messeständen, scannt Prospektteile ein, fügt eigene Notizen hinzu. Im Nu ist ein »Tagungsnotizbuch« entstanden.

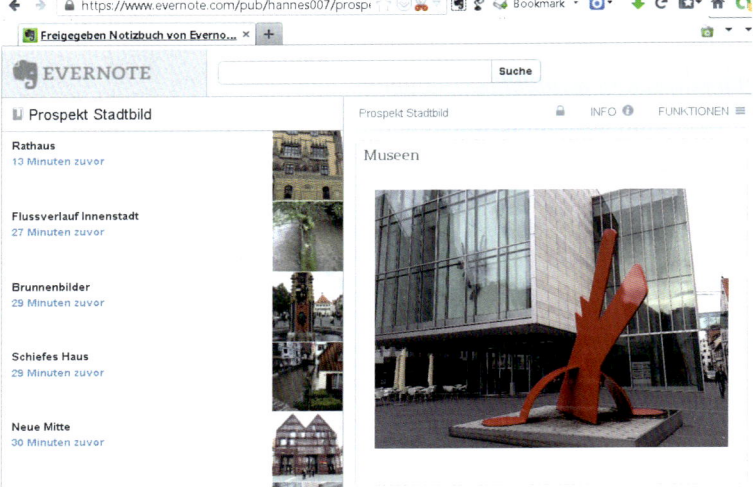

Abb. 4.7: *Beispiel eines freigegebenen Notizbuchs*

Dieses Notizbuch kann man nun entweder für bestimmte Kollegen einsehbar machen – oder man öffnet es weiter, sodass z.B. ein unbestimmter Kundenkreis Einblick nehmen kann. Oder man möchte sogar, dass das Notizbuch als regelrechtes Webangebot, z.B. mit eigenen Rezepten, der Welt zur Verfügung gestellt wird.

Die Schritte im Einzelnen:

Zunächst verfahren Sie ganz ähnlich wie bei dem einzelnen Notizblatt. Sie öffnen mit der rechten Maustaste das Kontextmenü des betreffenden Notizbuchs und wählen den Punkt NOTIZBUCH WEITERGEBEN aus oder klicken in der Notizbuchansicht auf das kreisförmige Symbol neben dem Zahnrad-Icon.

Abb. 4.8: *Notizbuch zur Freigabe auswählen*

Es folgt die Frage, ob Sie das Notizbuch nur für bestimmte Empfänger freigeben oder öffentlich einsehbar machen möchten. Bleiben wir zunächst bei der öffentlichen Variante: Der Vorgang ist vergleichbar mit der Freigabe eines Notizblatts. So entsteht ein Link, der von jedem aufgerufen werden kann, der diesen Link kennt. Sie können auf dieses Notizbuch auch von Ihrer Homepage, Ihrem Weblog usw. verlinken.

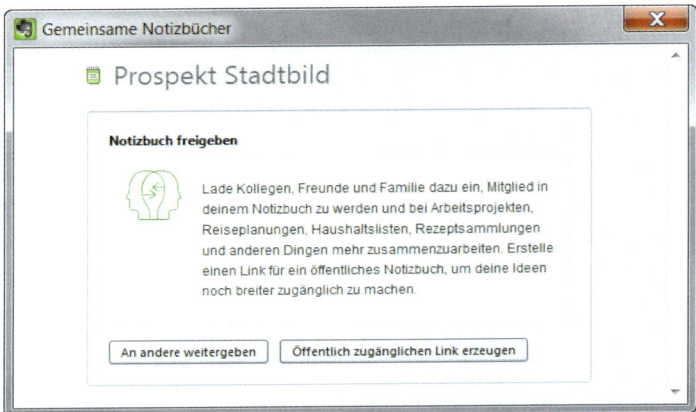

Abb. 4.9: Notizbücher können veröffentlicht werden

Worin unterscheidet sich ein solcher öffentlicher Link von einem eher privaten, der nur für eine begrenzte Gruppe einsehbar sein soll? Der öffentliche Link folgt einem klaren Muster:

▸ zunächst als Domainname www.evernote.com

▸ danach pub und Ihr Evernote-Name, im Beispiel .../pub/hannes007

▸ zum Schluss der Name des Notizbuchs (prospektstadtbild)

Den Schlussteil des Links können Sie auch nachträglich editieren, es muss also nicht zwingend der Name eines Notizbuchs verwendet werden.

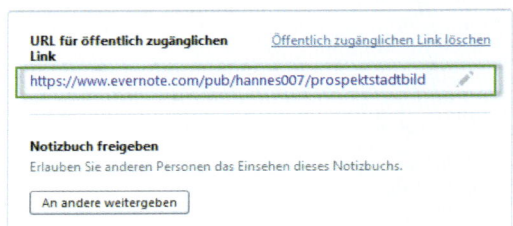

Abb. 4.10: Zusammensetzung des öffentlichen Links

Bei der Weitergabe des Notizbuchs mit der Option AN ANDERE WEITERGEBEN wird hingegen ein sehr langer Link mit vielen Buchstaben und Ziffern erzeugt, sodass die eigentliche URL für Außenstehende nicht zu erraten ist.

> ### Hinweis
>
> Es kann kein Notizbuchstapel mit mehreren Unterbüchern freigegeben werden, sondern nur einzelne Notizbücher. Ob das freigegebene Notizbuch sich hingegen in einem Stapel befindet oder nicht, ist gleich.

4.3.1 Freigabe für jedermann

Wenn Sie das Notizbuch der Welt öffnen möchten, können Sie sogar den Namen für den Link auswählen. Die Syntax lautet:

```
https://www.evernote.com/pub/[Benutzername]/[gewählter Name]
```

Wenn ein Notizbuch auf diese Weise freigegeben wird, kann es auch von Google & Co. in den Suchindex aufgenommen werden. Etwas schade ist, dass es kein zentrales Verzeichnis derartiger Evernote-Bücher gibt.

Die so entstandenen Weblinks können Sie natürlich auch veröffentlichen oder bei Facebook, Twitter, XING usw. posten.

4.3.2 Private Freigabe

Im Abschnitt »Evernote kann E-Mails verschicken« haben wir gesehen, dass Inhalte einzelner Notizen direkt an den Mail-Account eines Empfängers gesendet werden können. Enthält die Notiz beispielsweise ein PDF-Dokument, erhält der Empfänger dieses Dokument in Form eines üblichen Mailanhangs. Bei dem Verfahren der »privaten Freigabe« hingegen wird nur ein Link verschickt, der dann eine Webseite mit dem Dokument bzw. den Dokumenten der Notiz(en) anzeigt. Dazu wählen Sie einen Empfängerkreis, indem Sie die Mailadressen dieser Personen eingeben (Option AN ANDERE WEITERGEBEN statt ÖFFENTLICH ZUGÄNGLICHEN LINK ERZEUGEN). Sie können noch eine kleine Nachricht mit auf den Weg geben, dann wird der Link zu dem Notizbuch verschickt.

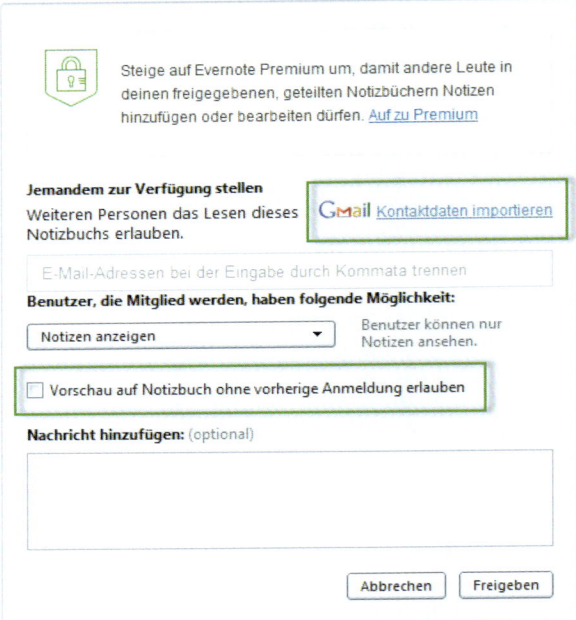

Abb. 4.11: Der Empfängerkreis ist eingeschränkt

Sofern Sie Google Mail nutzen, können Sie Evernote mit den Mailadressen Ihres Kontos verbinden, sodass Sie nur wenige Buchstaben in das Feld eintragen müssen und es erscheint die vollständige Mailadresse.

An dieser Stelle können Sie sich für eine zusätzliche »Sicherheitsstufe« entscheiden. Im Prinzip ist der erzeugte Link bereits geschützt. Denn anders als beim öffentlichen Notizbuchlink wird eine sehr lange URL erzeugt, die viele Buchstaben und Ziffern erhält und nicht zu erraten ist.

Wenn Sie das Kontrollkästchen VORSCHAU AUF NOTIZBUCH OHNE VORHERIGE ANMELDUNG ERLAUBEN nicht aktivieren, erzeugt Evernote für jeden Empfänger einen »Einmallink«, der nur für diesen Empfänger gilt. Voraussetzung dafür ist allerdings, dass sich der Empfänger ebenfalls ein kostenloses Evernote-Konto einrichtet (oder bereits eines eingerichtet hat). Der Vorteil ist, dass dieser Link nicht kopiert und weitergegeben werden kann (es sei denn, derjenige, der kopiert, gibt auch seinen ganzen Evernote-Account preis).

Für freigegebene Notizbücher gilt natürlich ebenso wie für Notizblätter: Änderungen oder Ergänzungen, die der »Freigebende« vornimmt, werden nach der Synchronisierung für die anderen Teilnehmer sichtbar. Und ebenfalls gilt: Wenn jemand selbst über ein Evernote-Konto verfügt, braucht er auf der Webseite nur auf AN NOTIZBUCH TEILNEHMEN zu klicken, schon »wandert« das Onlinenotizbuch in den Evernote-Client auf dem eigenen Desktop – und dort können auch, wenn gewünscht, Neuigkeiten und Änderungen eingesehen werden (jeweils nach der Synchronisierung), sodass man nicht unbedingt wieder ins Web muss. Wer nicht über einen Evernote-Zugang verfügt, kann sich natürlich weiterhin via Webseite auf dem Laufenden halten.

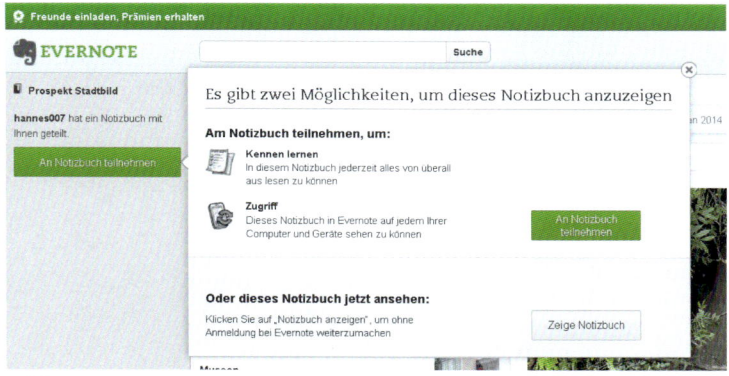

Abb. 4.12: *Freigegebene Webnotizbücher können in das eigene Evernote-Konto aufgenommen werden*

4.3.3 Berechtigungen vergeben

Zunächst bedeutet ein Notizbuch freizugeben nur, die Inhalte für andere einsehbar zu machen. Sie können aber noch einen Schritt weitergehen und gemeinsam Notizbücher bearbeiten. Diese Möglichkeiten standen in der Vergangenheit nur Nutzern eines Premium-Accounts offen, inzwischen kann man auch in der kostenlosen Variante diese Bearbeitungsmöglichkeiten zugänglich machen: hier allerdings nur für *ein* Notizbuch (beliebig viele Notizen und Notizbücher können aber für das Anzeigen freigegeben werden). Premium-Account-Inhaber können diese Möglichkeit bei mehreren Notizbüchern nutzen.

> ### Hinweis
>
> Für die gemeinsame Bearbeitung von Notizbüchern ist es *nicht* erforderlich, dass die Eingeladenen über ein Premiumkonto verfügen; der kostenlose Evernote-Account ist ausreichend.

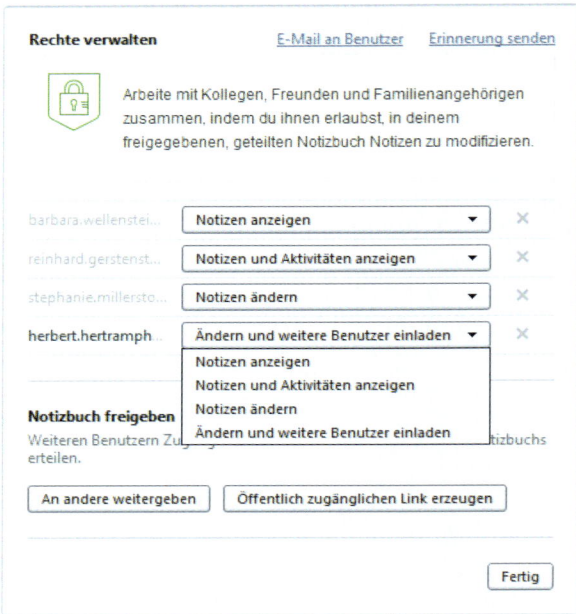

Abb. 4.13: Berechtigungen vergeben

Sie können folgende Berechtigungen vergeben:

- Notizen anzeigen bzw. Notizen und Aktivitäten anzeigen bedeutet, dass der Empfänger keine Bearbeitungsmöglichkeiten hat.

- Notizen ändern bedeutet, dass der Empfänger sowohl bestehende Notizen editieren als auch neue Inhalte (Anhänge, Notizblätter) in das Notizbuch aufnehmen kann.

- Ändern und weitere Benutzer einladen meint, dass derjenige seinerseits den Nutzerkreis des freigegebenen Notizbuchs erweitern und seinerseits Berechtigungen vergeben kann.

Sofern das freigegebene Notizbuch Erinnerungen (siehe Kapitel 5) enthält, können sich die Teilnehmer entscheiden, ob sie diese »externen« Erinnerungen in ihre eigene Terminliste einfließen lassen möchten. Nehmen wir an, Sie bereiten via Evernote eine gemeinsame Präsentation mit Ihren Kollegen vor. Ergibt sich nun eine Terminverschiebung – die Präsentation findet zwei Tage früher statt –, können Sie eine Erinnerung setzen. Ihre Kollegen werden auf den neuen Termin aufmerksam gemacht, der sich in der Liste der eigenen Evernote-Erinnerungen findet. Falls Sie aber eine solche Vermischung nicht wünschen, weil z.B. Ihre persönliche Terminliste dadurch zu unübersichtlich würde, können Sie das Abonnieren von Erinnerungen auch ablehnen.

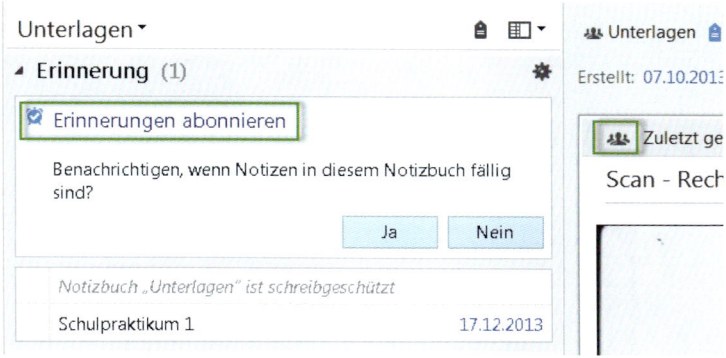

Abb. 4.14: *Erinnerungen können abonniert werden*

Hinweis

Das Symbol für freigegebene Notizbücher, drei kleine Kopfkonturen, findet sich in der Indexansicht der Notizbücher und über jeder einzelnen Notiz. Allerdings fehlt es momentan in der linken Seitenleiste, sodass dort schwerer nach Art der Notizbücher unterschieden werden kann.

4.4   Evernote Business – für Unternehmen

Inzwischen gibt es auch eine Evernote-Variante im geschäftlichen Bereich: Evernote Business. Als Zielgruppe ist dabei an kleine Unternehmen gedacht, für die das Arbeiten an gemeinsamen Dokumenten eine ausgesprochen interessante Sache ist. Mit dem Businessmodell werden Administrationsfunktionen wie etwa Rollenzuweisungen, Editierberechtigungen usw. eingeführt. Dabei hat Evernote darauf geachtet, dass alles sehr unkompliziert funktioniert: Neue Projektmitglieder können einfach durch ihre Firmen-E-Mail aufgenommen werden, Unternehmensgruppen, die mit Evernote arbeiten, können sehr flexibel vergrößert oder verkleinert werden, die Trennung zwischen geschäftlichen und privaten Dokumenten ist gegeben, der Bezahlvorgang funktioniert einfach per Rechnung. Es entfallen also die – in der Praxis oft sehr großen – Hürden der technischen Implementierung und Wartungskosten, für die man Spezialisten benötigt. Die einzige Voraussetzung ist, dass man mit Evernote vertraut ist – und, nun, das sind Sie ja spätestens in diesem Moment durch das Lesen des Buches geworden. ☺

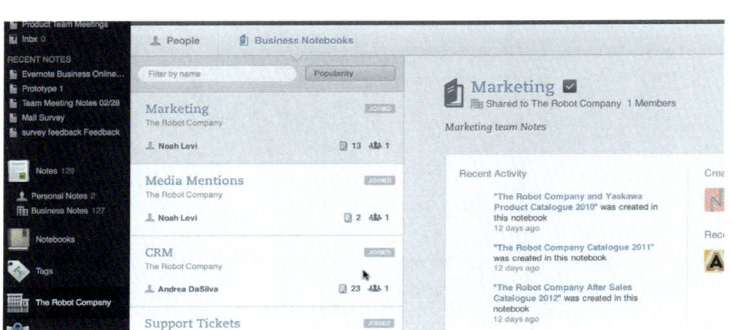

Abb. 4.15: *Evernote für Unternehmen*

Die Grundidee ist einerseits, dem eigenen Team und dem Unternehmen insgesamt Wissen zur Verfügung zu stellen. Andererseits soll man auch darauf aufmerksam werden, wenn Kollegen an einem ähnlichen Thema bereits arbeiten: Sobald man mit dem Anlegen einer Notiz beginnt, werden darunter thematisch ähnliche Notizen angezeigt, die bereits im Firmennetzwerk vorhanden sind.

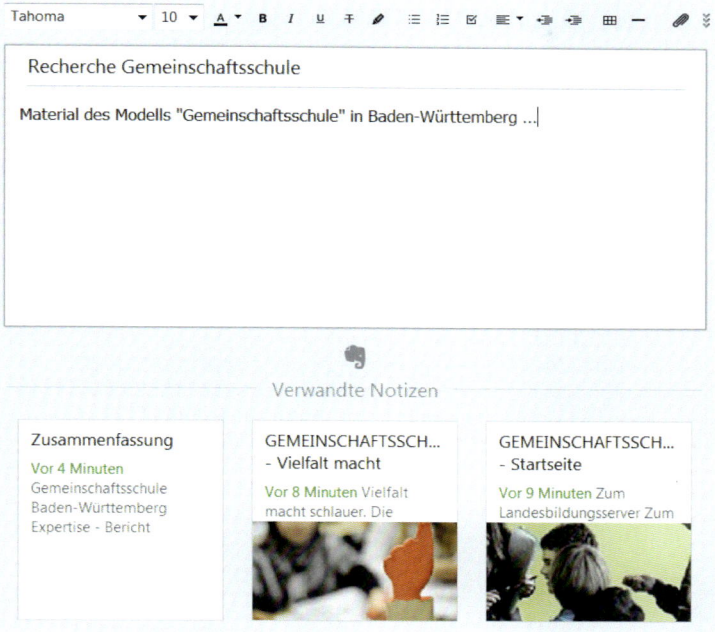

Abb. 4.16: Anzeige »verwandter Notizen«

Durch die firmenspezifischen Notizbuchverzeichnisse ergeben sich hervorragende Möglichkeiten in den Bereichen des Dataminings oder Wissensmanagements. Ich merke es an unserem eigenen Uni-Institut, dass neue Mitarbeiter ständig eingewiesen werden müssen, Informationen verstreut oder Dinge nicht auf einem aktuellen Stand sind usw. Wir haben als Lösungsweg eine Reihe von Informationen in ein Wiki-System überführt.

Aber Evernote, bei dem man ja auch Notizen untereinander verlinken kann, ist sehr viel eleganter – vor allem arbeitet kein Wiki, das mir bekannt ist, so nahtlos mit mobilen Geräten jeden Betriebssystems zusammen.

Wenn Sie nun also systematisch eine Wissensdatenbank aufbauen, mit Schlagwörtern pflegen, Rollen verteilen (wer darf Inhalte verändern, wer darf sie nur lesen usw.), haben alle Mitarbeiter und Kollegen den einen zentralen Ort, an dem von Formularen über Entwürfe hin zu Firmenvideos, Tabellen und Ansprechpartnern alles zu finden ist. Oder eben mitverändert werden kann: Warum nicht ein »Firmen-Kreativ-Notebook« einrichten? Wenn ein Mitarbeiter etwas mit seinem Smartphone einfängt (Ausstellungsstück auf der Messe, lange Schlange in der Kantine, Designhocker im Möbelhaus, Skizze seines 5-jährigen Sohns, wie sich dieser das Produkt vorstellt, usw.), Töne, Flipchart-Notizen usw., kommt man gemeinsam vielleicht auf ganz neue Ideen, die ein trockenes »Manual« niemals erfassen könnte.

Hinweis

Für Evernote ist das ein recht junges Geschäftsfeld, sodass sich Aussehen und Funktionen der Businessvariante in häufigen Abständen ändern. Über den aktuellen Stand – samt einer persönlichen Einweisung durch ein Webinar – können Sie sich über diesen Link informieren: *http://evernote.com/intl/de/business/*

Kapitel 5

Erinnern und Erledigen

Notizen und Dokumente können mit sogenannten Erinnerungen versehen werden. Gemeint ist damit eine Terminierungsfunktion, die eine Reihe von Aufgaben erfüllen kann: Vom raschen Erstellen einer To-do-Liste über das Wahrnehmen von Fälligkeitsdaten bis hin zum Projektmanagement in Teams. Die Funktionen stehen in allen Anwendungsvarianten zur Verfügung, also sowohl in der Desktopsoftware als auch in der Webansicht und auf den mobilen Geräten. Gemeinsames Kennzeichen für den Aufruf der Funktion ist ein kleines Weckersymbol.

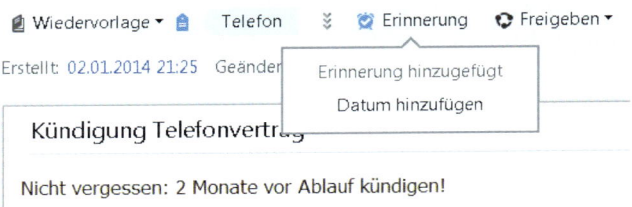

Abb. 5.1: *Jede Notiz kann mit einer Erinnerung versehen werden*

Die mit einer Erinnerung versehenen Notizen werden in eigenen Listen aufgeführt. In den Desktopanwendungen bzw. in der Webansicht können Sie diese Liste am Beginn der mittleren Vorschauspalte aufklappen – und wieder einklappen, falls sie zu viel Raum einnimmt. Wurde ein Notizbuch aktiviert, werden nur die Erinnerungen des aktuellen Notizbuchs angezeigt, ansonsten ist die Gesamtliste der markierten Notizen zu sehen (Abbildung 5.2).

Hinweis

Die Filterung der Terminliste richtet sich nicht nur nach ausgewählten Notizbüchern. Auch wenn Sie die Notizenauswahl durch eine Schlagwort- oder sonstige Suche eingegrenzt haben, passt sich die eingeblendete Terminliste an. Gezeigt werden immer jene Termine, die die ausgewählten Notizen betreffen, gruppiert nach Notizbüchern.

Die Erinnerungsfunktion weist eine Reihe weiterer Besonderheiten auf, um die es nun im Folgenden geht.

Abb. 5.2: *Erinnerungen in Notizbüchern*

5.1   Zeitlose Erinnerungen

Der einfache Klick auf das Weckersymbol wirkt wie eine Markierung: Die so gekennzeichnete Notiz taucht in den Listen auf, löst aber ansonsten keine Aktion aus wie z.B. ein akustisches Signal auf dem Smartphone. Wozu dann eine solche »zeitlose« Erinnerung?

Zunächst fällt die Notiz durch die Auflistung rascher ins Auge – man nimmt die Information oben in der mittleren Spalte wahr, selbst wenn die Notiz viel weiter unten kommt. Dies ist besonders nützlich, wenn Sie einem Notizbuch ein Inhaltsverzeichnis oder einen Index beigeben möchten. Je nach Sortierung wandert diese zentrale Notiz an unterschiedliche Stellen in der Vorschauliste. Gerade wenn Sie das Notizbuch für andere freigeben, kann jeder sofort sehen, welches die Ausgangsnotiz sein soll.

Abb. 5.3: *Indexblätter markieren*

Bei den Smartphone-Apps dient der Einsatz zeitloser Erinnerungen zum Erzeugen rascher To-do-Listen. Der »normale« Ablauf wäre ja auch dort, dass man zunächst eine neue Notiz erstellt, eine Überschrift erzeugt, Inhalt einfügt und schließlich durch das Symbol die Erinnerungsmarkierung erzeugt, sich dann noch entscheidet, ob die Erinnerung ein Datum erhalten soll …

Will man hingegen eine To-do-Liste erzeugen, so geht das viel rascher: Zwei Klicks genügen, und der Merkpunkt ist angelegt.

Beim iPhone sieht das folgendermaßen aus:

1. Klicken Sie auf der Startseite auf das Erinnerungssymbol.

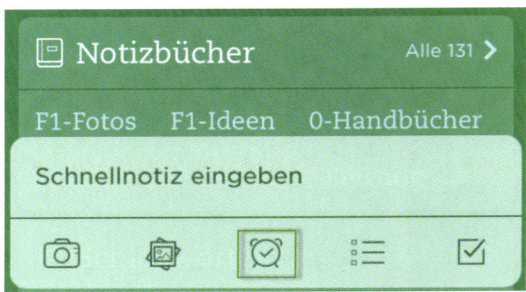

Abb. 5.4: *To-do-Liste anlegen*

2. Es erscheint ein kleines Feld, in das Sie Ihre Stichwörter eingeben. Speichern Sie abschließend.

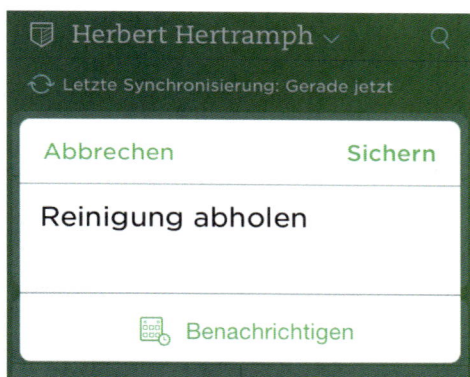

Abb. 5.5: Stichwörter eingeben

Es entsteht eine Liste mit den gespeicherten Punkten (Aufruf in der Notizenansicht wiederum über das Weckersymbol). Ein einfacher Wisch nach links bringt das »Abhak-Kästchen« zum Vorschein. Sobald Sie dieses aktivieren, verschwindet der Punkt aus der Liste.

Abb. 5.6: Punkte als erledigt markieren

Noch etwas einfacher gestaltet sich der Vorgang unter Android, da dort ein passendes Widget (Schnellerinnerung) auf dem Homescreen platziert werden kann.

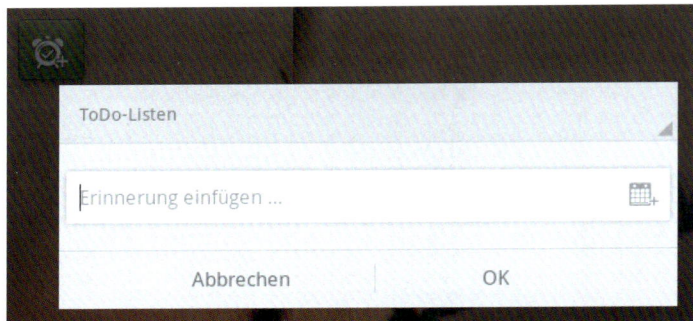

Abb. 5.7: *Liste unter Android über ein Widget erzeugen*

Evernote bedient sich eines kleinen Kniffs, um für solche Listen nicht eine neue Notizenart einführen zu müssen: Bei jedem Eintrag wird im Hintergrund eine leere Notiz erzeugt, der Listenvermerk bildet die Überschrift. Diesen Umstand können Sie sich zunutze machen und eine »visuelle Einkaufsliste« erzeugen, indem Sie mit der Smartphone-Kamera als Gedächtnisstütze Fotos von Etiketten, Größenangaben oder ein Muster aufnehmen (z.B. für die Besorgung von Schrauben im Baumarkt).

Abb. 5.8: *Liste mit Fotos ergänzen*

5.2   Terminierte Erinnerungen

Neben der puren Erinnerung kann man auch ein Datum und eine Uhrzeit einfügen. Diese Angaben lassen sich jederzeit ändern. Der Vorteil: Neben der Aufführung in einer Liste können Sie so auch über die Fälligkeit eines Termins benachrichtigt werden. In den Desktopanwendungen fällt dieser »Alarm« eher dezent aus: Ein kleines Benachrichtigungsfenster wird für einige Sekunden über die aktuell laufende Anwendung gelegt.

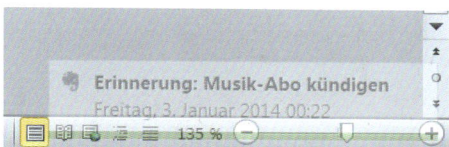

Abb. 5.9: *Transparente Benachrichtigung auf dem Desktop*

Wenn man nicht gerade vor dem Monitor sitzt, kann diese Meldung leicht übersehen werden. Allerdings findet gleichzeitig eine Meldung auf dem Smartphone statt. Sofern Sie dort Ihre Meldungen mit Alarmtönen versehen haben, erfüllt diese Funktion schon eher ihren Zweck.

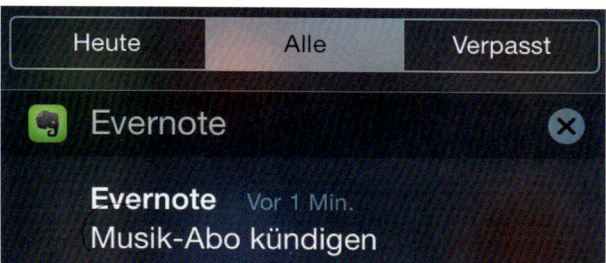

Abb. 5.10: *Meldung auf dem iPhone*

Der entscheidende Vorteil gegenüber einem Eintrag in die Kalender-App: Sie haben zusammen mit der Erinnerung alle Unterlagen zur Hand. Kundennummer, Ansprechpartner, ob schriftlich gekündigt werden muss usw. So können Sie mit dem Web Clipper bei Vertragsabschluss einen Schnappschuss der Informationen anfertigen oder die Bestätigung, die per E-Mail kam, übernehmen. Ideal, wenn es um anstehende Verlängerungen von Verträgen geht, Testzeiträume ablaufen oder man rechtzeitig überprüfen möchte, ob sich ein Anbieterwechsel lohnt.

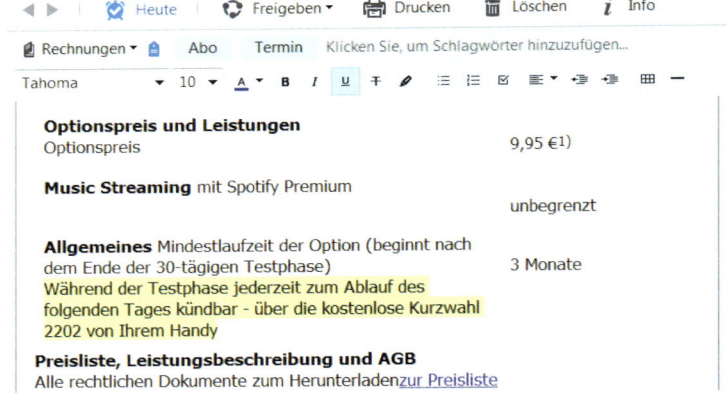

Abb. 5.11: *Alle notwendigen Informationen zur Hand*

5.3　Termine per Mail erhalten

Auf Wunsch erhalten Sie an Tagen, an denen Termine fällig werden, morgens eine E-Mail mit den anstehenden Erledigungen. Ein Klick auf die Links ruft direkt die betreffenden Notizen auf. Evernote verschickt diese Agenda-Mails in den jeweiligen Zeitzonen meist zwischen 5 und 6 Uhr morgens. Die Einstellung, ob Sie solche Mails wünschen, finden Sie unter FUNKTIONEN – OPTIONEN – ERINNERUNG.

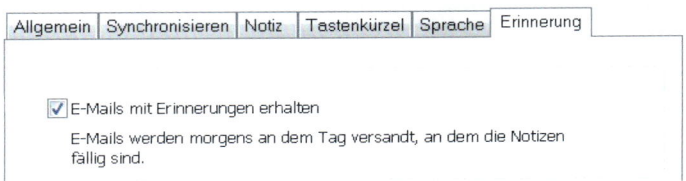

Abb. 5.12: *Mails mit Erinnerungen aktivieren*

Wie erwähnt ist das Verschicken der Mails von der standardmäßig einge-
stellten Zeitzone abhängig. Diese können Sie über Ihre Onlinekontoseite
ändern, die Sie mit FUNKTIONEN – KONTOINFORMATIONEN aufrufen können.

Abb. 5.13: *Einstellungen für die Zeitzone*

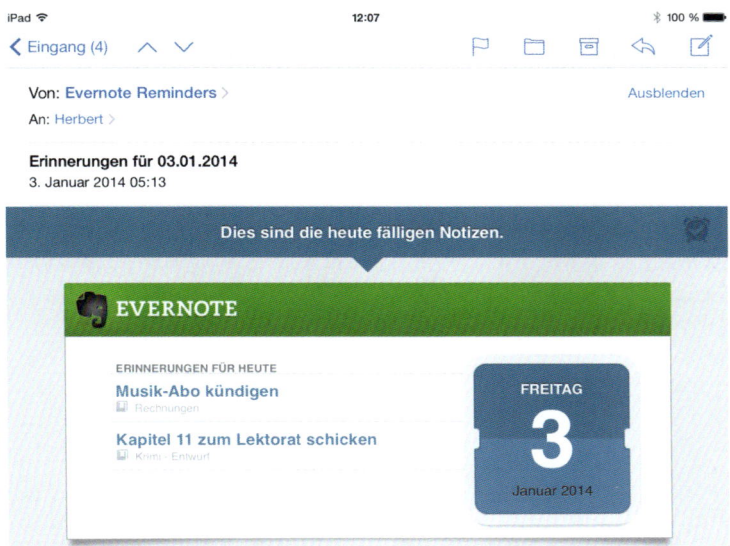

Abb. 5.14: *E-Mail von Evernote*

5.4   Das Einstellungsmenü für Erinnerungen

Hinter dem Einstellungsmenü – das kleine Zahnrad in der rechten Ecke – verbirgt sich eine Reihe von Anzeigeoptionen, die auch miteinander kombiniert werden können. Das Menü selbst sieht recht simpel aus, die Aktionen, die durch die Einstellungen ausgelöst werden, können jedoch recht komplex werden. Es gibt zwar am Anfang eine kleine Lernkurve, aber es lohnt sich, sich damit näher zu befassen.

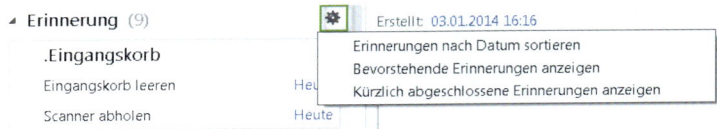

Abb. 5.15: Das Einstellungsmenü

Keine Option gewählt

Das Menü führt die Optionen ERINNERUNGEN NACH DATUM SORTIEREN, BEVORSTEHENDE ERINNERUNGEN ANZEIGEN und KÜRZLICH ABGESCHLOSSENE ERINNERUNGEN ANZEIGEN auf. Ist keine Option gewählt, enthält die Erinnerungsliste folgende Punkte:

- Notizen mit »datumslosen« Erinnerungen
- Notizen, die am aktuellen Tag fällig sind
- Notizen, deren Fälligkeitsdatum bereits verstrichen ist, ohne dass sie als »erledigt« gekennzeichnet wurden

Die Anordnung erfolgt nach Notizbüchern gruppiert, die Notizbücher werden in alphabetischer Reihenfolge aufgeführt.

Erinnerung (9)
.Eingangskorb
Eingangskorb leeren
Heute
Scanner abholen
Heute
Aktionstag_Stilles_Rad
Unterlagen (Index)
PDF-Archiv
Unterlagen-Krimi-Tagung
17.10.2013

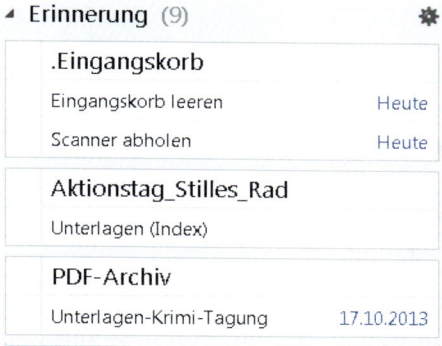

Abb. 5.16: *Erinnerungsliste ohne Optionsauswahl im Einstellungsmenü*

Bevorstehende Erinnerungen anzeigen

Mit der Option BEVORSTEHENDE ERINNERUNGEN ANZEIGEN bleibt das grundsätzliche Erscheinungsbild unverändert. Neben vergangenen und aktuellen werden nun aber auch künftige Fälligkeiten angezeigt.

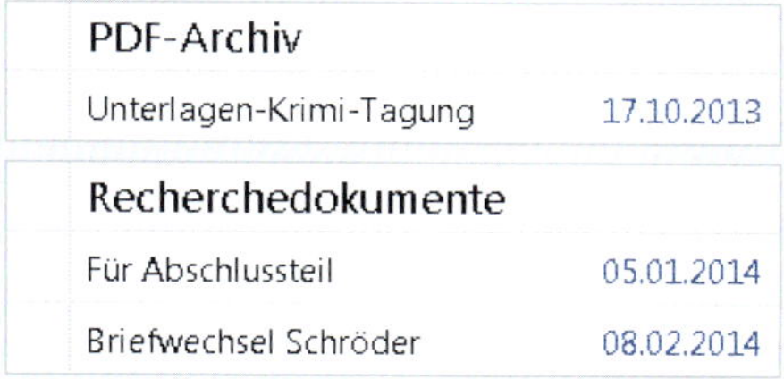
PDF-Archiv
Unterlagen-Krimi-Tagung
17.10.2013
Recherchedokumente
Für Abschlussteil
05.01.2014
Briefwechsel Schröder
08.02.2014

Abb. 5.17: *Künftige Termine anzeigen*

Erinnerungen nach Datum sortieren

Mit der Option ERINNERUNGEN NACH DATUM SORTIEREN erhalten Sie die folgende Liste:

- Die Terminliste ist durchgehend und nicht mehr nach Notizbüchern gruppiert.

- Die Reihenfolge der Notizen:
  - Notizen, die vor dem aktuellen Datum fällig geworden wären und nicht als »erledigt« gekennzeichnet wurden
  - aktuell fällige Notizen
  - künftig fällig (sofern die Option BEVORSTEHENDE ERINNERUNGEN ANZEIGEN gleichzeitig markiert ist)
  - Notizen mit »datumslosen« Erinnerungen

Abb. 5.18: *Erinnerungen nach Datum sortiert*

Kürzlich abgeschlossene Erinnerungen anzeigen

Sie haben bei einem Termin immer die Möglichkeit, diesen nur als »erledigt« zu kennzeichnen oder ihn ganz zu löschen (die Notiz selbst bleibt unverändert erhalten). Beide Verfahren können Sie sowohl im Notizeditor als auch in der mittleren Spalte anwenden. Im Notizeditor öffnet sich ein kleines Menü mit beiden Optionen, wenn Sie auf ERINNERUNG klicken. In der mittleren Spalte können Sie für das »Erledigt«-Markieren in der Erinnerungsliste ein kleines Häkchen links setzen. Für den Löschvorgang öffnen Sie hier mit der rechten Maustaste das Kontextmenü und wählen ERINNERUNG LÖSCHEN.

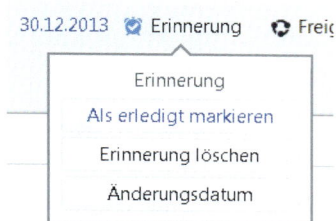

Abb. 5.19: *Erinnerungen markieren*

Mit der Option KÜRZLICH ABGESCHLOSSENE ERINNERUNGEN werden Notizen mit der »Erledigt«-Markierung angezeigt, nicht jedoch solche mit gelöschten Erinnerungen.

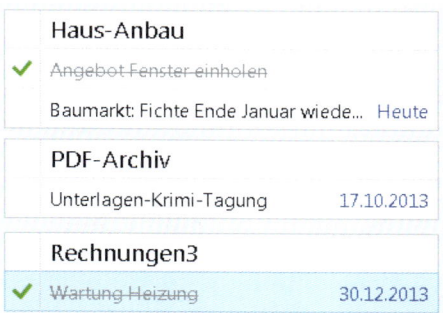

Abb. 5.20: *Erledigte Erinnerungen auflisten*

5.5 Weitere Besonderheiten der Erinnerungsfunktionen

Wenn Sie in der Erinnerungsliste den Mauszeiger über dem Titel eines Notizbuchs »schweben« lassen, wird links daneben ein Pluszeichen eingeblendet. Sobald Sie darauf klicken, öffnet sich ein neues leeres Eingabefeld. Sie können nun eine Bezeichnung für einen neuen Termin in diesem Notizbuch eintragen. Sobald Sie ⏎ drücken, erscheint in der Notizenansicht ein leeres Notizblatt, das als Überschrift die gerade eingetragene

Bezeichnung trägt. Des Weiteren ist ein datumsloser Erinnerungsvermerk bei dieser Notiz vorgenommen, den Sie nun ergänzen können. Auf diese Weise können Sie innerhalb eines Notizbuchs sehr schnell eine Reihe neuer Termine erzeugen (z.B. für eine Einkaufsliste).

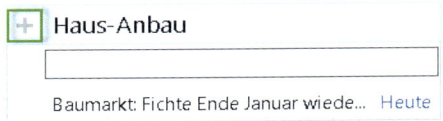

Abb. 5.21: *Neue Erinnerung innerhalb der Liste anlegen*

Wenn Ihnen die Gesamtliste der Termine zu unübersichtlich ist, können Sie auch die Erinnerungen einzelner Notizbücher einklappen, indem Sie einfach auf den Titel des betreffenden Notizbuchs klicken. Ein nochmaliger Klick lässt die Notizen wieder erscheinen.

.Eingangskorb	
Eingangskorb leeren	Heute
Scanner abholen	Heute
Aktionstag_Stilles_Rad	
Einkaufsliste	
Haus-Anbau	
PDF-Archiv	
Unterlagen-Krimi-Tagung	17.10.2013

Abb. 5.22: *Eingeklappte Notizbücher*

Leicht übersehen wird der kleine gepunktete »Griff« in der Mitte eines Listenpunkts. Wenn Sie diesen mit gedrückter linker Maustaste »festhalten«, können Sie die Notiz innerhalb der Liste verschieben. Auf diese Weise können Sie Erinnerungen nach Prioritäten ordnen. Es verändert sich aber nur die Reihenfolge innerhalb der Liste, die Notizen selbst werden in der Vorschauansicht weiterhin wie gewohnt sortiert (z.B. nach dem Erstelldatum).

Sie können allerdings Erinnerungsnotizen durch dieses Verfahren auch in ein anderes Notizbuch verschieben, das in der Liste aufgeführt wird.

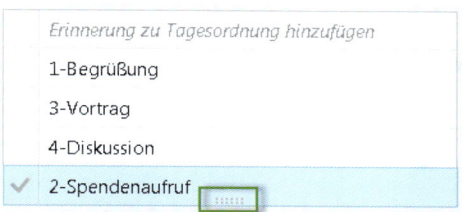

Abb. 5.23: *Liste neu ordnen*

5.6   Spezielle Parameter für Suchvorgänge und Mailversand

Da die Erinnerungsfunktion von Evernote noch ausgebaut werden wird, können sich die folgenden Parameter noch ändern. Aber momentan gilt:

‣ Mit `reminderOrder:*` können alle Notizen ausfindig gemacht werden, die mit einer Erinnerung versehen wurden.

‣ Mit `reminderTime` bzw. `reminderDoneTime` kann mit den üblichen Datumsparametern (siehe Kapitel 6) die Suche eingegrenzt werden. So zeigt beispielsweise die Suche mit dem Parameter `reminderDoneTime:20140514` alle Notizen an, die ab dem 14. Mai 2014 als erledigt gekennzeichnet wurden.

Auch wenn Sie per Mail Informationen an Evernote senden (siehe Abschnitt 1.2.2) können Sie eine Erinnerung in der Betreffzeile mitgeben:

»Diese Belege an das Finanzamt `!tomorrow` `@Steuer` `#wichtig`« lässt die Mail in das Notizbuch STEUER wandern, vergibt das Schlagwort WICHTIG und setzt eine Erinnerung für den nächsten Tag. Das Ausrufezeichen kann von diesen Parametern gefolgt werden:

‣ `!today` = Erinnerung heute

‣ `!tomorrow` = Erinnerung morgen

‣ `!sunday` = Name des Wochentags

‣ `!JJJJ/MM/TT` = genauer Termin, z.B. für den 1. Juni 2014 = `!2014/06/01`

Kapitel 6

Suchen und Finden

Notizbücher und Schlagwörter sind wichtige Möglichkeiten, um Ordnung zu halten. Doch das häufigste Verfahren, um rasch eine Notiz zu finden, ist die Nutzung der Suchfunktion. Daher hat Evernote einen besonderen Schwerpunkte darauf gelegt, seinen Anwendern viele und unterschiedliche Suchmöglichkeiten zur Verfügung zu stellen, die fast immer zum Erfolg führen, selbst wenn man sich nur noch schemenhaft an die Notiz erinnert. Das Spektrum der Suchmöglichkeiten reicht von »einfach wie bei Google« bis hin zu »komplex wie bei Datenbanken«. Schauen wir uns die Möglichkeiten im Folgenden einmal genauer an.

6.1   Das Suchfeld und seine Nachbarn

Ins Auge springt das »Hauptsuchfeld« oben in der rechten Spalte. Dieses ermöglicht die bequemste Suche: Ein Wort eingeben und warten, was gefunden wird. Da Evernote in der Datenbank bereits einen Index von allen Wörtern Ihrer Notizen angelegt hat, ist die Suche generell blitzschnell.

Dabei startet die Suche sofort mit dem ersten eingegebenen Buchstaben, jeder Buchstabe mehr, den Sie eintippen, verkürzt die Liste der verbleibenden Notizen. Alle anderen Notizen »verschwinden« gleichzeitig vom Bildschirm, was die Übersicht deutlich erhöht. Anders als z.B. bei der Suche in Word- oder PDF-Dokumenten müssen Sie bei Evernote nicht von Fundstelle zu Fundstelle »hüpfen«, Sie erhalten vielmehr eine Liste von gefundenen Notizen. Innerhalb einer Notiz ist das gesuchte Wort farbig markiert.

Zugleich erzeugt Evernote unterhalb des Suchfeldes – um Ihnen die Arbeit zu erleichtern – eine »dynamische Vorschlagsliste«, die sich ebenfalls mit jedem eingegebenen Buchstaben verändert. Dieser Vorschlagsliste können Sie entnehmen, ob das Suchwort eventuell auch für Notizbücher oder Schlagwörter vergeben wurde. Im vorliegenden Beispiel wird für das Suchwort »Besprechung« auch ein Notizbuch mit sieben Notizen angezeigt, an das wir vielleicht schon gar nicht mehr gedacht haben.

Es gibt auch eine Rubrik »Vorschläge« in dieser eingeblendeten Liste. Die dort aufgeführten Wörter sind nicht willkürlich aus irgendeinem Standardwörterbuch gewählt. Vielmehr gleicht Evernote Ihre Suche mit dem vollständigen Wortindex ab, der aus Ihren eigenen Notizen generiert wurde.

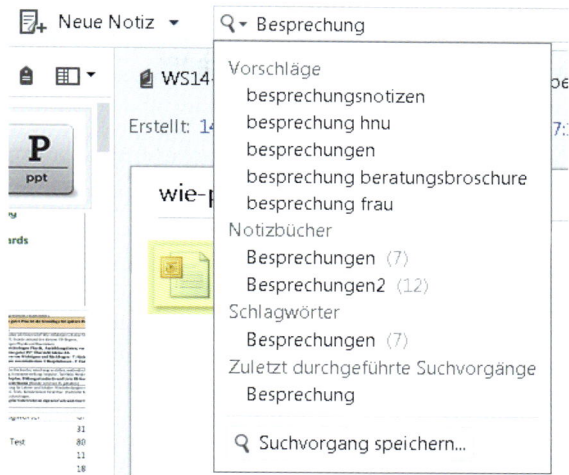

Abb. 6.1: *Evernote beginnt mit der Suche ab der Eingabe des ersten Buchstabens*

Auf den letzten Punkt, der sich in dieser Liste findet – SUCHVORGANG SPEICHERN – werde ich noch gesondert zu sprechen kommen (siehe Abschnitt 6.3).

Das alles klingt alles sehr selbstverständlich, denn Suchvorgänge sind wir ja in unserem Internetalltag gewohnt. Aber wenn Evernote wirklich genutzt wird, sind dort ja nicht nur einige Texte gespeichert, sondern auch »Gegenstände« wie Fotos, Broschüren oder CD-Cover, die früher irgendwo in Ihrer Wohnung verteilt waren. Um das Bild fortzuführen: Stellen Sie sich eine große Lagerhalle vor, voll mit Gegenständen aller Art. Die Suche nach einer kleinen Streichholzschachtel würde Ewigkeiten dauern. Stattdessen wird Ihnen eine »magische« Fernbedienung in die Hand gedrückt, Sie tippen Buchstabe auf Buchstabe ein und mit jedem Buchstaben verschwinden Gegenstände, bis nur noch ein Dutzend am Boden liegen bleiben. Nun ist es einfach, die gesuchte Schachtel zu finden. Und tatsächlich war es so in meiner »Vor-Evernote-Zeit«, dass ich, wenn z.B. der Termin zur Steuerabgabe das dritte Mal angemahnt wurde, von Ordner zu Ordner, von Karton zu Karton hechtete, um alle Unterlagen durchzusehen und die eine bestimmte zu finden, was oft Stunden dauerte. Diese Zeiten sind jetzt in der Tat vorbei.

Aber nicht nur Begriffe in puren Texten werden gefunden. Sogar Wörter, die in einem Foto vorkommen – etwa auf einem Straßenschild –, können zu den Suchergebnissen gehören (siehe Abschnitt 6.2). Ebenso werden Handschriften, sofern diese einigermaßen leserlich sind, recht gut erkannt.

Falls Sie Begriffe suchen, die üblicherweise oft in unserer Alltagssprache vorkommen, z.B. »abgeben« oder »Reise«, kann das natürlich dazu führen, dass sehr viele Notizen gefunden werden. Denn sofern sich PDF-Dokumente oder Webseiten in Ihren Notizen befinden, werden auch deren Inhalte durchsucht (falls Sie über einen Premium-Account verfügen, werden zusätzlich Office-Dokumente wie Word- oder PowerPoint-Dateien in den Index aufgenommen).

Sie werden gleich sehen, mit welchen Mitteln Sie die Auswahl noch weiter einschränken können.

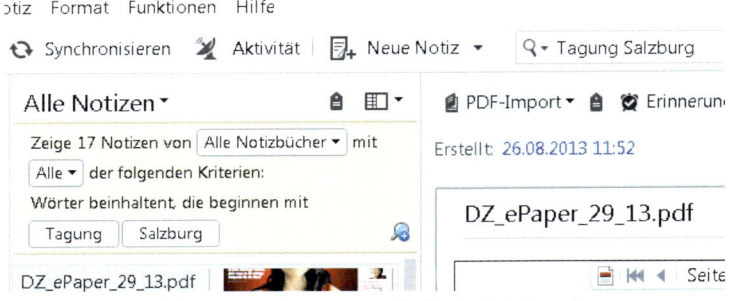

Abb. 6.2: *Suchen – so einfach wie bei Google*

Wenn Sie ein zweites Wort in das Suchfeld eingeben, werden nur Dokumente angezeigt, die beide Wörter enthalten. Mit `Tagung Salzburg` wird beispielsweise der Text »Die Tagung findet in Salzburg statt« in den Suchergebnissen aufgeführt, nicht aber »Meinen nächsten Urlaub verbringe ich in Salzburg«, weil hier der Begriff »Tagung« fehlt. Die Standardeinstellung in Evernote ist also eine typische UND-Suche.

Neben diesem großen Suchfeld gibt es noch zwei kleinere, die jeweils nur bestimmte Listen durchsuchen. Wenn man bei dem aktuellen Notizbuchtitel, der über der mittleren Spalte aufgeführt ist, auf den kleinen Pfeil klickt, erscheint eine Liste aller Notizbücher mit der Möglichkeit, nach einem bestimmten Notizbuch zu suchen.

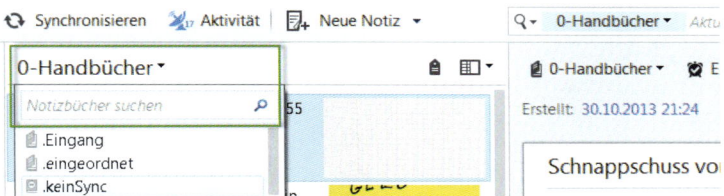

Abb. 6.3: *Suchmöglichkeit für Notizbücher*

Auf gleicher Höhe, ebenfalls in der mittleren Spalte, ist ein kleines Symbol abgebildet, das an ein Preisschild oder Etikett (engl. »tag«) erinnert – damit werden speziell die Schlagwörter durchsucht.

Abb. 6.4: *Suche nach Schlagwörtern*

Mit diesen Feldern erhält die Suche also eine Einschränkung auf den jeweiligen Bereich. Wenn Sie mit dem Schlagwortsymbol nach Reise suchen, werden nur jene Notizen angezeigt, die mit einem solchen Stichwort versehen wurden. Wenn hingegen das gesuchte Wort nur im Text, aber nicht als Schlagwort vorkommt, wird die Notiz nicht aufgeführt.

6.2 Texterkennung bei Fotos und handschriftlichen Notizen

Die Besonderheit von Evernote ist, dass das Programm weit mehr als eine Textsuche zur Verfügung stellt. Nicht nur »purer« Text ist durchsuchbar, auch Wörter in Fotos und Grafiken werden erkannt, ja sogar bei handschriftlichen Texten ist die Erkennungsrate von Evernote erstaunlich gut!

Wenn Sie also ein Foto mit den Öffnungszeiten der Post oder eines Restaurants mit der Evernote-App Ihres Smartphones aufgenommen haben, müssen Sie diese Zeiten später nicht abtippen. Sie können in das Suchfeld einfach das Wort Öffnungszeiten eintippen – und Evernote wird das Foto finden.

***Abb. 6.5:** Evernote findet auch Texte in Fotos*

Angaben auf einem Kassenbon? Kein Problem. Oder Sie haben Ihre handschriftliche Notiz des letzten Meetings eingescannt oder abfotografiert? Gut, das ist ein wenig von der Klarheit Ihrer Handschrift abhängig, aber testen Sie es ruhig einmal – Sie werden überrascht sein, wie »findig« Evernote ist.

Hinzu kommt eine ausgefeilte Suchsyntax von Evernote: Sie können Ihre Notizen nach Zeiträumen durchsuchen, die Suche auf Vorkommen im Titel oder in Schlagwörtern begrenzen, sich nur PDF-Dateien anzeigen lassen. Sie können sogar angeben, dass Sie nur jene Notizen sehen wollen, die Sie an einem bestimmten Ort – z.B. anlässlich der Buchmesse in Frankfurt – erstellt haben.

6.3   Gespeicherte Suchen – Ihr eigenes Sucharchiv

Bevor ich zu den einzelnen Suchparametern komme: Sie müssen bei Evernote keineswegs zum Gedächtniskünstler werden, um Suchvorgänge zu beherrschen. Mit den bisher beschriebenen Suchfeldern kommen Sie im Alltag schon sehr weit. Und wenn Sie sich gleich etwas komplexere Suchen zusammenstellen, können Sie diese für die spätere Verwendung unter einem eingängigen Namen speichern. Das sieht dann beispielsweise so aus:

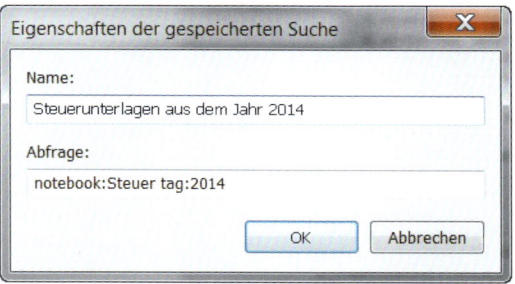

Abb. 6.6: *Suchvorgang mit Bezeichnung versehen*

Nun, »Steuerunterlagen aus dem Jahr 2014« ist ein bisschen lang, in der Praxis genügt wahrscheinlich »Steuer 2014«, damit Sie wissen, was sich hinter dieser Suche verbirgt. Hier ein paar Beispiele für derartige Kürzel und welche komplexen Suchvorgänge sich dahinter verbergen können:

▸ Bio-Tafel-SS14 = »Zeige mir aus dem Sommersemester 2014 alle Notizen, die Fotos der Tafelbilder aus meinem Studienfach Biologie enthalten«

▸ editieren = »Welche Abschnitte meines Manuskripts sind noch nicht bearbeitet und tragen die Priorität eins?«

- kürzlich = »Zeige mir nur Notizen an, die ich in den letzten drei Tagen erstellt habe«

- unbezahlt = »Suche nur nach Rechnungen, die noch nicht bezahlt wurden.« usw.

Den Menüpunkt SUCHVORGANG SPEICHERN finden Sie in der Suchfeldliste rechts oben oder, sofern mit $\boxed{\text{Strg}}$+$\boxed{\text{F10}}$ eingeblendet, im Sucherklärungsfeld in der mittleren Spalte. Das Vorgehen ist einfach: Sie geben in das Suchfeld Ihre Suche ein und speichern diese anschließend unter einem Namen, der für Sie einprägsam ist. Das genaue Vorgehen wird gleich noch näher erläutert werden.

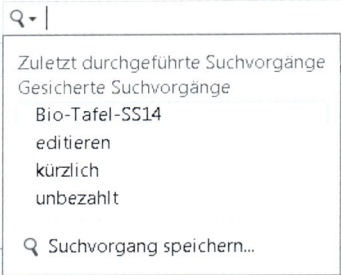

Abb. 6.7: *Suchvorgänge über die Suchfeldliste speichern*

Um eine bereits gespeicherte Suche zu verändern, bewegen Sie den Mauszeiger zum entsprechenden Suchtitel und rufen mit der rechten Maustaste das Kontextmenü auf. Mit dem Punkt EIGENSCHAFTEN können Sie sowohl den Namen als auch die Suchsyntax ändern. Ebenso finden Sie in diesem Menü die Möglichkeit, nicht mehr benötigte Suchen zu löschen.

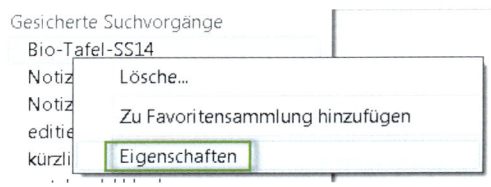

Abb. 6.8: *Gespeicherte Suchvorgänge bearbeiten*

An dieser Stelle sei darauf hingewiesen, dass besonders wichtige Suchvorgänge – ebenso wie Notizen, Schlagwörter oder Notizbücher – per einfachem Drag & Drop in das Favoritenfeld übernommen werden können.

6.4   Die komplexe Suche

Es wurde schon ausgeführt, dass sich mit Evernote sehr alltägliche Ordnungsaufgaben bewältigen lassen, dass das »Prinzip Evernote« aber auch für anspruchsvolle Aufgaben tauglich ist. Wer also einen großen Datenbestand mit Evernote pflegt und häufig auf bestimmte Dokumente zugreifen muss, wird es begrüßen, dass Evernote schon fast eine kleine Datenabfragesprache zur Verfügung stellt. Gemeint sind damit Parameter, die Sie den Suchbegriffen mitgeben und so sehr ausgefeilte Suchvorgänge durchführen können.

Es sei aber gleich dazugesagt, dass Sie nicht befürchten müssen, dass nur Gedächtniskünstler sich die entsprechende Syntax merken können. Ich werde später noch zeigen, wie Sie einen komplexen Suchvorgang so speichern können, dass Sie ihn jederzeit per Tastendruck aktivieren können.

Und gleich zu Anfang ein Tipp, der gerade für Neueinsteiger hilfreich ist: Sie können in der mittleren Spalte ein zusätzliches Feld einblenden, das Ihre Sucheingaben in ganze Sätze umwandelt. Wenn Sie z.B. im Suchfeld `any: Hund Katze` eingeben (Erläuterungen zu `any` folgen gleich), um damit alle Notizen zu finden, die entweder das Wort »Hund« *oder* das Wort »Katze« enthalten, wird in diesem Feld ein zusammenhängender Text eingeblendet.

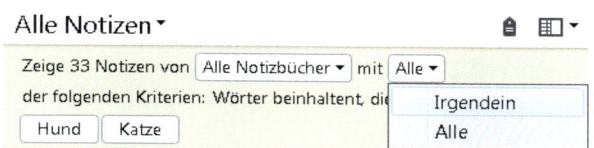

Abb. 6.9: *Leichter mit Sucherklärungen*

Eingeblendet wird das Feld über ⌈Strg⌉+⌈F10⌉) oder DARSTELLUNG – SUCHERKLÄRUNG ANZEIGEN.

6.4.1   Aufbau einer Suche

Die Suchparameter sind zwar in englischer Sprache gehalten (Evernote arbeitet zurzeit an deutschsprachigen Begriffen), aber die meisten Wörter werden Ihnen ohnehin bekannt sein. Die Grundstruktur für Suchabfragen ist sehr einfach gehalten:

```
[Schlüsselwort][Doppelpunkt][Suchbegriff]
```

Beispiel:

```
notebook:Urlaub
```

bedeutet, dass nach Notizen gesucht werden soll, die im Notizbuch (notebook) »Urlaub« vorkommen.

Wenn kein weiterer Begriff folgt, werden einfach alle Notizen angezeigt, auf die der Suchparameter zutrifft; in diesem Beispiel also alle Notizen aus dem Notizbuch »Urlaub«. Mit

```
notebook:Urlaub Reisepass
```

wird ausschließlich in den Urlaubsnotizen nach dem Wort »Reisepass« gesucht. Sollte das Wort »Reisepass« auch im Notizbuch »Tagungen« vorkommen, werden die dortigen Notizen nicht aufgelistet.

Die Namen von Notizbüchern und Schlagwörtern werden von Evernote automatisch im Suchfeld farbig hinterlegt.

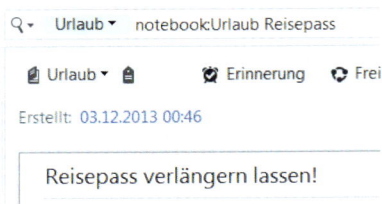

Abb. 6.10: *Suche eingrenzen*

▸ Nach dem Doppelpunkt darf kein Leerzeichen stehen!

▸ Klein- und Großschreibung spielen keine Rolle. Suchparameter können kombiniert werden (siehe unten).

▸ Das gewohnte Jokerzeichen * (ein Sternchen, das beliebige Buchstaben als Platzhalter ersetzt) benötigen Sie bei der Textsuche nicht, da Ever-

note von allein Suchvorgänge so behandelt, als hätten Sie es eingesetzt. Mit der Eingabe von `viel` wird also »vielsagend«, »vielen« und
»vielversprechend« gefunden. Bei einer Schlagwortsuche hingegen findet das Jokerzeichen Verwendung: Mit `tag:an` wird nur das Schlagwort »an« gefunden, mit `tag:an*` hingegen auch die Schlagwörter
»Ankunft«, »Anruf« usw.

▸ Möchten Sie allerdings ausschließlich jene Notizen finden, in denen der
Begriff als alleinstehendes Wort vorkommt, so setzen Sie ihn in Anfüh-
rungszeichen. Mit `"viel"` wird die Notiz »Es gibt viel zu entdecken«
gefunden, nicht aber jene mit dem Satz »Der Urlaub begann vielversprechend«.

6.4.2 Wichtige Suchparameter

Sie finden die Evernote-Suchparameter in der Tabelle in Abschnitt 6.5.
Einige davon werden besonders häufig benötigt, daher hier eine kleine
Auswahl:

▸ `notebook`: Der Begriff wird nur innerhalb des angegebenen Notizbuchs gesucht. Beispiel: `notebook:Urlaub`

▸ `tag`: Die Notiz muss mit einem bestimmten Schlagwort versehen sein.
Beispiel: `tag:Anfahrt`

▸ `intitle`: Der Begriff muss im Titel der Notiz vorkommen. Beispiel:
`intitle:Zusammenstellung`

▸ `todo`: Dieser Suchparameter zielt auf die Checkboxen. Mit `todo:false`
werden alle Notizen gefunden, die mindestens ein Kästchen enthalten,
das noch nicht abgehakt wurde – also alle »unerledigten« Notizen. Mit
`todo:true` finden sich jene Notizen in der Ergebnisliste, bei denen
schon das Häkchen gesetzt wurde. Und mit `todo:*` (ja, in diesem Fall
wird das Sternchen gesetzt) geht es nur darum, ob Kontrollkästchen in
der Notiz auftauchen, gleichgültig, ob sie markiert wurden oder nicht.

▸ `any`: Dies ist ein sehr wichtiger Parameter, weshalb gleich noch ausführlicher darauf eingegangen wird. Gemeint ist, dass »irgendeiner«
der Begriffe, die dem Parameter folgen, in der Notiz vorhanden sein
muss, also eine typische ODER-Verknüpfung. Beispiel: `any: Zug Papiere`

▸ `sharedate:*` Es werden alle geteilten oder freigegebenen Notizen
angezeigt.

‣ encryption: Alle Notizen, die über Evernote verschlüsselte Texte enthalten, werden aufgeführt.

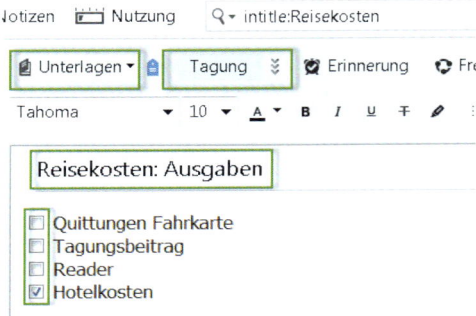

Abb. 6.11: *Daten mit eigenen Suchparametern*

Hinweis

Beim Parameter any: muss das erste nachfolgende Wort nicht direkt auf den Doppelpunkt folgen, da der Parameter für sich steht und im Unterschied zu den vorhergehenden Beispielen nicht spezifiziert werden muss. Wenn Sie aber gewohnt sind, direkt nach dem Doppelpunkt anzusetzen, können Sie dies beibehalten – die Suchergebnisse sind identisch.

Tipp

Ja, Evernote verfügt über eine vielfältige Such- und Filtersyntax, mit der sogar Wörter von handgeschriebenen Zetteln oder in Fotos enthaltende Beschriftungen gefunden werden können. Wer jedoch nur gelegentlich sucht, der möchte nicht erst den umfangreichen Hilfetext lesen. Zum Glück geht es auch einfacher – gerade für die häufige Alltagsanforderung, sich zwischen »und« und »oder« zu entscheiden. Will ich z.B. nur Fotos, auf denen meine Katze und mein Hund zu sehen sind, dann klappt das ja ganz gut durch die Eingabe tag:hund tag:kater. Was aber, wenn ich aus dem Foto-Notizbuch sowohl alle Hunde- als auch alle Katzenbilder filtern möchte?

Leider greift Evernote hier nicht zu den gewohnten »and/und«- bzw. »or/oder«-Begriffen (das könnten die Entwickler übrigens mal anpassen). Aber kein Problem: In der Suchmaske ist standardmäßig ALLE eingeblendet – was einer UND-Suche entspricht (es müssen eben »alle« Begriffe zutreffen). Dieses Feld klappen Sie auf und wählen IRGENDEIN aus – schon haben Sie die gewünschte ODER-Verknüpfung! Und wer sich diesen Vorgang beim nächsten Mal sparen möchte, der macht einfach einen kurzen Klick auf das Diskettensymbol – und schon ist die Suchvorgabe für die Zukunft gespeichert.

6.4.3 ODER-Verknüpfung mit »any:«

UND- und ODER-Verknüpfungen sind bei Suchvorgängen eine bekannte Geschichte. Evernote ist da allerdings ein wenig tricky, da sich das Programm nicht ganz an gewohnte Konventionen hält.

Wie wir gesehen haben, geht Evernote in seinem Suchfeld standardmäßig davon aus, dass Sie eine UND-Verknüpfung der Begriffe haben möchten. Wenn Sie also

    Schmidt Dachdecker

eingeben, erhalten Sie nur die Dachdeckerrechnung von Handwerker-Schmidt, nicht aber den Kostenvoranschlag von BMW-Schmidt für die Reparatur Ihres Autos.

Mit

    any: Schmidt Dachdecker

werden alle Notizen angezeigt, die entweder »Schmidt« ODER »Dachdecker« aufweisen.

any: können Sie nicht nur mit Begriffen, sondern auch mit anderen Suchparametern kombinieren. Wenn eine Notiz beispielsweise gefunden werden soll, die mit mindestens einem von mehreren angegebenen Schlagwörtern gekennzeichnet wurde, so können Sie schreiben:

    any: tag:Abfahrt tag:Ankunft

Damit werden alle Notizen gefunden, die entweder das Schlagwort »Abfahrt« oder das Schlagwort »Ankunft« oder beide Schlagwörter aufweisen.

6.4.4   Ausschlussverfahren: Die Minusfunktion

Bei der Evernote-Suche werden Kriterien, die *nicht* zutreffen sollen, mit einem Minuszeichen gekennzeichnet. So findet

```
tag:Rechnung -tag:bezahlt
```

alle Rechnungen, die das Schlagwort »Rechnung« aufweisen, aber nicht das zusätzliche Schlagwort »bezahlt« erhalten haben (das man z.B. vergibt, wenn man eine Rechnung überwiesen hat). Mit anderen Worten: Nur die noch offenen Rechnungen werden angezeigt.

Leider funktioniert der gleiche einfache Ausschluss nicht bei der Auswahl von Notizbüchern. Sie können also nicht -notebook:bezahlt tag:Rechnungen eingeben.

Beispiel: Archivordner von der Suche ausschließen

Wer eine umfangreiche Notizsammlung in Evernote angelegt hat, verliert bei einem Suchvorgang leicht den Überblick. Auch Uraltmaterial kommt oft zum Vorschein, das eher stört. Denn wenn man an der Steuer für 2013 sitzt, will man nicht unbedingt Belege aus dem Jahr 2008 sehen. Für gewöhnlich schiebt man solche Schnipsel in ein Archiv- oder Ablagenotizbuch. Wenn man nun etwas Aktuelles sucht, wäre es schön, wenn man diese Archivordner ausschließen könnte.

Das Problem: Evernote bietet für Notizbücher bei der Suche nur zwei Möglichkeiten: Entweder wird in einem einzigen Notizbuch gesucht (z.B. in dem man sich gerade befindet), oder es wird in allen Notizbüchern gleichzeitig gesucht. Aber leider kann man nicht einzelne Notizbücher von der Suche ausschließen. Die Suche -notebook:archiv Steuer funktioniert also nicht. Allerdings wird das Minuszeichen für Tags akzeptiert. Daher hilft folgender Trick:

1. Verschieben Sie alle Notizen in den gewünschten Ablageordner.
2. Markieren Sie danach – oder von Zeit zu Zeit – diese Notizen (etwa durch ⌈Strg⌉+⌈A⌉) und ziehen Sie die Notizen auf ein Schlagwort, das sich z.B. »Ablage« nennt. Damit erhalten alle Materialien aus diesem Notizbuch in einem Rutsch das zusätzliche Schlagwort »Ablage«.
3. Jetzt geben Sie im Suchfeld das Schlagwort mit einem Minuszeichen ein, also im vorliegenden Beispiel -tag:Ablage.

Theoretisch könnte man nun die Suche durchführen, also `-tag:Ablage Steuer` eingeben. Es würden alle Notizen bei der Suche ausgeklammert, die sich im Ablage-Notizbuch befinden. Praktischer ist es aber, wenn man einmalig einen zusätzlichen Schritt durchführt:

Geben Sie nach `-tag:Ablage` kein weiteres Suchwort ein, sondern speichern Sie diese Suche (z.B. über den betreffenden Kontextmenübefehl) und vergeben Sie einen Namen, etwa `Ohne Ablage`. Später klicken Sie in der Liste GESICHERTE SUCHVORGÄNGE diese Suche an. Im Suchfeld erscheint damit `-tag:Ablage`, Sie brauchen nun nur noch das Suchfeld mit dem eigentlichen Suchbegriff zu ergänzen.

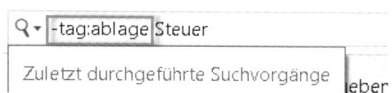

Abb. 6.12: *Gespeicherte Suche ergänzen*

6.4.5 Such- und Filterbeispiele: Zeitspannen und Hochzeitsvorbereitungen

Zwei Tage sind genug – Zeitspannen definieren

Oft speichert man viele Notizen, kommt aber zunächst nicht dazu, diese Notizen mit Schlagwörtern zu versehen oder in die richtigen Notizbücher zu verschieben, sodass das »Eingangskörbchen« recht viele Notizen enthält. Und gerade jetzt will der Chef mal wieder typisch »ganz schnell« die eine Unterlage, von der man nur noch weiß, dass man sie irgendwann die letzten zwei Tage in Evernote gespeichert hat. Natürlich könnte man jetzt auf die Listenansicht umschalten und nach Datum sortieren, aber dann muss man Zeile für Zeile absuchen.

Komfortabler ist es, wenn Sie sich für solche Fälle – die jüngsten Notizen benötigt man ja besonders oft – einen »Vorgestern-Filter« anlegen:

1. Geben Sie in das Suchfeld `created:day-2` ein (damit wird das Erstelldatum von heute, gestern und vorgestern erfasst) und klappen Sie das Auswahlmenü auf.
2. Klicken Sie auf die Lupe mit dem Plussymbol in der rechten Ecke.
3. Vergeben Sie einen Namen für die Suche, z.B. `seit vorgestern`.

In der Sidebar erscheint diese gespeicherte Suche mit dem vergebenen Namen und bleibt erhalten. Von nun an genügt ein Klick auf SEIT VORGESTERN und Sie bekommen nur noch die Vorschaubilder der jüngsten Ergänzungen/Änderungen angezeigt. Natürlich klappt das auch mit `created:day-10` usw., wenn für Ihre Zwecke ein anderer Zeitraum nützlicher ist.

Hochzeitsvorbereitungen mit »todo«-Suche

Wenn man Evernote für Projektarbeiten einsetzt, hat man es meist mit einer Vielzahl von Einzelnotizen zu tun: Für das Projekt »Hochzeitsvorbereitung« sind Einladungslisten zu verschicken (Notiz mit Adresszusammenstellung), Tischkärtchen zu gestalten (Notiz mit gesammelten Comics aus dem Netz), eine Rede zu halten (Entwurf als PDF-Datei), lustige Einlagen zu bringen (Gedichte mit Web Clipper gesammelt aus dem Netz) usw. Nun helfen Schlagwörter zwar, etwas Ordnung in die Sache zu bringen – aber je näher der Termin rückt, desto drängender wird die Frage, was schon erledigt und was noch zu tun ist. Mit einem einfachen Schlagwortfilter können Sie nur jene Tätigkeiten anzeigen lassen, die noch abgearbeitet werden müssen.

1. Sie werden ohnehin den Projektnotizen ein übergreifendes Schlagwort zuweisen, z.B. »Hochzeit«.

2. Jede neue Notiz des Projekts erhält zusätzlich zu ihrem Inhalt *ein einziges* leeres `todo`-Kästchen. Dieses Kästchen kann zwar überall in der Notiz eingefügt werden, in der ersten Zeile fällt es aber gleich ins Auge. (Eine Kästchenbeschriftung können Sie hinzufügen, das muss aber nicht sein.) Immer wenn eine Notiz erledigt ist, kreuzen Sie dieses Kästchen an.

3. Als Letztes speichern Sie eine Suchabfrage mit zwei Parametern ab: erstens aus dem Projektschlagwort, zweitens aus einer Wahr/Falsch-Abfrage für `todo`-Kästchen. Im vorliegenden Beispiel lautet die Suchzeile `tag:Hochzeit todo:false`. Mit »falsch« werden nur jene Notizen angezeigt, die noch kein Häkchen erhalten haben – also noch abgearbeitet werden müssen.

6.5   Wichtige Suchparameter

Suchparameter	Beschreibung
`notebook:`	nur Notizen eines bestimmten Notizbuchs durchsuchen
`intitle:`	Suchbegriff muss im Titel der Notiz vorkommen
`any:`	irgendeiner der dem Parameter folgenden Suchbegriffe muss in einer Notiz vorkommen
`tag:` `(-tag:)`	gesucht (ausgeschlossen) werden Notizen mit einem bestimmten Schlagwort
`todo:true/false/*`	`true` = Notizen mit mindestens einem Kästchen »mit Haken« `false` = wenn der Haken nicht gesetzt wurde `*` = irgendein `todo`-Kästchen, gleichgültig ob mit oder ohne Haken
`created:`	ein Erstelldatum wird angegeben, entweder relativ oder absolut relativ: `created:day-7` = Notizen, die innerhalb der letzten sieben Tage erstellt wurden absolut: `created:20141224` = Notizen, die seit dem 24. Dezember 2014 erstellt wurden
`updated:`	bezieht sich auf das Änderungsdatum, Vorgehen wie bei `created`
`source:`	kann nach bestimmten Dateiformaten suchen `source:web.clip` = Inhalte, die einer Webseite mit dem Web Clipper entnommen wurden `source:app.ms.*` = Notizen, die durch ein Office-Programm von Microsoft entstanden (Word, Outlook usw.) `source:mobile.*` = Inhalte, die durch eine mobile Evernote-App hinzugefügt wurden
`resource:`	Notizen mit bestimmten Dateielementen (Angabe des MIME-Typs), z.B. `resource:image/jpeg` = findet Notizen, die ein Foto im JPEG/JPG-Format beinhalten `resource:image/gif` = findet Notizen, die mindestens eine Grafik im GIF-Format aufweisen `resource:audio/*` = alle Notizen, die Audiodateien beinhalten

Suchparameter	Beschreibung
author:	damit kann das Feld für den Autor einer Notiz abgefragt werden
reminderorder:*	alle Notizen anzeigen, die mit einer Erinnerung versehen wurden (weitere Parameter für Erinnerungen siehe Kapitel 5)

Tipp

Häufig wird der Parameter created genutzt, um Zeitspannen zu definieren. Sie müssen dazu nicht alle Jahr-Tag-Monat-Platzhalter eingeben, also z.B. created:20140501. created:2014 findet alle Notizen ab dem 1.1.2014, created:201405 alle ab dem 1. Mai usw. Gleiches gilt für den Parameter updated.

Abb. 6.13: Eine Suche mit dem Parameter created

Es gibt noch eine Reihe weiterer Suchparameter, deren Syntax sich aber oft von einem Evernote-Update zum nächsten ändert. Wenn Sie in früheren Evernote-Versionen beispielsweise Excel-Dateien mit dem Ausdruck source:app.ms.excel finden konnten, lautet die aktuelle Syntax resource:application/vnd.ms-excel. Von Zeit zu Zeit aktualisiert Evernote seine Supportseite, die auf die Suchparameter eingeht:

https://support.evernote.com/link/portal/16051/16058/Article/535/Using-Evernote-s-advanced-search-operators

Kapitel 7

Mobil und flexibel

7.1 Informationen jederzeit griffbereit

Bisher haben wir Evernote als traditionelle Desktopanwendung für den PC oder Mac kennengelernt. Aber schon seit Jahren beschränkt sich unser Umgang mit Informationen nicht mehr nur auf Büro oder Arbeitszimmer – inzwischen sind wir es gewohnt, immer und überall auf unsere Unterlagen zugreifen zu können. Ob via Webbrowser am Hotelcomputer, via Notebook bei der Tagung, via Tablet auf der Terrasse oder via Smartphone – immer und überall.

Die große Stärke von Evernote liegt nun darin, dass das Unternehmen nicht nur Software für fast alle Betriebssysteme entwickelt hat, sondern auch die Umstände des mobilen Einsatzes – Datentransferkosten, Speicherplatz – berücksichtigt. So synchronisiert Evernote beispielsweise auf dem Desktop-PC seine Datenbank vollständig mit allen Inhalten und Anlagen, da Speicherplatz bei den Größen heutiger Festplatten eine untergeordnete Rolle spielt. Bei dem Abruf auf mobilen Geräten werden hingegen zunächst nur Vorschaubilder und Titel synchronisiert, bevor auf Wunsch der Inhalt ausgewählter Notizen nachgeladen wird. Denn abgesehen von dem geringeren Speichervolumen von Smartphones spielen hier auch der Kostenfaktor und vor allem die Übertragungszeit eine Rolle – es wäre unsinnig, bei einer schwachen Telefonverbindung die ganze Datenbank zu synchronisieren. Trotzdem können Sie in gewohnter Schnelligkeit Informationen suchen und ausfindig machen. Zusätzlich können Sie, falls Sie über einen Premium-Account verfügen (siehe Abschnitt 11.5) Inhalte ausgewählter Notizbücher so speichern, dass diese auch ohne Verbindung auf Ihrem Smartphone oder Tablet zur Verfügung stehen. (Prinzipiell könnte man zwar auch ohne diese Funktion Daten »zwischenspeichern«, indem man sie zunächst zu anderen Apps umlenkt – etwa den PDF-Anhang einer Notiz zu einer PDF-App schickt –, aber dieses Verfahren ist natürlich deutlich umständlicher.)

7.1.1 Zugang über den Webbrowser

Wenn wir das Wort »mobil« hören, denken wir meist sofort an Handys, Smartphones oder Tablets. Doch auch jenseits solcher Geräte bleiben alle in Evernote gespeicherten Informationen außerhalb von Büro und Zuhause zugänglich: einfach über die Anmeldung auf der Evernote-Webseite.

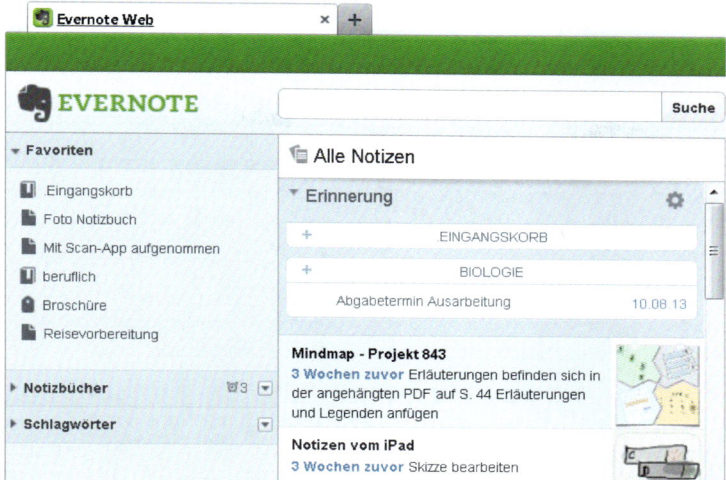

Abb. 7.1: *Der Aufbau der Webseite erinnert an die Desktopversionen von Mac und Windows*

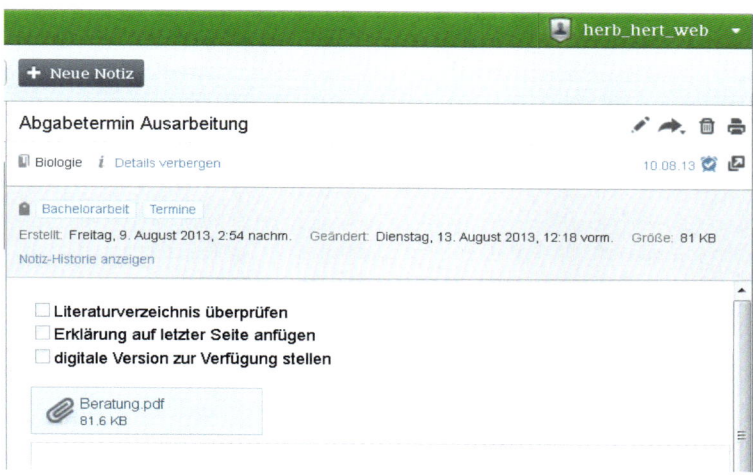

Abb. 7.2: *Auch für das Editieren von Webnotizen stehen die gewohnten Funktionen zur Verfügung*

Nehmen wir an, Sie unterhalten sich abends in gemütlicher Runde mit Freunden und die Sprache kommt plötzlich auf den tollen Wein, den Sie vor Kurzem in der spanischen Weinstube erworben haben. Der Name fällt Ihnen nicht ein, aber klug, wie Sie sind, haben Sie für den späteren Kauf das Flaschenetikett abfotografiert und in Evernote gespeichert.

Nun müssen Sie nur kurz zum PC Ihrer Freunde gehen, sich auf *http://evernote.com* (Sie werden zu einer deutschen Seite umgeleitet) mit Ihren Accountdaten auf der Webseite einloggen – und schon haben Sie den Namen wieder zur Hand.

Oder Sie stellen bei der Ankunft in Schweden fest, dass der Koffer mit wichtigen Unterlagen nach Timbuktu unterwegs ist – dank Evernote können Sie im Hotel zumindest die zentralen Daten abrufen …

Mit einfachen Worten: An allen Orten, die Ihnen einen Internetzugang zur Verfügung stellen, sind auch Ihre Daten in erreichbarer Nähe. Und glauben Sie mir: Es gibt viele Gelegenheiten, bei denen dieser Zugang plötzlich wichtig wird. Der verlorene Ausweis oder das verschwundene Ticket – in Evernote haben Sie zumindest die Pass- oder Buchungsnummer abrufbereit.

Wichtig wird dieser Zugang insbesondere in jenen Fällen, in denen Sie die Evernote-Software nicht installieren dürfen oder können, z.B. in institutionellen Zusammenhängen. Viele Unternehmen gestatten nicht die Installation zusätzlicher Software oder Sie benutzen nur zeitweise einen Computer, z.B. bei einer Fortbildung in einem Seminarzentrum. In diesen Fällen genügt der Zugang über den Browser völlig. Denn Evernote stellt nicht etwa eine »abgespeckte« Version auf diesem Weg zur Verfügung, sondern Sie haben fast eins zu eins den Aufbau Ihres gewohnten Desktopprogramms zur Verfügung, einschließlich Ihrer gespeicherten Suchen, angelegten Favoriten, Erinnerungen und aller Dateianhänge.

Sofern Sie die Wahl haben, etwa in Ihrem häuslichen Arbeitszimmer, ist es dennoch empfehlenswert, das Desktopprogramm zu installieren – dies ist insgesamt flotter und da sich die gesamte Datenbank auf Ihrer Festplatte befindet, erfolgt auch das Öffnen von Dateien wesentlich schneller.

Sie können Notizinhalte über die Webanwendung weiterleiten …

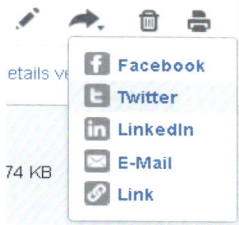

Abb. 7.3: Weiterleitungen an andere Dienste

… komplexe Suchvorgänge durchführen …

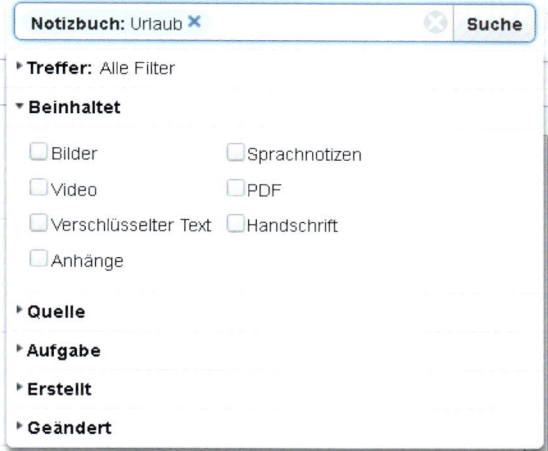

Abb. 7.4: Einbeziehung einer großen Filterauswahl

… Notizen bearbeiten und verändern …

Abb. 7.5: Markieren mehrerer Notizen

… und sogar eine Diashow direkt auf der Webseite starten, falls die Notiz mehrere Fotos enthält.

Abb. 7.6: Diashow online

Tipp

Nur wenige wissen, dass es auch eine spezielle mobile Webseite von Evernote gibt, die unter *http://www.evernote.com/m/* erreichbar ist (siehe Abbildung). Natürlich sind die speziellen Evernote-Apps geeigneter für den Abruf von Daten, falls Sie sich aber einmal ein Smartphone ausleihen müssen, das keine Evernote-App aufweist, können Sie so einfach über den mobilen Browser Zugang erhalten.

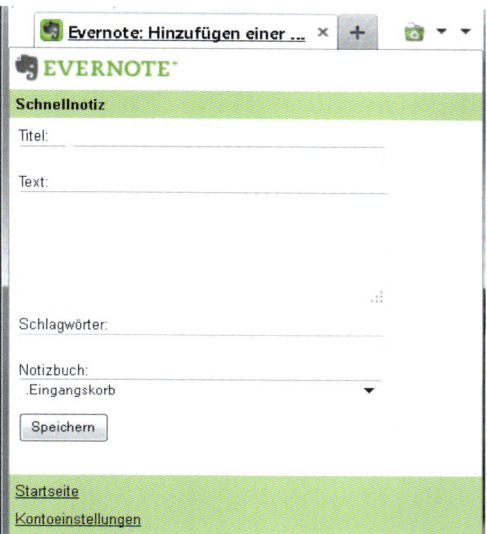

Abb. 7.7: *Die mobile Webseite von Evernote*

7.1.2 Smartphones und Tablets – iPhone, Android & Co.

Handys, mit denen man Fotos machen kann, sind natürlich eine »uralte« Sache. Allerdings mussten diese Fotos früher via USB-Kabel auf die Festplatte übertragen werden. Inzwischen dominieren Smartphones, die ja in Wirklichkeit eher kleine Computer mit Telefonfunktion sind. Einer der vielen Vorteile dieser Geräte: Fotos, Videos und Audioaufnahmen müssen nun nicht zuerst auf der Festplatte zwischengelagert werden – sie können sofort an Onlinedienste wie Evernote verschickt werden.

Es gibt täglich unzählige Momente, in denen eine kleine Notiz oder Foto-aufnahme nützlich sein kann: das Schild mit den Öffnungszeiten der Post-stelle, ein Weinetikett, ein Buchcover, ein Plakat auf einer Litfaßsäule, der Flyer, der im Wohnzimmer rumliegt, usw. Alles, was Ihnen im Alltag als »erinnerungswürdig« begegnet, kann über die Smartphone-Kamera direkt in Evernote aufgenommen werden, gewissermaßen als »Scanner für Erin-nerungen«.

Wie bei Mac und Windows-PC unterscheiden sich die Versionen für iPhone, Android, Windows-Phone oder BlackBerry zwar in einigen Punk-ten, folgen aber mit Notizbüchern, Schlagwörtern, gespeicherten Suchen usw. dem gleichen Konzept: Notizbücher und Schlagwörter können ange-zeigt und durchsucht werden, eine Vorschau in verschiedenen Varianten – etwa als Liste oder in Form von Bildkacheln – ist ebenfalls möglich.

Abb. 7.8: *Überblick auf dem iPhone*

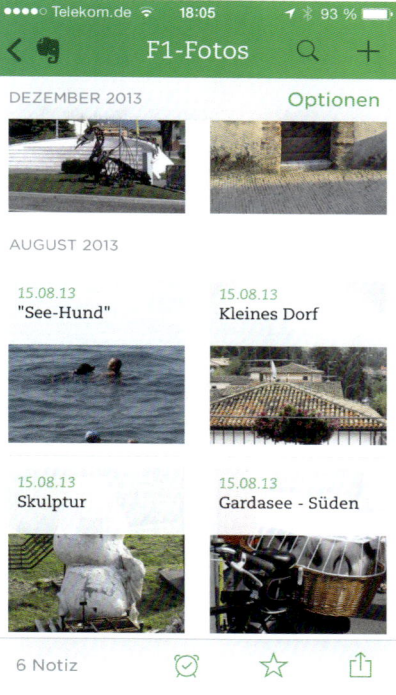

Abb. 7.9: *Notizenansicht*

Bei allen Evernote-Apps werden jene Funktionen in den Vordergrund gerückt, die die Stärken der mobilen Geräte sind: die Aufnahme mit der eingebauten Kamera, das Auswählen von Fotos oder die Audioaufnahme über das ohnehin vorhandene Mikrofon.

Ebenso stehen von der Listendarstellung über das Einfügen von `todo`-Kästchen bis hin zur farbigen Markierung von Textteilen zahlreiche Funktionen zur Verfügung.

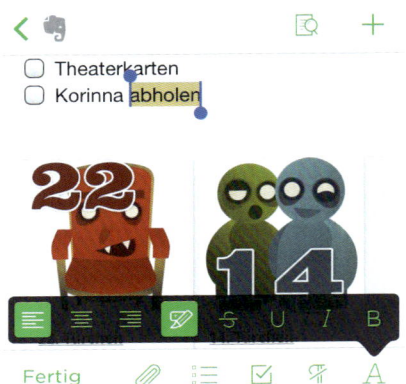

Abb. 7.10: Umfangreiche Editiermöglichkeiten

Neben den üblichen Feldern wie Name des Notizbuchs, Schlagwörter, Erstelldatum usw. wird der Entstehungsort der Notiz als kleine (Google) Maps-Karte eingeblendet. Die Stecknadel auf dieser Karte ist frei positionierbar, was eine recht exakte Standortbestimmung per Fingerbewegungen zulässt.

7.1.3   Besonderheiten der mobilen Anwendungen

Der Scanmodus

Außer der üblichen Fotofunktion weisen die mobilen Apps noch eine Reihe zusätzlicher Aufnahmevarianten wie Visitenkarten, Post-it®-Notizen und Dokumentvorlagen auf.

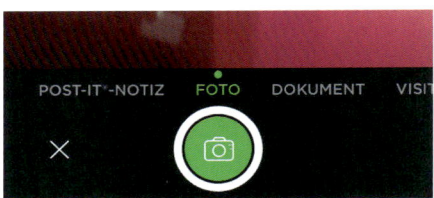

Abb. 7.11: Spezielle Fotofunktionen

Implementiert wurde die »Dokumentenkamera« ursprünglich im Zusammenhang mit dem speziellen Evernote-Moleskine-Notizbuch (siehe Abbildung 10.13.1). Inzwischen kann sie aber bei beliebigen Vorlagen eingesetzt werden: vom Kassenbon über den Abholzettel der Reinigung bis hin zum üblichen Schriftverkehr. Wenn man die Dokumentenkamera einsetzt, werden folgende Schritte automatisiert:

▸ Perspektiven werden entzerrt (wenn Sie z.B. Ihr Smartphone nicht ganz gerade bei der Aufnahme halten).

▸ Der Kontrast wird erhöht. Statt eines detailreichen Farbfotos erhalten Sie ein Resultat, das eher an einen farbreduzierten Scan erinnert. In der Regel ist dadurch die Schrift besser lesbar, die Dateigröße verringert sich und die Notiz lässt sich später »druckertintenfreundlicher« ausdrucken.

▸ Vor allem aber: Evernote erkennt die Ränder der Vorlage und schneidet überflüssigen Ballast ab. So erscheint in der Notiz also nur der »pure« Kassenzettel, während die restliche Tischfläche samt Kaffeetasse außen vor bleibt.

Damit dieser letzte Punkt gut funktioniert, sollten Sie das Papier auf eine etwas dunklere Unterlage legen.

Abb. 7.12: Aus zerknitterten Zetteln werden scharfe Scans

Anhänge mobil aufnehmen

Je nach Betriebssystem können Sie unterschiedliche Anhänge mobil einfügen. Bei iPhone und iPad können Sie beispielsweise über die kleine Büroklammer im Editor direkt eine Fotoaufnahme starten, bereits gespeicherte Bilder aus dem Album auswählen oder eine Audioaufnahme erstellen.

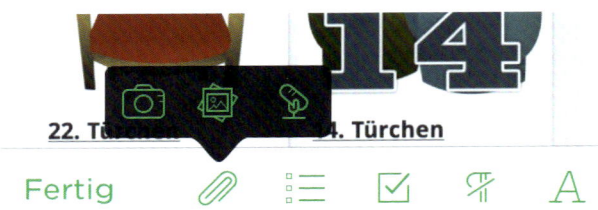

Abb. 7.13: *Einfügemöglichkeiten innerhalb der App*

PDF-Dateien und sonstige Dokumente können meist mit dem Öffnen in-Standardbutton durch die jeweilige App, die das Dokument anzeigt, an Evernote übergeben werden (bei Android ist es der bekannte Share-Button). Sofern in der Auswahlliste bei einer App Evernote nicht auftauchen sollte, ist dennoch meist die Übergabe via Mail an die persönliche Evernote-Mailadresse (siehe Abschnitt 7.2.4) möglich.

Abb. 7.14: *Übergabe von Dokumenten*

Alle mobilen Apps lassen auf einfache Weise das Einfügen von Favoriten und Erinnerungen zu (meist durch ein kleines Weckersymbol gekennzeichnet). Ausführlich befasst sich Kapitel 5 mit dem Thema Termine und Erinnerungen.

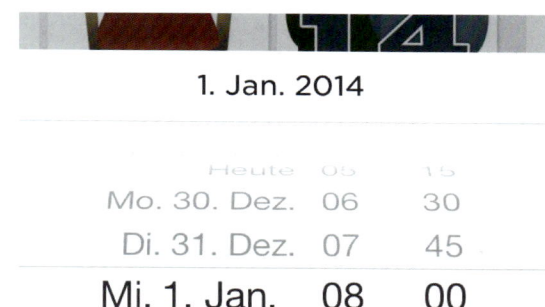

Abb. 7.15: Erinnerungen einstellen

Evernote-Widgets unter Android

Der Vorteil von mobilen Geräten, die das Android-Betriebssystem nutzen (Samsung, Nexus, Sony usw.), liegt in der größeren Anpassungsfähigkeit. So können Sie einzelne Funktionen von Evernote gewissermaßen »auslagern«, indem Sie etwa eine Einzelnotiz oder ein Notizbuch als zusätzliches Icon auf dem Homescreen platzieren und damit direkt aufrufen können. Evernote stellt über den Play-Store aber auch Widgets zur Verfügung, die frei konfigurierbar sind.

Abb. 7.16: Evernote-Widget

Je nach Android-Version, die sich auf Ihrem Smartphone befindet, oder entsprechend dem Platz, den Ihr Widget einnehmen soll, können Sie sich etwa eine Leiste mit jenen Evernote-Funktionen, die Sie besonders häufig nutzen, anzeigen lassen; und zusätzlich die letzten bearbeiteten Notizen einblenden.

Falls Ihnen eine solche Darstellung zu viel Raum einnimmt, kann auch ein sogenanntes 1x1-Widget, das Sie mit einer Aufgabe belegen, sehr nützlich sein. Sehr schnell lassen sich z.B. mit der Listenfunktion Einkaufs- und To-do-Listen erstellen.

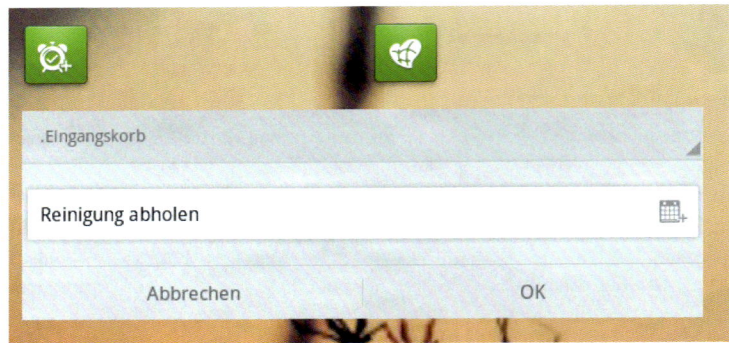

Abb. 7.17: *Listen sind rasch erstellt*

7.1.4 Schon gewusst? Die App kennt Ihren Kalender!

Es gibt nur wenige Menschen, die die Fummelei auf den eingeblendeten Tastaturen der kleinen Smartphone-Bildschirme nicht stört. Man ist für ersparte Tipparbeit dankbar, das weiß auch Evernote. Wenn Sie etwa schnell noch das Whiteboard abfotografieren, während Ihre Kollegen schon auf dem Weg zur Kaffeepause sind, begnügen Sie sich mit den Fotos ohne Ergänzungen. Vier Tage später, wieder zu Hause, beginnen Sie mit der Einordnung, die Ihnen dann schwerfällt. Aber siehe da: Auf wundersame Weise trägt die Evernote-Notiz mit dem Foto den Titel »Schnappschuss Arbeitsgruppe Webdesign in Köln«. Und die Tonaufnahme des Vormittagvortrags die Überschrift »Audioaufnahme Keynote Dr. Schröder in Köln«.

Abb. 7.18: *Schnellere Notiztitel bei iPhone ...*

Abb. 7.19: *... und Android*

Denn auf mobilen Geräten schaut Evernote in dem Moment, in dem Sie eine neue Notiz anlegen, nach, was in Ihrem Terminkalender steht. Der Termintext wird für den Notiztitel verwendet. Außerdem ermittelt Evernote selbsttätig, in welcher Stadt Sie sich gerade befinden, und fügt den Städtenamen hinzu. Wenn kein Eintrag in Ihrem Standardkalender vorliegt, setzt Evernote die Straßenbezeichnung ein, in unserem Beispiel lautet der Titel dann »Audioaufnahme in Goethestr. 18, Köln«.

Dabei achtet Evernote darauf, ob der Termin nicht schon vorbei ist. Wenn Sie in Ihrem Kalender den Termin für »12:15 bis 14:00 Uhr« terminiert haben, wird der Titel nur bis 14:00 übernommen. Erstellen Sie die neue Notiz um 14:05 Uhr, wird zum allgemeinen Titel gegriffen. Wenn Sie auf die automatische Titelerstellung verzichten möchten, können Sie dies in den App-Einstellungen deaktivieren (unter dem Punkt NOTIZ-EDITOR, EMPFOHLENE NOTIZTITEL bzw. AUTO-TITEL).

7.1.5   Mobiles Nachschlagewerk

Genauso wichtig wie die Möglichkeit, unterwegs Fotos, Tonaufnahmen und kurze Texte in Evernote zu speichern, ist der Abruf von Informationen.

Wissen Sie noch, was das »Geheime Pfadfinderbuch« von Tick, Trick und Track war? Es wusste auf alles eine Antwort, alles konnte man nachschlagen.

Mit Evernote entsteht im Laufe der Zeit Ihr ganz persönliches »Pfadfinderbuch«. Daten, Adressen, Bedienungsanleitungen, Etiketten, Hinweise und … und … und … Das alles führen Sie in der Jackentasche mit sich.

Das Besondere an den Evernote-Apps auf Ihrem Smartphone ist, dass all diese Informationen nicht einfach nur als Dateien abgelegt sind, durch die man sich wühlen muss. Wie bereits in Kapitel 6 beschrieben, liefert Evernote ausgesprochen schnelle und einfache Suchfunktionen, Inhaltsverzeichnisse, Indizes usw. mit. Auf diese Weise finden Sie sehr schnell die gesuchte Information.

Noch eine weitere Besonderheit gibt es: Wenn Sie über einen erweiterten Account verfügen (siehe Abschnitt 11.5), können Sie auf Ihren mobilen Geräten beliebige Notizen zum »Offlinevorhalten« markieren. An besonders wichtige Informationen kommen Sie auf diese Weise auch an Orten, an denen kein Empfang besteht. Dabei muss man nicht nur an Flugzeuge denken, viel häufiger passiert dies im Supermarkt auf der unteren Einkaufsebene oder bei der Fahrt durch ländliche Regionen.

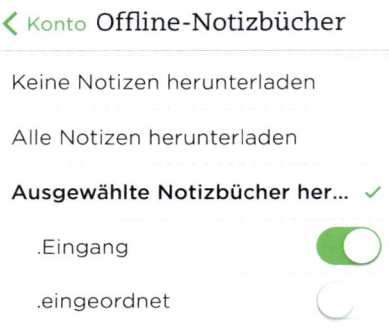

Abb. 7.20: Notizbuchinhalte offline nutzen

7.2 Tipps für unterwegs

7.2.1 Readeransicht von Safari

Wenn Sie auf dem Desktopcomputer oder Notebook eine interessante Webseite aufruft, können Sie diese rasch an Evernote mit der Erweiterung Web Clipper oder der Erweiterung Clearly (siehe Abschnitt 2.2.10) übergeben. Ein ähnlich gutes Ergebnis kann man auf iPhone oder iPad mit folgender Methode erzielen:

Der Standardbrowser unter iOS ist ja die mobile Variante des Safari-Browsers. Zu dessen Standardmenü gehört das Weiterleitungssymbol unten, mit dem Sie unter anderem den Link der aktuell aufgerufenen Seite verschicken können. Aber es soll ja nicht nur der Link, sondern der gesamte Text eines Artikels in Evernote aufgenommen werden. Daher wechseln Sie zunächst in die Readeransicht, die den von Menüs und Werbung bereinigten Text anzeigt. Das entsprechende Symbol ist links in der Adresszeile zu entdecken.

Abb. 7.21: *Zur Leseansicht wechseln*

Wenn Sie nun in dieser bereinigten Ansicht den erwähnten »Weitergabe«-Button antippen, wird nicht nur die URL, sondern auch der Text übermittelt. Diesen können Sie nun einfach an Ihre Evernote-Mailadresse (siehe Abschnitt 7.2.4) senden.

Abb. 7.22: *Text verschicken*

Der Text einschließlich der Grafiken, die zu dem Artikel gehören, ergibt die Evernote-Notiz. Der Webseitentitel wird als Notizüberschrift übernommen und am Notizanfang findet sich die Linkquelle, sodass Sie jederzeit den Originalbeitrag per Klick aufrufen können.

Hinweis

Die beschriebene Methode funktioniert bei Webseiten, die ein zentrales Thema hervorheben, also z.B. die Artikelseite eines Nachrichtenangebots. Wenn es sehr viele Themen auf der gleichen Seite erscheinen, z.B. bei der Startseite von SPIEGEL Online, erscheint das Readersymbol erst gar nicht.

Eine Alternative, die zu einem ähnlichen Ergebnis führt, ist die Verwendung des Lesedienstes Pocket (siehe Abschnitt 8.2.2).

Abb. 7.23: *Sauberes Ergebnis in Evernote*

7.2.2   Der Web Clipper für mobile Browser

Einen offiziellen Web Clipper von Evernote gibt es für iOS nicht. Mit einer kleinen Bastelei klappt die nachfolgend beschriebene Methode zumindest auf dem iPad, während das Einblenden des notwendigen Evernote-Formulars auf dem kleineren Bildschirm des iPhones eher zu einer fummeligen Angelegenheit wird.

Der mobile Safari kann bestimmte Codezeilen, sogenannten Bookmarklets, interpretieren. Der Effekt ist vergleichbar mit einer Erweiterung, lediglich das Hinzufügen zum Browser ist – momentan – etwas umständlich (ich werde gleich noch einen einfacheren Weg beschreiben):

1. Sie legen zunächst ein ganz »normales« Lesezeichen an, indem Sie z.B. den Link *http://evernote.com* im mobilen Browser aufrufen und LESEZEICHEN HINZUFÜGEN auswählen. Anschließend editieren Sie das gerade angelegte Lesezeichen wie folgt:

2. Sie vergeben einen einprägsamen Namen wie z.B. »Web Clipper« oder »an Evernote senden«, ganz nach Ihrem Geschmack.

3. Im nächsten Feld löschen Sie die Linkangabe vollständig und ersetzen den Text durch diese Codezeile:

```
javascript:(function(){EN_CLIP_HOST='http://
www.evernote.com';try{var%20x=document.createElement('SCRIPT');x.
type='text/javascript';x.src=EN_CLIP_HOST+'/public/
bookmarkClipper.js?'+(new%20Date().getTime()/
100000);document.getElementsByTagName('head')[0].appendChild(x);}
catch(e){location.href=EN_CLIP_HOST+'/
clip.action?url='+encodeURIComponent(location.href)+'&title='+enc
odeURIComponent(document.title);}})();
```

4. Nun noch speichern – fertig. Beim ersten Aufruf des Web Clipper erscheint eine Abfrage, in der Sie Ihren Benutzernamen und Ihr Passwort eingeben. Anschließend können Sie die Inhalte der Webseite in Evernote speichern, so wie Sie es auch von Ihrem Desktopbrowser kennen.

Abb. 7.24: *Der mobile Web Clipper*

7.2.3 Ever Clip und Dolphin-Browser

Für iPhone und iPad gibt es noch Ever Clip (*http://clip.ignition.hk*). Wenn Sie im Browser einen Link oder einen Teil einer Webseite kopieren, fängt diese App über die Zwischenablage das Kopierte ein. Aus zentralen Artikeln generiert sie ebenfalls einen bereinigten Text. Am Schluss lässt sich auswählen, welche Seiten an Evernote übergeben werden sollen.

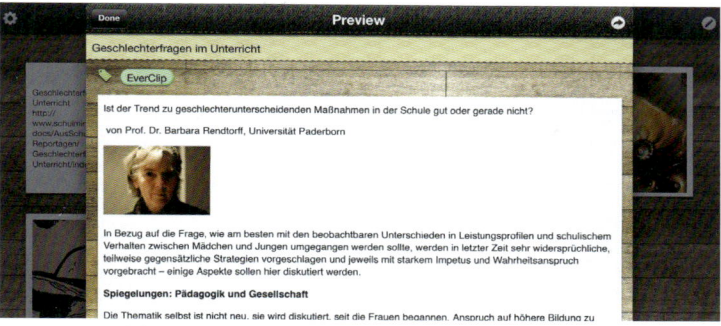

Abb. 7.25: *Textübernahme aus der Zwischenablage*

Bei Smartphones oder Tablets, die auf dem Android-Betriebssystem basieren, ist durch die offenere Architektur das Einfügen eines Evernote-Plugins im Allgemeinen einfacher. Eine gute Alternative mit Evernote-Add-on ist auch der Dolphin-Browser (*http://dolphin-browser.com*).

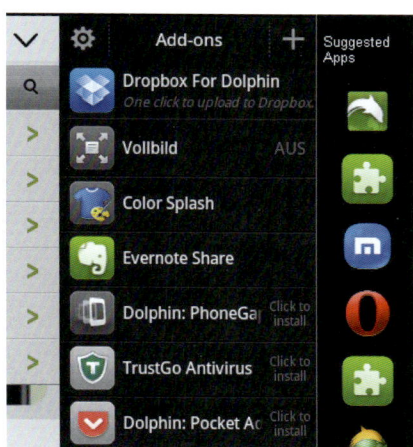

Abb. 7.26: *Evernote im Dolphin-Browser*

> ## Tipp
>
> Da wir gerade beim Thema »mobiler Browser« sind: Lange Links/URLs kön-
> nen Sie auch sehr einfach via Evernote übertragen. Sie stoßen während des
> Surfens auf einige interessante Links und möchten sich diese später via
> Smartphone näher anschauen? Da gibt es zwar viele Wege, die Ihnen das
> Abtippen auf dem Smartphone ersparen (z.B. die Synchronisation von
> Safari-Bookmarks via iTunes für das iPhone), aber wenn Sie ohnehin schon
> Evernote nutzen: Warum nicht einen kleinen Notizzettel parat haben, der
> das Zwischenspeichern der Links übernimmt? Auf dem Desktop via Web
> Clipper oder simplem »Copy&Past« in Evernote aufnehmen, synchronisie-
> ren, auf dem Smartphone antippen – und schon wird die Webseite auf-
> geblättert.

7.2.4   (Fast) Jede App wird zur Evernote-App

Wer ein Smartphone oder Tablet besitzt, nutzt in erster Linie die spezielle
App von Evernote, die für sein System entwickelt wurde. Außerdem gibt es
sehr viele Apps, die einen direkten Export nach Evernote ermöglichen oder
in den Dialogen TEILEN MIT (Android) bzw. ÖFFNEN IN (iOS) Evernote auffüh-
ren.

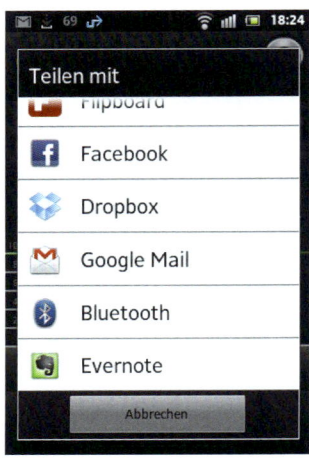

Abb. 7.27: *Android führt Evernote in vielen Anwendungen auf*

Doch selbst wenn diese Funktionen nicht in der App ausgewiesen werden, können Sie dennoch Berichte und Resultate aus Ihrer

Jogging-App, Ihrer Buchverwaltungs-App, Ihrer Haushaltsbuch-App, Ihrer Routen-App und … und … und … ohne große Umwege in Evernote aufnehmen?

Schreiben Sie an Ihr Evernote-Konto

Fast jede App hat eine Mailfunktion: Beim Audiorekorder kann man das Aufgenommene verschicken, Videos können an Mails angehängt werden, die Notizen-App erzeugt eine verschickbare PDF-Datei, aus dem Fotoalbum können Sie Screenshots verschicken – es gibt Möglichkeiten ohne Ende. Sie müssen nur jene persönliche Evernote-Mailadresse einsetzen, die Sie bereits kennengelernt haben (siehe Abschnitt 1.2.2). Am einfachsten ist es, wenn Sie diese in Ihrem Adressbuch auf dem mobilen Gerät speichern, dann müssen Sie meist nur ein paar Buchstaben im Empfängerfeld eingeben und es erscheint die vollständige Adresse zur Auswahl.

Mit diesem Trick machen Sie also jede App zu einem Programm, das nahtlos mit Evernote zusammenarbeitet. Alles, was Sie an diese Mailadresse verschicken, landet als Notiz in Ihrem Account.

Und falls Sie je den Verdacht haben sollten, dass jemand Ihre persönliche Evernote-Adresse unerlaubt gesehen hat – mit einem Button auf der Profilseite erzeugen Sie eine neue Mailadresse und die bisherige ist nicht mehr gültig.

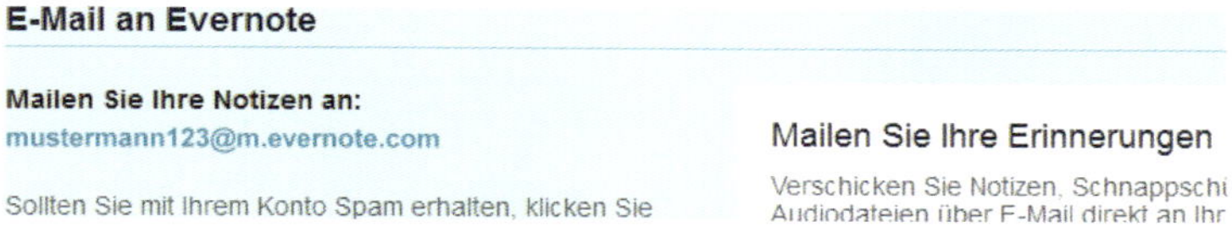

E-Mail an Evernote

Mailen Sie Ihre Notizen an:
mustermann123@m.evernote.com

Sollten Sie mit Ihrem Konto Spam erhalten, klicken Sie

Mailen Sie Ihre Erinnerungen

Verschicken Sie Notizen, Schnappschü Audiodateien über E-Mail direkt an Ihr

Abb. 7.28: Eine ganz spezielle Mailadresse

Noch mehr mit der Evernote-Adresse machen

Alles, was Sie an diese Mail als Empfängeradresse senden, wird zu einer Evernote-Notiz. Besonders praktisch ist das für Mailweiterleitungen (wenn z.B. eine angehängte Rechnung für die Steuer in Evernote aufbewahrt werden soll) oder für mobile Apps, die ihre Werte/Resultate per Mail versenden können. Sie sollten diese Adresse also auf jeden Fall in Ihr Adressbuch aufnehmen, da dieses Verfahren ungemein praktisch ist.

Die verschickten Texte und Anhänge landen in Ihrem Standardnotizbuch. Sie können aber mit der Betreffzeile der verschickten Mail steuern, wenn ein anderes Notizbuch die Mail aufnehmen soll. Fügen Sie das at-Zeichen (@) mit dem Namen des Notizbuchs an, also z.B. @Archiv.

Ebenso können direkt Schlagwörter via Betreffzeile vergeben werden, diesmal mit einer Raute (#) wie #Tagung.

Zu beachten ist:

- Das Notizbuch muss an erster Stelle kommen, die Schlagwörter danach, also @Archiv #Tagung #Unterlagen.
- Sowohl Notizbuch als auch Schlagwörter müssen bereits angelegt sein. Sie können also keine neuen Elemente per Mail definieren.

Abb. 7.29: *Die Betreffzeile der Mail kann zusätzliche Informationen aufnehmen*

Tipp

Weithin unbekannt ist hingegen der Parameter +, den Sie am Ende der Betreffzeile einfügen können (z.B.»Posterausstellung +). Geschieht dies, so landet die Information in einer bereits vorhandenen Notiz – erhält also kein neues Notizblatt. Evernote wählt dazu jene – bereits bestehende – Notiz aus, die über den gleichen Titel verfügt, der in der Betreffzeile genannt wird. Gibt es mehrere Notizblätter mit diesem Titel, wird die jüngste Notiz genommen. Die neue Information erscheint »nahtlos« in der nächsten Zeile, dabei können beliebige Informationsarten gemischt werden, also z.B. zunächst Text, dann ein Foto usw.

Termine per Mail setzen

Auch Daten für die Erinnerungsfunktion (siehe Kapitel 5) kann man bereits in der Betreffzeile setzen. Ein Ausrufezeichen mit Datumsangabe erzeugt die entsprechenden Einträge:

`!today` = heute

`!tomorrow` = morgen

`!sunday` = Name des Wochentags

`!JJJJ/MM/TT` = genaues Datum, z.B. für den 1. März 2014 = 2014/03/01

Die Reihenfolge der erwähnten Parameter muss eingehalten werden: Betreffzeile (= Notiztitel), Termin, Notizbuch, Schlagwort1, Schlagwort2 usw.

Wenn die Betreffzeile

```
Maier Unterlagen schicken !tomorrow @Projekt12
#Bauabschnitt #Protokolle
```

lautet, entsteht nach dem Absenden der Mail die folgende Notiz in Evernote:

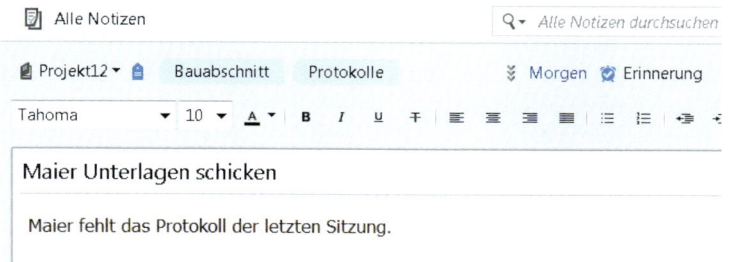

Abb. 7.30: *Parameter per Mail übergeben*

Mit Siri Notizen erstellen

Siri, die intelligente Sprachsteuerung des iPhones, ist bei vielen Anwendern beliebt. So können Sie sich z.B. während der Autofahrt Ihre Termine vorlesen lassen, das Wetter abrufen oder Programme starten. Also eigentlich auch ideal für die Erstellung von Notizen in Evernote.

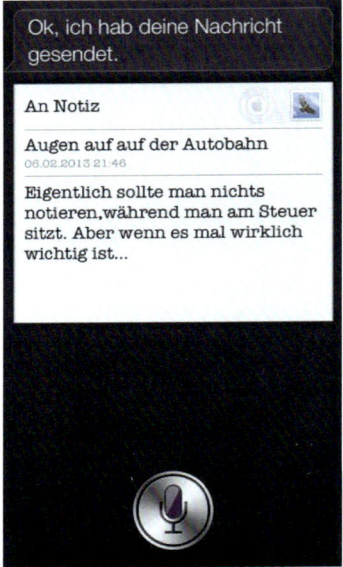

Abb. 7.31: *Diktat an Siri*

Wenn Sie mit einem langen Druck auf den Home-Button Siri starten und »Notiere: Ich muss noch Brot einkaufen« in Richtung des Geräts spricht, so landet der Text in der Apple-eigenen Notiz-Anwendung. Man müsste also später nachträglich den Text in Evernote aufnehmen.

Viel einfacher funktioniert es, wenn man seine persönliche Evernote-Adresse ins Notizbuch aufgenommen hat. Dann muss man nämlich nur sagen: »Mail an Evernote« – Siri fragt nach der Betreffzeile, setzt den Notizentext ein und schickt das Ganze an Evernote. Ich selbst habe einen Kontakt mit dem Namen »Notiz« angelegt, der die Evernote-Adresse aufgenommen hat. Übrigens: Falls Sie nach der Fahrt nicht sofort zum Einsortieren und Verschlagworten kommen: Einfach die Listenansicht in der Desktopanwendung aufrufen und nach der Spalte AUTOR sortieren – alle Siri-Notizen weisen als Absender Ihre Mailadresse auf.

Screenshots auf mobilen Geräten erstellen

Die Desktopversionen von Evernote haben ja bereits eine Screenshotfunktion integriert (z.B. bei der Windows-Version aufrufbar durch die Tastenkombination `⊞`+`Druck`). Sehr praktisch, denn in vielen Fällen möchte man seiner Notiz ja ein »Bild« von dem mitgeben, was man gerade auf seinem Monitor sieht. Sie müssen sich also nicht lange mit einem Copy&Paste-Prozess aufhalten, sich um Formatierungen usw. kümmern, wie es bei dem – allerdings präziseren – Web Clipper der Fall ist. Vor allem aber: Auch auf diese Weise »abfotografierter« Text durchläuft ja bei Evernote die automatisierte Texterkennung und kann so durch die Suchfunktion gefunden werden!

Zum Glück können Screenshots auch auf Smartphones und Tablets erzeugt werden. Bei iPhone und iPad geschieht dies durch das gleichzeitige Drücken des Home-Buttons und der Einschalttaste. Es macht kurz »klick« und eine Kopie vom Bildschirminhalt landet im Fotoarchiv. Bei Android-Geräten lässt sich oft die Screenshotfunktion durch etwas längeres Drücken des Ein/Aus-Schalters aufrufen.

Richtig nützlich wird die Sache, wenn man in Eile ist und auf seinem Smartphone etwas nachschlägt: Eine Adresse auf einer Webseite, einen Telefonbucheintrag, eine Information aus einer empfangenen Mail. Dinge, die man zwar in dieser Sekunde auf seinem Smartphone einblendet, die man aber im Evernote-Archiv »aufheben« will. Doch im Moment regnet es, man hat einen Termin, bis man abends sich wieder an alles erinnert, die Information rausfischt, sauber in Evernote einträgt … das alles kostet zusätzliche Zeit. Abends genügt es, die Bildschirmfotos kurz zu markieren und an seine Evernote-Mailadresse (siehe oben) zu senden – in einem Rutsch ist alles archiviert.

Kapitel 8

Apps und Erweiterungen

Es gibt bereits Hunderte von Apps, die sehr gut mit Evernote zusammenarbeiten – und täglich werden es mehr. Es würde den Rahmen dieser Einführung sprengen, wenn alle entsprechende Software aufgezählt werden
sollte (in Abschnitt 9.10 finden Sie weiterführende Links). Auf einige
besonders interessante Programme, die ihre Stärken im mobilen Alltag
unter Beweis stellen, möchte ich in diesem Kapitel aber eingehen.

8.1   Beispiele aus der Welt der Apps

8.1.1   Für Whiteboards und Flipcharts: Genius Scan (Android, iPhone)

Für Smartphones gibt es recht viele Anwendungen, die einen Scanner
ersetzen sollen. Ein Merkmal dieser Apps ist, dass sie perspektivische Verzerrungen aufheben können (z.B. Trapezformen, wenn man ein Schrift-
stück von schräg oben oder eine Tafel von der Seite aus fotografiert). Wer
ein Android-Smartphone oder ein iPhone besitzt, sollte sich einmal die
kostenlose App Genius Scan näher ansehen (*http://www.thegrizzlylabs.
com/*):

▸ Verzerrungen werden automatisch erkannt, können aber auch manuell
  korrigiert werden.

▸ Neben dem Farbfotomodus gibt es einen Schwarz-Weiß-Modus, der
  wesentlich kleinere Dateien erzeugt.

▸ Der Versand an Evernote (als Bild) klappt problemlos via Evernote-Mailadresse.

▸ Es können mehrere Dokumente zu einem einzigen PDF »geheftet« und
  in der Evernote-App geöffnet werden.

Für ein paar Euro gibt es eine Plus-Version, die direkt nach Evernote exportieren kann, aber Sie haben ja schon gesehen, dass dies auch via Mailversand möglich ist. Besonders nützlich ist so ein Scanprogramm auf Tagungen und Workshops, bei denen mit Flipcharts, Karten, Tafeln usw.
gearbeitet wird. Da kann man sich nicht immer frontal aufstellen, um ein
Whiteboard-Foto zu schießen. Mit Genius Scan erzielt man ein recht pas-
sables Ergebnis, auch wenn man von seinem Sitzplatz aus aufnimmt.

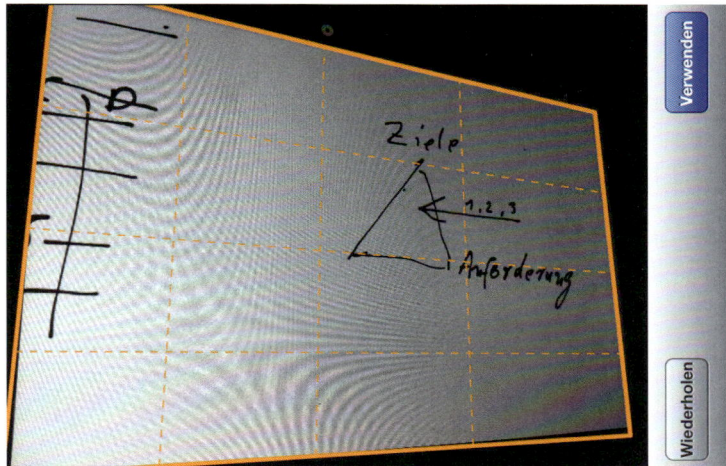

Abb. 8.1: *Mit Genius Scan Whiteboards aufnehmen*

8.1.2 Für Skizzen auf dem Smartphone: neu.Notes (iPhone, iPad)

Fotos, Audio und »getippter« Text sind mit der Evernote-App kein Problem. Aber manchmal wäre eine kleine Skizze gut oder man möchte auf einem Foto schnell noch ein paar Markierungen unterbringen. Nun gibt es zwar für das iPad aufgrund der großen Oberfläche tolle Zeichen- und Handschriften-Apps, bei den Smartphones ist allerdings naturgemäß alles eine Nummer kleiner. Aber auch für diese Geräte lassen sich recht pfiffige Skizzen-Apps finden. Beispielhaft sei hier für das iPhone die Software neu.Notes (*http://www.neupen.com/*, 1,79 €) genannt:

▸ Die Schreibfläche ist erweiterbar und scrollbar – es steht also sehr viel mehr Raum zur Verfügung als nur die Bildschirmgröße des Smartphones.

▸ Sie können die Fläche zoomen, also beispielsweise ein kleines Quadrat zeichnen, vergrößern, in das Quadrat schreiben usw.

▸ Neben Strichen, geometrischen Figuren und kleinen Icons können auch Texteingabefelder platziert werden.

- ▸ Für handschriftliche Einträge steht ein Lupenfenster zur Verfügung.
- ▸ Besonders nützlich: Es lassen sich Fotos laden bzw. einbetten, Sie können direkt auf den Grafiken zeichnen.
- ▸ Google Maps ist integriert – der gewünschte Kartenausschnitt landet direkt in neu.Notes und lässt sich mit Anmerkungen versehen.

Das Endprodukt kann – via persönliche Evernote-Mailadresse – an Evernote verschickt werden. Und zwar, neben PNG und JPG, auch als PDF mit Vektorelementen, sodass verlustfreies Zoomen möglich ist und das Ganze auch auf einem großen Monitor gut lesbar ist.

Abb. 8.2: *neu.Notes – Fotos und Karten lassen sich mit Anmerkungen versehen*

Alternativ:

Den bei iPad-Besitzern beliebte Editor Notability gibt es inzwischen auch für das iPhone – zahlreiche Funktionen, die auf der Homepage gut dargestellt werden: *http://www.gingerlabs.com/*.

8.1.3   Drafts für blitzschnelle Notizen (iPhone, iPad)

Drafts (*http://agiletortoise.com/drafts/*, 2,69 €) nutze ich auf dem iPhone ausgesprochen gerne, da diese App ideal für die schnelle Notizerfassung ist. Sofort nach dem Aufruf kann man mit der Texteingabe beginnen. Ist man fertig, so genügt ein einziger »Fingerklick«, um das Geschriebene an eine bestimmte Evernote-Notiz anzuhängen. Gleichzeitig verschwindet der Text und man kann die nächste Notiz anlegen.

Abb. 8.3: *Drafts erfasst Notizen sehr schnell*

Die App leistet mir insbesondere am Beginn eines neuen Projekts gute Dienste. Oft kommen mir unterwegs Einfälle, die ich nur als Stichpunkte festhalten möchte. Statt vieler einzelner Notizen lege ich für diese Fälle eine »Sammelnotiz« in Evernote an. Gleichzeitig konfiguriere ich Drafts so, dass derartige Sammelnotizen als Menüpunkte eingeblendet werden.

Die Konfiguration erfolgt in Drafts über sogenannte »Evernote Actions«. Titel, Notizbuch und Schlagwörter können vergeben werden. Insbesondere kann man als Voreinstellung wählen, ob eine neue Notiz anlegen oder eine bestehende Notiz ergänzen möchte.

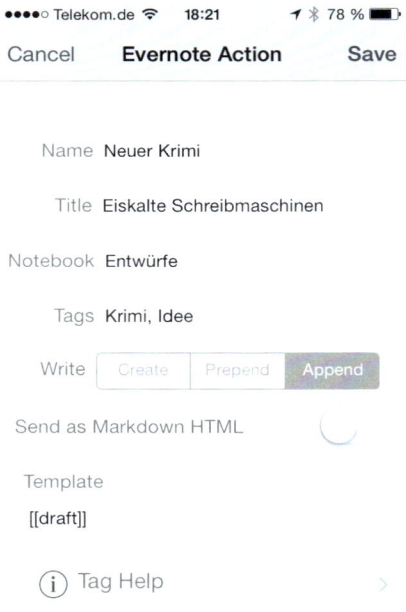

Abb. 8.4: Drafts für Evernote konfigurieren

Drafts arbeitet auch mit Safari oder Dropbox zusammen. Durch das Gestalten von Vorlagen mit Platzhaltern gibt es umfangreiche Einsatzmöglichkeiten im Alltag.

8.1.4   Feed-Artikel an Evernote senden: Mr. Reader und Feedly (iPad, iPhone und Android)

Feeds sind eine wunderbare Angelegenheit: Anstatt mühsam seine Lieblingsseiten im Web aufzusuchen, landen neue Beiträge automatisch an einer »Sammelstelle«. Diese Sammelstelle wurde über lange Jahre vom Google Reader verwaltet, dieser Dienst wurde allerdings im Sommer 2013 eingestellt. Andere Dienste sprangen in die Bresche, der bekannteste Dienst ist Feedly (die App gibt es für iPhone, iPad und Android; *http://feedly.com*), der in seiner Pro-Version eine gesonderte Schnittstelle zu Evernote aufweist. Alternativ können Sie die kostenlose Version mit dem Dienst IFTTT (*http://ifttt.com*, siehe Abschnitt 10.11) verbinden und markierte Artikel auf diese Weise an Evernote übergeben.

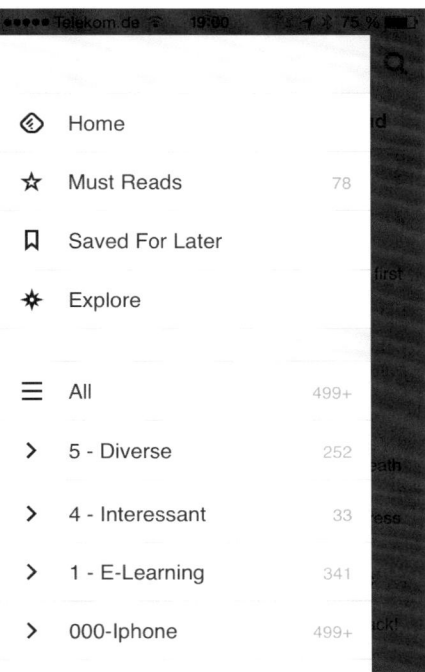

Abb. 8.5: *Mit Feedly Informationen bündeln*

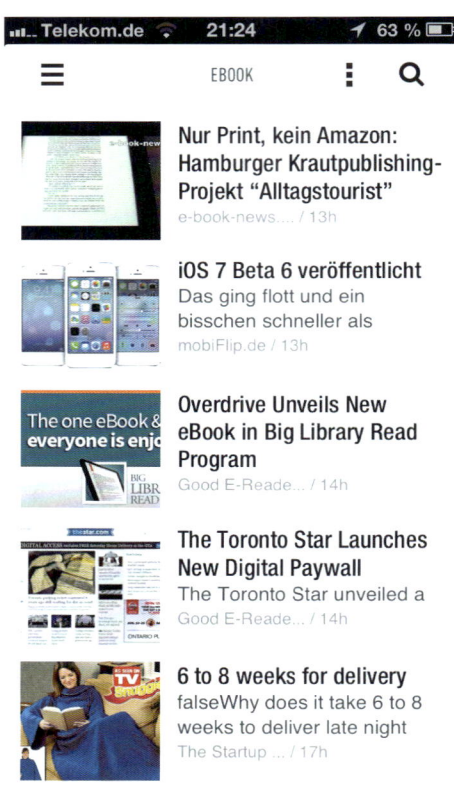

Abb. 8.6: *… und an Pocket oder Evernote senden*

Gleichgültig, ob Sie Feeds Ihrer Hochschulseite, Ihres Sportmagazins oder eines Nachrichtenangebots abonnieren – alles kommt hübsch sortiert in Ihren Ordnern an.

Die Nutzung solcher Feeds ist durch mobile Apps wie Flipboard, Pulse oder Reeder in den letzten Jahren explosionsartig angestiegen, die meisten dieser Apps haben auch direkte Exportmöglichkeiten nach Evernote, wie z.B. die bekannte App Reeder (*http://reederapp.com/*), oder es lassen sich zumindest per Mailversand einzelne Artikel an Evernote schicken und dort archivieren. Das Schöne daran ist, dass die Artikel bereits »bereinigt« – also meist als Text plus Illustrationen – in Evernote landen und so auch dort ein sauberes Bild bieten.

Eine iPad-App aus Berlin ist bezüglich der Evernote-Integration vorbildlich: Mr. Reader (*http://www.curioustimes.de/mrreader/*; 2,99 Euro). Diese App ermöglicht sogar, dass Sie vor dem Versenden eines Feed-Artikels das Notizbuch auswählen, Schlagwörter vergeben und zusätzliche Notizen anfügen – der Export selbst ist ebenfalls ungewöhnlich schnell. Zu Recht ist diese App immer ganz vorn in den Charts gelistet.

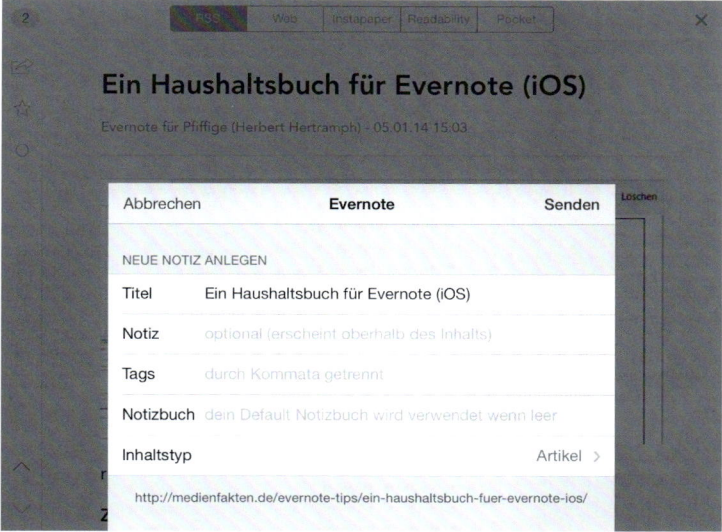

Abb. 8.7: *Mr. Reader sendet Feed-Artikel an Evernote*

8.1.5   Mit Evernote in der Buchhandlung (Android, iPhone)

Die Frankfurter Buchmesse hat ihre Pforten geöffnet oder das Weihnachtsgeschäft naht – explosionsartig wachsen die Bücherberge in den Buchhandlungen. Schöne Einbände, originelle Titel, spannende Klappentexte – jetzt sollte man Zeit zum Schmökern haben und nach vier Stunden strahlend den Heimweg mit einem ganzen Stapel Bücher antreten. Aber in der

Hektik des Alltags hat man so viel Zeit und Ruhe eher selten – und sich dann noch für das richtige Buch zu entscheiden, ist auch nicht so einfach. Vielleicht doch noch mal zu Hause überlegen, ob die gewünschten Titel wirklich die Geldausgabe wert sind oder sich wirklich als Weihnachtsgeschenk eignen?

Abb. 8.8: *Buchtitel an Evernote senden*

Nun, was man natürlich problemlos machen könnte: Einfach mit der Evernote-App Fotos im Buchladen als Gedächtnisstütze aufnehmen und zu

Hause die Titel z.B. in Google eintippen, um Besprechungen zu finden. Aber wenn Sie schon ein Smartphone besitzen, geht es sogar noch einen Tick eleganter. Sie greifen beispielsweise zur kostenlosen Amazon-App und halten Ihr Phone nur kurz über den ISBN-Strichcode einer Buchrückseite. Schon wird das Buch bei Amazon gefunden. Der Trick ist nun, auf den Button rechts oben zu klicken – damit können Sie den Link an Ihre Evernote-Adresse (die Sie ohnehin standardmäßig in Ihren Kontakten vorrätig haben sollten) senden. So finden Sie in Ihrem Evernote dann Notizzettel, die nicht nur Cover, Titel und Preis enthalten, sondern auch anklickbare Links (zum Amazon-Angebot), die Ihnen das Tippen ersparen.

Wenn Sie noch einen Schritt weitergehen wollen, vergeben Sie – nach Durchsicht der Besprechungen – den verbliebenen Notizzetteln das Stichwort »Weihnachtsgeschenke« und haben damit ohne weitere Arbeit direkt einen Einkaufszettel auf Ihrem Smartphone für den nächsten Citybummel.

8.1.6 Mit dem Tablet in die Besprechung

Ob iPad, Android-Tablet oder Microsoft Surface – die Bedienung mit dem Finger steht im Vordergrund. Allerdings hat sich seit den ersten Tablets doch recht bald gezeigt, dass für Skizzen oder handschriftliche Texte ein Stift sehr nützlich ist. Insbesondere weil es viele Apps gibt, die speziell für Mitschriften entwickelt wurden.

Evernote selbst hat die Nummer eins der Apps auf dem iPad-Markt kurzerhand gekauft: Penultimate (siehe Abschnitt 8.3.2). Zum Glück gehört Evernote nicht zu jenen Unternehmen, die einen Kauf tätigen, um eine Firma zu schließen – Penultimate hat alle Freiheiten, seinen eigenen Weg zu gehen. Aber natürlich synchronisiert die App mit Evernote.

Dank der neuen Stifte wie etwa dem Bamboo Stylus von Wacom oder Jot Script von Adonit kann man also fast wie auf Papier schreiben. Das wirkt sich sehr wohltuend bei Besprechungen aus: Die Teilnehmer sitzen nicht mehr hinter aufgeklappten Monitoren, man kann sich ansehen und auf den Sprecher konzentrieren. Dieser wiederum wird dankbar dafür sein, wenn er nicht das permanente Geklapper von Tasten hört, sondern das Gefühl hat, dass die Zuhörer mit-»schreiben«.

Die handschriftlichen Notizen können anschließend sofort nach Evernote exportiert werden, sogar im PDF-Format und bei manchen Programmen in einer Vektorvariante, die beliebig große Zoomstufen zulässt. Und wie schon mehrfach erwähnt: Evernote kann auch Handschriften entziffern, sofern diese noch einigermaßen lesbar sind, und für Suchvorgänge zur Verfügung stellen. Aber natürlich können Sie später in Evernote auch ein paar Zeilen dazutippen, wenn Sie auf Nummer sicher gehen wollen.

Und da Tablets auch über Kameras verfügen, können Flipcharts und Whiteboards abfotografiert werden, die PDF-Vorlagen können direkt an Evernote übergeben werden.

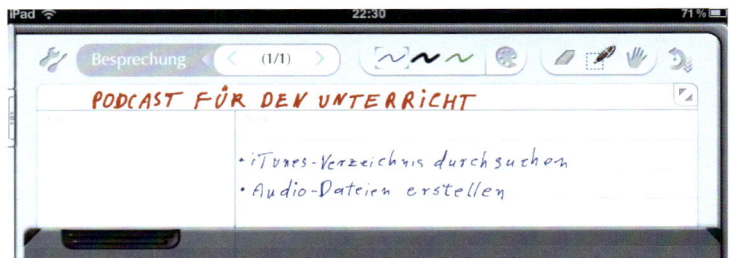

Abb. 8.9: *Mit Notes Plus handschriftliche Notizen an Evernote schicken*

8.2 Klarer lesen – mit Clearly, Pocket & Co.

Im World Wide Web finden sich viele hervorragende Inhalte – allerdings oft umrahmt von Menüpunkten, Werbekästen, Börsenkursen, Linklisten usw. Daher gibt es schon länger Ergänzungen und Erweiterungen für alle Browser, die versuchen, einen Text möglichst »ballastfrei« zur Verfügung zu stellen. Die Ergebnisse können sich sehen lassen: Meist wirkt ein Artikel dann wie eine (E-Book-)Seite, ist gut lesbar und frei von ablenkenden Inhalten. Evernote selbst bietet mit Clearly eine Lösung an, die sich hervorragend im Alltag bewährt hat. Es lohnt aber auch der Blick auf weitere Dienste, die jeweils ihre eigenen Vorteile haben.

8.2.1 Clearly – Vorhang auf!

Der Vergleich mit einem Vorhang bietet sich an, weil die Browsererweiterung Clearly (*http://evernote.com/clearly/*) mit einer kleinen Animation den »klaren« Text über die vorhandene Webseite »schiebt« – und nach getaner Arbeit wieder »zurückschiebt«.

Abb. 8.10: *Originalwebseite …*

Schlüssel zu sicherer Ernährung

SetzlingeBildinformationen

Die ländlichen Räume der Entwicklungsländer sind der Schlüssel zur Ernährungssicherung. Dort sind die meisten Menschen von der Landwirtschaft abhängig – Kleinbauernfamilien, Hirten, Fischer, Tagelöhner. Bislang erwirtschaften sie zumeist kaum das, was sie selbst zum Überleben benötigen. Hier müssen wir sie unterstützen, mehr zu produzieren. In der kleinbäuerlichen Landwirtschaft liegen auch die größten Potenziale, um zukünftig ausreichend Nahrung für die wachsende Weltbevölkerung zu produzieren. Allerdings wurden die ländlichen Regionen lange vernachlässigt. Das ist eine Ursache dafür, dass in diesen Regionen weltweit die meisten Armen und Hungernden leben.

Es gibt viele Gründe, in die Ernährungssicherung zu investieren: Hunger bringt menschliches Leid. Hunger untergräbt politische und soziale Stabilität, gefährdet Frieden und Sicherheit. Das Recht auf angemessene Ernährung ist ein Menschenrecht, verankert im Internationalen Pakt für wirtschaftliche, soziale und kulturelle Rechte (UN-Sozialpakt) von 1976. Darüber hinaus hat sich Deutschland als UN-Mitglied dem Millenniumsentwicklungsziel der Vereinten Nationen verpflichtet, Hunger und Armut in der Welt bis 2015 zu halbieren. Länder wie Ghana, Ecuador, Peru, Armenien und Vietnam zeigen, dass dies möglich ist. In anderen Ländern besteht weiterhin Handlungsbedarf.

Abb. 8.11: *Darstellung durch Clearly*

Clearly gibt es momentan für die Browser Firefox und Chrome; aber auch für Freunde von Internet Explorer, Safari oder Opera werden in diesem Abschnitt Dienste vorgestellt, die ähnliche Möglichkeiten bieten.

Sie können also zunächst den aktuellen Text einer Webseite in einem besseren Format lesen. Wenn Sie diesen Text auch archivieren möchten, genügt ein Klick auf das kleine Evernote-Icon in der rechten Seitenleiste.

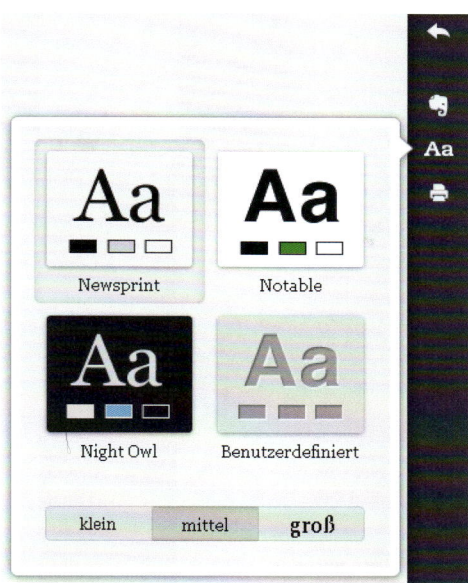

Abb. 8.12: *Layout auswählen oder Artikel an Evernote senden*

Unter dem Elefantenkopf befinden sich die Buchstaben »Aa«. Mit diesem Menüpunkt können Sie nicht nur die Schriftgröße rasch verändern, auch Fonts und Hintergründe lassen sich mit einem Klick auswählen. Sie können sich also aussuchen, ob Sie lieber eine »zeitungsähnliche« Darstellung haben möchten (Serifenschrift auf hellgrauem Hintergrund), es kontrastreich lieben (etwa bei hellem Sonnenlicht) oder abends einen »Nachtmodus« bevorzugen, damit der Bildschirm nicht zu sehr blendet und die Augen anstrengt.

Besonders nützlich ist die neue Funktion, Texte in Clearly farbig markieren zu können. Diese Markierungen bleiben in Evernote erhalten, sodass Sie beim späteren Nachschlagen sofort zentrale Textpassagen im Blick haben.

Unbeachtet bleibt meist die vierte Option – BENUTZERDEFINIERT. Im Einstellungsmenü von Clearly (aufrufbar über den Browsermenüpunkt ADD-ONS, CLEARLY, EINSTELLUNGEN) verbergen sich viele Feinjustierungen. Damit kann man sich sein individuelles Layout zusammenstellen, ganz abgestimmt auf den eigenen Bildschirm, Lichtverhältnisse, Sehgewohnheiten usw. Einstellbar sind

‣ Schriftart und Schriftfarbe,

‣ Hintergrundfarbe,

‣ Zeilenhöhe/Durchschuss,

‣ Zeilenbreite,

‣ Blocksatz usw.

Ebenso lassen sich individuelle Einstellungen für die Druckfunktion vorgeben, z.B. dass keine Grafiken ausgedruckt werden sollen. Wer sich mit CSS etwas auskennt, der kann sogar noch feinere Einstellungen vornehmen – bis hin zum Einblenden eines Firmenlogos (nett, um z.B. aus spröden Webseiten ein individuelles PDF-Dokument zu erstellen).

Mit dem zweiten Menüpunkt OPTIONEN (linke Sidebar) können Tastenkombinationen für den Aufruf von Clearly individuell definiert und ein Standardschlagwort für die Speicherung in Evernote festgelegt werden (z.B. »Archiv«).

Inzwischen wurde Clearly um eine weitere Funktionen ergänzt: Sie können sich den Text vorlesen lassen (das klingt übrigens gar nicht mal so hölzern).

Abb. 8.13: *Clearly bietet viele Möglichkeiten der Anpassung*

8.2.2 Pocket, ein Dienst für alle Fälle

Neben Clearly gibt es noch andere Dienste, die Webinhalte als »bereinigte« Seiten für ein späteres Lesen zur Verfügung stellen. Denn viele Internetnutzer haben das gleiche Problem: Beim Surfen entdeckt man eine interessante Information, hat aber gerade keine Zeit, sich dem Inhalt zu widmen. Die Namen der bekanntesten Vertreter solcher »Später lesen«-

Dienste sind Readability (*http://readability.com/*), Instapaper (*http://www.instapaper.com/*) und Pocket (*http://getpocket.com/*). Wir werden uns im Folgenden die Vorteile des Dienstes Pocket in der Zusammenarbeit mit Evernote näher anschauen.

Pocket ist im Web das, was man einen »alten Bekannten« nennt – bis 2012 trug der Dienst den Namen Read It Later und konnte via Browsererweiterung Texte von Webseiten aufnehmen. Durch den Siegeszug von Smartphone und Tablet erweiterte der Dienst sein Spektrum z.B. auf Videos, rüstete auch optisch um und gab sich den Namen Pocket.

Abb. 8.14: *Gespeicherte Artikel werden in Pocket als Magazin dargestellt*

Die Besonderheit von Pocket ist, dass es den ersten Darstellungsschritt – die Anzeige der bereinigten Seite – überspringt und eine Seite fast »unbemerkt« in sein Archiv aufnimmt, eben nicht zum »Jetzt lesen«, sondern zum »Später lesen«. Ein kurzer Klick auf das Icon einer Browsererweiterung (oder das Auswählen eines Bookmarklets bei mobilen Geräten) genügt, sofort wird der Link an den Dienst übergeben. Diese Übergabe geschieht außerordentlich schnell, weil die eigentliche Formatierung auf den Servern von Pocket geschieht, während der Anwender schon längst weiter auf anderen Seiten surft. Auf diese Weise entsteht ein »Lesearchiv«, das auch offline zur Verfügung steht.

Besonders »aufhebenswerte« Artikel lassen sich bei den mobilen Anwendungen von Pocket, die es für Android-Smartphones, iPhones und iPads kostenlos gibt, direkt an Evernote weiterleiten.

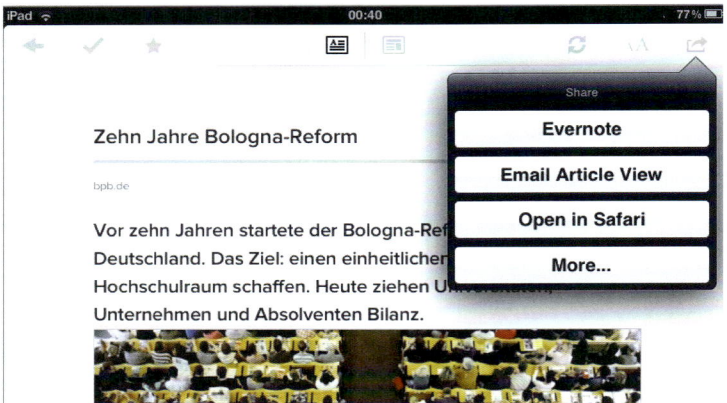

Abb. 8.15: Von Pocket an Evernote auf Fingerdruck

Eine typische Alltagssituation ist, dass man während der Recherche zu einem Thema auf eine Webseite kommt, deren Inhalt zwar interessant ist – etwa ein tagespolitisches Ereignis –, aber das Lesen in diesem Moment ablenken würde oder einem die Zeit dazu fehlt. Mit einem Klick kann man die Seite vergessen und in seiner Recherche fortfahren. Da eine Synchronisation mit allen mobilen Geräten möglich ist, kann man den Inhalt z.B. bequem auf der Heimfahrt im Zug auf seinem Smartphone lesen, was auch ohne Internetverbindung möglich ist. Oder am nächsten Morgen auf seinem Tablet beim Frühstück (obwohl man sich beim Frühstück lieber mit seinem Gegenüber unterhalten sollte).

Auch der umgekehrte Weg funktioniert: Unterwegs entdeckt man einen interessanten Artikel, tippt in seinem Smartphone-Browser kurz auf das Pocket-Icon und liest den Inhalt später auf dem großen Bildschirm im Büro.

Natürlich ist dieses ganze Vorgehen auch direkt mit Evernote, Clearly oder dem Web Clipper umsetzbar. Trotzdem macht es in vielen Fällen Sinn, Evernote einen zweiten Lesedienst zur Seite zu stellen:

‣ Evernote sollte in erster Linie ein Dienst für die etwas »wertvolleren« Inhalte sein. Wenn Sie täglich fünf politische Artikel archivieren, die Sie nur einmal kurz überfliegen, müssen Sie Evernote immer wieder »entrümpeln«, damit Ihnen nicht der Blick auf wichtigere Notizen versperrt wird.

‣ Pocket können Sie nach dem Motto nutzen: Später anschauen, hat sich der Text erledigt und wird nicht weiter gebraucht, wandert er automatisch beim Pocket-Dienst in einen Archivbereich.

‣ Ist unter den »Später lesen«-Beiträgen aber doch ein Inhalt, den Sie wichtig finden, genügt bei den mobilen Pocket-Apps ein Fingertip auf den bekannten »Weitergabepfeil« – Evernote ist bereits als »Empfangsdienst« eingebaut!

‣ Während der Aufbau der Evernote-Apps auf das schnelle Finden und Organisieren von Information ausgerichtet ist, liegt der Schwerpunkt bei Pocket auf dem »schnellen Blättern«. Sie erhalten das Gefühl eines E-Books und haben auch große Textmengen rasch durchgeschaut.

Allerdings arbeitet Evernote gerade daran, bei seiner Software E-Book-ähnliche Darstellungen zu ermöglichen – man darf gespannt sein!

8.3   Evernote ist nicht allein: Die Evernote-Familie

Zwar steht das »pure« Evernote-Programm im Mittelpunkt dieses Buches, aber das Unternehmen hat inzwischen eine Reihe zusätzlicher Programme entwickelt oder erworben, die sehr gut mit dem Notizentool zusammenarbeiten. Der Blick auf die einzelnen Programme lohnt daher.

8.3.1   Skitch – Screenshots rasch markiert (Mac, iPad, Android)

Skitch (*http://evernote.com/skitch/*) ist ein alter Bekannter im Mac-Bereich, Evernote hat die Software übernommen und stellt sie kostenlos zur Verfügung. Inzwischen gibt es das Screenshotprogramm in Variationen für alle Betriebssysteme: Windows, Mac, iPhone und iPad, Android. Zwar ist es weiterhin ein eigenständiges Programm, kann aber direkt aus Evernote heraus gestartet werden.

Eigentlich kann die Desktopanwendung von Evernote selbst Screenshots erzeugen und speichern, doch bei Skitch wird eine Reihe von sehr nützlichen Markierungswerkzeugen mitgeliefert: Pfeile, Textboxen, Umrahmungen usw.

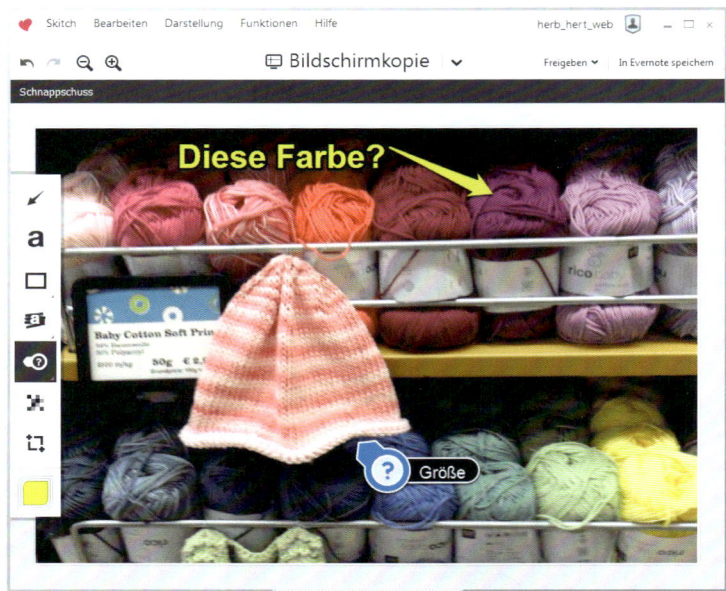

Abb. 8.16: *Mit Skitch Grafiken und PDF-Dokumente markieren*

Neben Markierungselementen, die man auch in anderen Screenshotprogrammen findet, erweisen sich insbesondere die »Kreise mit Pfeil« sehr flexibel. Nach der Auswahl können Sie mit einem zweiten Klick die Pfeilrichtung bzw. das Textfeld ändern. Damit können Sie beispielsweise recht präzise beschreiben, wo genau was geändert werden soll, ohne dass die Hinweise sehr viel Platz beanspruchen würden.

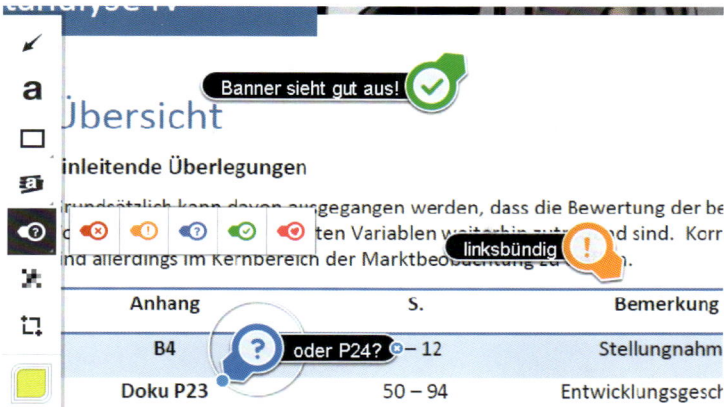

Abb. 8.17: Informationen mit Pfeilen markieren

Wenn Sie also beispielsweise einen Kartenausschnitt von Google Maps einfangen, können Sie noch kurz den Weg zur Grillparty markieren – und ab damit ins Evernote-Archiv. Oder auf dem Foto vom Whiteboard werden wichtige Punkte umrahmt, ein Scan mit einer Notiz versehen, etwas per »Leuchtstift« hervorgehoben usw.

PDF-Dokumente mit Skitch bearbeiten

Ursprünglich diente Skitch lediglich zum Bearbeiten von Grafikdateien, also z.B. Bildschirm- oder Smartphone-Fotos. Neu ist die Möglichkeit, auch PDF-Dateien auf die gleiche Weise markieren zu können. Dabei kann es sich um ein mehrseitiges Dokument handeln. Die Datei kann direkt aus Evernote heraus aufgerufen werden. So wurde das PDF-Beispiel der Abbildung zunächst in der Evernote-Notiz (hier: in der iPad-Anwendung) aufgerufen und mit dem »Herzsymbol« an Skitch übergeben.

Hinweis

Das Bearbeiten von PDF-Dokumenten ist momentan zwar ein Premium-Feature, steht aber auch Inhabern von kostenlosen Accounts für einen Testzeitraum von 30 Tagen zur Verfügung. Es gibt Überlegungen bei Evernote, diese Funktion unbegrenzt für alle Accounts zur Verfügung zu stellen.

Abb. 8.18: *PDF-Dokumente an Skitch weiterleiten …*

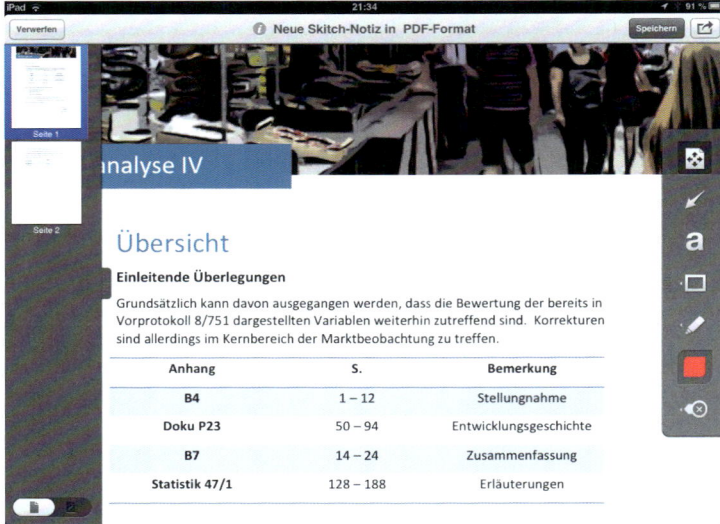

Abb. 8.19: *… dort bearbeiten …*

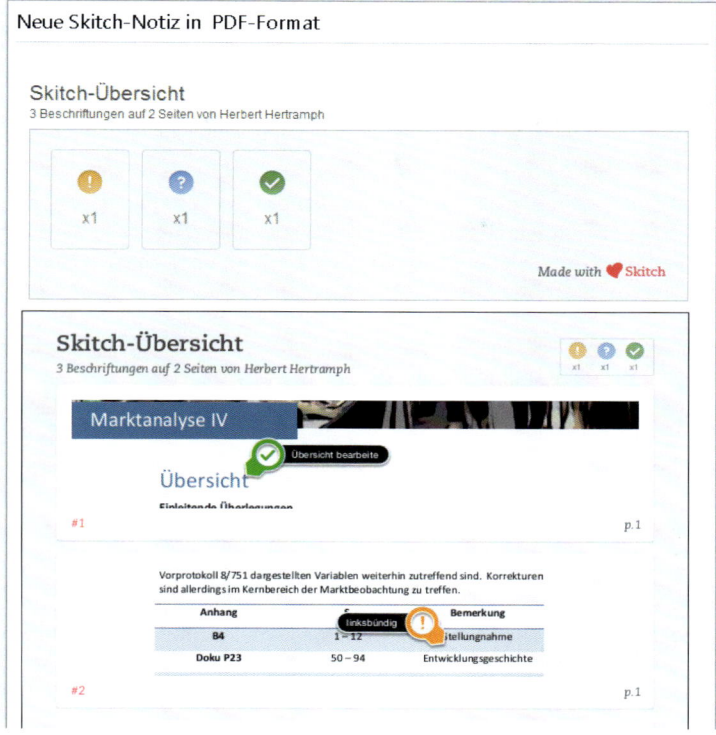

Abb. 8.20: *… und in Evernote speichern*

Grundsätzlich können PDF-Seiten genauso bearbeitet werden, wie man das von der Bearbeitung von Grafiken gewohnt ist. Der Unterschied zeigt sich nach der Speicherung in Evernote:

▸ »Über« dem PDF-Dokument finden Sie in der Notiz nun eine kleine Legende mit Angaben zum Bearbeiter und der Anzahl von Markierungen

▸ Auch das Dokument selbst hat eine zusätzliche Seite erhalten; diese weist eine Art »Schnellübersicht« auf mit Ausschnitten und Seitenangaben der vorgenommenen Markierungen.

‣ Diese Ausschnitte wirken wie ein »verlinktes Inhaltsverzeichnis«: Klicken Sie auf einen Vorschauschnipsel, wird direkt zu der markierten Stelle in der Datei gesprungen.

Das beschriebene neue Indexblatt bleibt übrigens samt Verlinkungen erhalten, auch dann, wenn Sie die Datei aus der Notiz lösen und z.B. per Mail verschicken.

Gerade für Arbeiten, die Design- oder Layoutfragen betreffen, eignet sich dieses Markierungsverfahren sehr gut. So können Sie beispielsweise bei der Gestaltung eines neuen Webauftritts auch umfangreichere Materialien detailliert besprechen.

Tipp

Bei Abbildung 8.19 sehen Sie unten links in der Ecke einen kleinen Umschalter. Dessen Bedeutung:

‣ links eingestellt = alle Seiten des Dokuments werden angezeigt,

‣ rechts eingestellt = nur Seiten mit Markierungen werden eingeblendet

---

Freigabemöglichkeiten nutzen

Da bearbeitete Grafiken bzw. PDF-Dokumente in Evernote aufgenommen werden, können Sie zu einem späteren Zeitpunkt die entsprechende Notiz freigeben, z.B. für Ihr Team, oder als offenen Weblink (siehe Abschnitt 4.3) weitergeben.

Diese Freigabe können Sie aber auch direkt in Skitch vornehmen, ohne den Umweg über Evernote gehen zu müssen. Mit dem Menüpunkt FREIGEBEN senden Sie die Grafik z.B. an Facebook oder Twitter oder senden per Mail einen entsprechenden Link. In der Praxis erweist sich diese rasche Freigabemöglichkeit als ausgesprochen nützlich: Oft hat man eine Frage zu einem Computerproblem. Dann einfach einen Screenshot mit Skitch anfertigen, z.B. von der Fehlermeldung, und den Link über Twitter posten. So muss man keine großen (Text-)Erklärungen liefern und erhält rasch Hilfe.

Abb. 8.21: Sofort zur Ansicht freigeben

Ebenso nützlich ist die Freigabemöglichkeit in Foren, die meist nicht das Hochladen von Grafikdateien auf den Server erlauben. Gestattet ist hingegen meist ein Link zu einem Bild, das auf einem anderen Server liegt, sodass man oft zu – werbelastigen – Bilderdiensten greift. Das erspart Ihnen Skitch, denn nicht nur die Notiz insgesamt erhält einen Link, der gewissermaßen die Grafik mit »Informationsrahmen« anzeigt. Sie können nach Aufruf der freigegebenen Notiz die eingebettete Grafik direkt verlinken (also den Link zu einer PNG- oder JPG-Grafikdatei erhalten), indem Sie entweder die Grafik anklicken oder in Ihrem Webbrowser mit der rechten Maustaste klicken und den Menüpunkt Grafikadresse kopieren (so bei Firefox, bei Chrome oder Internet Explorer lautet der Punkt etwas anders) auswählen.

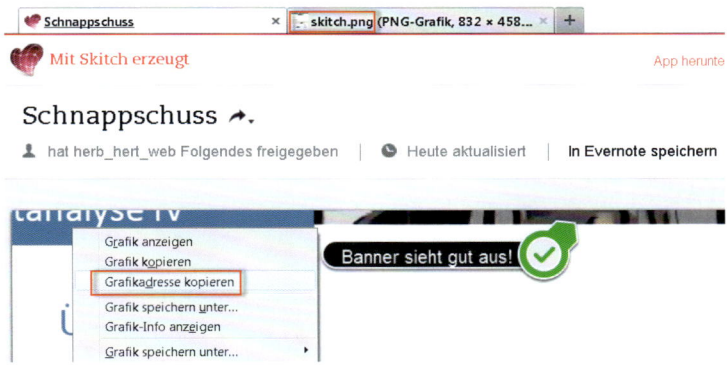

Abb. 8.22: Direkter Link zur Grafik

Skitch mit und ohne Verknüpfung

Wenn Sie in Skitch eine Grafik erstellen und anschließend in Evernote speichern, erhält die neue Notiz eine pinkfarbene Banderole mit der Aufschrift MIT SKITCH MARKIEREN und einem kleinen Bleistift für die Editierfunktion.

Abb. 8.23: *Fest mit Skitch verknüpft*

Ähnlich wie bei anderen Evernote »Zweitanwendungen« (Food und Hello, siehe Abschnitt 8.3) bedeutet dies: Das Notizblatt kann nicht mehr auf die gewohnte Weise *innerhalb* von Evernote bearbeitet oder ergänzt werden. Über das Bleistiftsymbol in der Banderole wird vielmehr Skitch als externes Programm aufgerufen, um Änderungen vorzunehmen. Der Vorteil: Bereits mit Skitch vorgenommene Markierungen lassen sich weiterhin verändern, z.B. lässt sich ein Pfeil verschieben oder man kann einer Markierung eine andere Farbe geben und anschließend die Änderung in Evernote »zurückspeichern«.

Manchmal ist allerdings mehr Flexibilität erwünscht, um etwa direkt in der Notiz einen Text anzufügen oder eine weitere Grafik aufzunehmen.

In diesem Fall erstellen Sie die erste Grafik nicht in Skitch, sondern direkt in Evernote auf die gewohnte Weise. Sie kopieren z.B. ein Foto in die Notiz.

Anschließend markieren Sie diese Grafik mit der Maus und klicken mit der rechten Maustaste, um das Kontextmenü aufzurufen. Es erscheint der Punkt MIT SKITCH MARKIEREN. Auch jetzt wird wieder Skitch mit seinen Funktionen aufgerufen, Sie kann die gewünschten Markierungen vornehmen und das Resultat in Evernote speichern. Nur erscheint diesmal nicht die oben erwähnte Banderole. Sie können das Notizblatt also verändern und ergänzen. Allerdings ist die Markierung nun fester Bestandteil der Grafik – entsprechend können Sie später nicht mehr den eingefügten Pfeil verschieben oder die Farbe ändern.

Von Evernote zu Skitch

Inzwischen kann man, zumindest unter Android und iOS, die anderen Systeme werden folgen, auch eine »normale« Evernote-Notiz in Skitch bearbeiten, also eine Notiz, die z.B. nur Text oder Text und Grafiken enthält. Im Prinzip wird dieser Inhalt zu einer PDF-Datei umgewandelt, dann in Skitch markiert und als neue Notiz samt markierter PDF-Datei wieder in Evernote aufgenommen. Ob dieses Hin und Her alltagstauglich ist und in dieser Form endgültigen Eingang in Evernote findet, wird sich noch zeigen müssen.

Abb. 8.24: *Keine Verknüpfung mit Skitch erfolgt*

Hinweis

Inzwischen integriert Evernote zunehmend Markierungsfunktionen in die Hauptanwendungen. Um aber rasch einen Screenshot freizugeben, ist Skitch aber noch immer ideal.

8.3.2 Penultimate – ein Skizzenblock für Evernote (iPad)

Penultimate (*http://evernote.com/penultimate/*, kostenlos) führt seit seinem Erscheinen die Charts der Notizprogramme auf dem iPad an und ist ein Programm für Menschen, die im analogen Leben gerne herkömmliche Notizbücher aus dem Hause Moleskine oder Field Notes benutzen. Mit der App kann man besonders gut kleine Skizzen erzeugen, etwas handschriftlich notieren – z.B. mit einem der vielen Stifte, genannt »Stylus«, die es inzwischen für das iPad gibt – oder markieren. Sogar Fotos können eingefügt und beschriftet werden. Alles wirkt sehr »papiermäßig«, ähnlich wie z.B. die Reisetagebücher, die man früher führte. Auch »Papierhintergründe« lassen sich verändern, z.B. Karos oder Notenlinien einblenden. 2012 übernahm Evernote zwar Penultimate, hat die weitere Entwicklung aber nicht beeinflusst, sondern lässt dem Entwickler freie Hand. Integriert ist die Übergabe von »Notizblättern« an Evernote, dort erscheinen sie dann als Grafiken und können – wie alle anderen Bilder – via OCR durchsucht werden.

Es können beliebig viele Notizbücher angelegt werden, sodass Sie Notizen leicht nach Themen trennen können (z.B. »Entwürfe«, »Protokolle«, »Tagung«). Über eine Thumbnail-Vorschau können Sie einzelne Seiten sehr einfach innerhalb eines Notizbuchs oder zwischen Notizbüchern verschieben.

Nicht nur einzelne Seiten, sondern auch ganze Notizbücher können an Evernote gesendet werden. Im zweiten Fall entsteht eine Einzelnotiz, die alle Blätter in Form von einzelnen Grafikdateien aufnimmt (JPEG-Format).

Penultimate ist zu Recht eine sehr beliebte Applikation, da alles sehr »smoothig« ineinandergreift. Sie überschüttet den Anwender nicht mit einer Menge von Funktionen, die im Alltag oft doch nicht genutzt werden.

Abb. 8.25: Mit Penultimate handschriftliche Notizen anfertigen ...

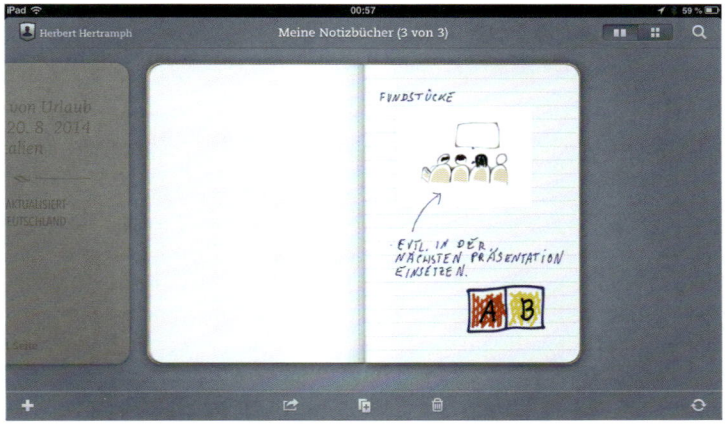

Abb. 8.26: ... in Notizbüchern speichern ...

Abb. 8.27: *… und mit Evernote synchronisieren*

Die mit Penultimate erzeugten Seiten werden automatisch mit Evernote synchronisiert und dort als Grafiken im Notizbuch PENULTIMATE abgelegt. So können Sie Ihre handschriftlichen Notizen innerhalb von Penultimate jederzeit ergänzen oder ändern – in Evernote finden Sie immer die aktuelle Version. Damit dieser Austausch technisch funktioniert, können die erzeugten Grafiken allerdings nicht direkt in Evernote editiert werden. Wer trotzdem mehr benötigt, z.B. eine vektorbasierte Umsetzung von Handschriften, dem empfehle ich einen Blick auf meine persönlichen Favoriten Notes Plus (*http://notesplusapp.com/*; 5,99 Euro) und UPad (*http://www.pockeysoft.com/*; 3,99 Euro oder kostenlose »Lite«-Version, mit Evernote-Anbindung).

8.3.3   Evernote Peek – Notizbücher werden zu Lernkarten (iPad)

Evernote Peek (https://evernote.com/intl/de/peek/) ist eine kostenlose App für das iPad, mit der sich auf pfiffige Weise Wissensstoff abfragen lässt. Dabei macht sich die App eine Eigenschaft der »Standardabdeckung« zunutze: Das sogenannte Smartcover, das durch die eingebauten Magnete iPad2 bzw. iPad3 automatisch ein- und ausschaltet, lässt sich mehrfach falten. Heben Sie nun nur den ersten Teil des Covers an, erfahren Sie die Frage und können über die Antwort nachdenken. Heben Sie die Abdeckung etwas weiter an, erscheint die Lösung und Sie können antippen, ob Sie richtig oder falsch lagen. Auf der Evernote-Seite wird der Vorgang recht gut illustriert:

Notizen als Lernmaterial
Geben Sie Notizen in Evernote ein und
wandeln Sie sie mit Evernote Peek in
Lernstoff um.

Pauken mit Spaß
Wenn Sie das Smart Cover leicht anheben,
sehen Sie die Frage. Heben Sie es weiter
an, erhalten Sie die Antwort. Schließen Sie
es, um den Stoff zu wiederholen.

Von Profis lernen
Lernen Sie mit Inhalten professioneller
Content-Anbieter dazu.

Abb. 8.28: Eigene Lernkarten mit Evernote erstellen

Wenn Sie eine andere iPad-Hülle verwenden, ist dies auch kein Problem –
das Programm stellt ein virtuelles Cover zur Verfügung, mit dem Sie den
Vorgang simulieren können.

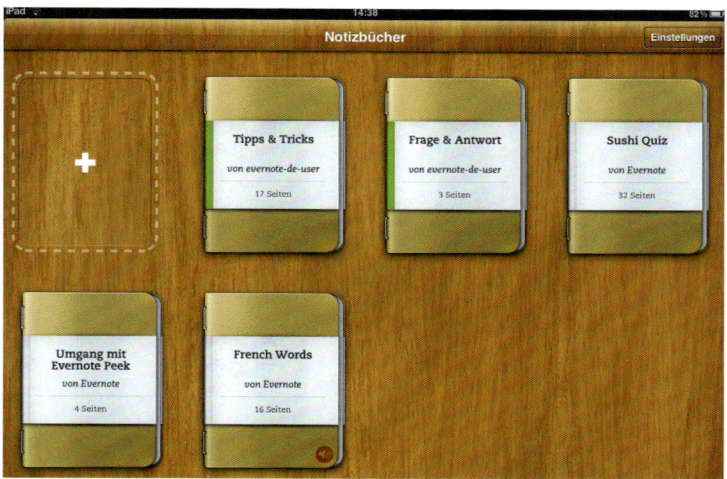

Abb. 8.29: Auch eigene Evernote-Notizbücher können zur Abfrage
herangezogen werden

Es gibt eine Anzahl fertiger »Lernbücher«, z.B. über geografische Themen
oder zum Sprachenlernen. Genial ist aber, dass man ganz bequem eigene
»Lernkarteien« einbinden kann. Dazu erstellen Sie einfach in Ihrer
gewohnten Evernote-Umgebung ein Notizbuch, sagen wir: »Fragen zum
Führerschein«, und gewähren der Peek-App den Zugang zum eigenen

Evernote-Account. Die Notizen in diesem Notizbuch ergeben dann die Lernkarten: Der Titel eines Notizblatts (etwa »Wer hat bei einer Kreuzung ohne Schilder Vorfahrt«) wird zur Frage, der Inhalt des Notizblatts (z.B. die Zeichnung einer Kreuzung) ergibt die Antwort. Auf diese Weise können auch Audiodateien, Grafiken und Videos in der Lösung erscheinen, was unzählige Möglichkeiten ergibt, die weit über einen Kartonkarteikasten hinausgehen.

Aber nicht nur Notizbücher des eigenen Evernote-Kontos können eingebunden werden, auch geteilte Notizbücher, die öffentlich oder im eigenen Account eingebunden sind, können genutzt werden. Und umgekehrt kann ein Abfragenotizbuch, das Sie selbst erstellt haben, anderen Evernote-Nutzern zur Verfügung gestellt werden. Hier ein Beispiel eines deutschsprachigen Forums (*http://www.hsw.onpw.de/blog/2012/05/02/ evernote-versuch-macht-klug-2/*), das in Form von geteilten Evernote-Notizbüchern realisiert wurde und in dem sich Nutzer gegenseitig Anregungen geben:

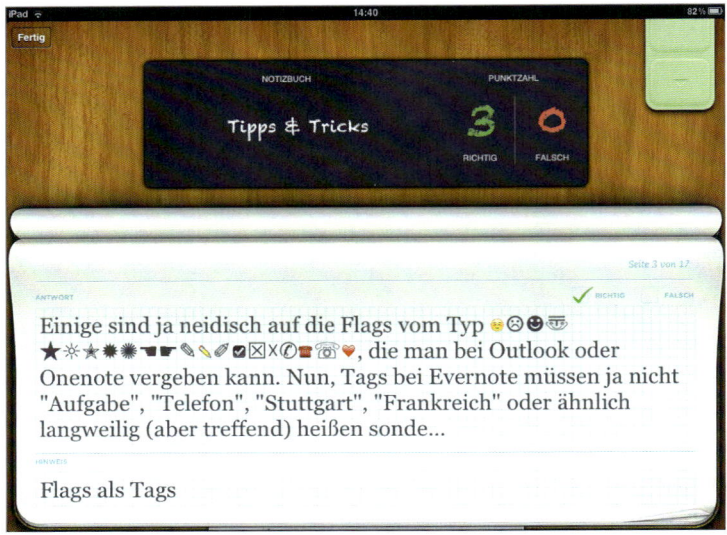

Abb. 8.30: *Ein Forumsbeitrag kann ebenfalls in Peek verwendet werden*

Damit ergeben sich sehr interessante Möglichkeiten im schulischen Bereich, da es inzwischen auch in Deutschland Schulklassen gibt, denen iPads zur Verfügung gestellt werden (z.B. an einem Kölner Gymnasium, *http://ipadkas.wordpress.com/*): Der Fachlehrer kann auf diese Weise Inhalte, die genau zu seinen Unterrichtseinheiten passen, als virtuelle Lernkarteien zur Verfügung stellen. Interessant dürfte dies auch für den beruflichen Bereich sein, denn zu vielen technischen Neuerungen existieren noch keine Fachbücher. Wenn man so will, kann man also Lehrbücher auf sehr einfache Weise selbst erstellen.

8.3.4 Food – das digitale Rezeptbuch (iPhone, Android)

Evernote Food (*http://evernote.com/food/*; kostenlos) ist sehr schick gemacht und dient dem – fotografischen – Festhalten von Essenseindrücken: ein Kuchen, der besonders gut gelungen ist, eine überraschend gut schmeckende Vorspeise im neuen Restaurant, ein Gericht bei Freunden, etwas Neues, das man im Urlaub ausprobiert hat, usw.

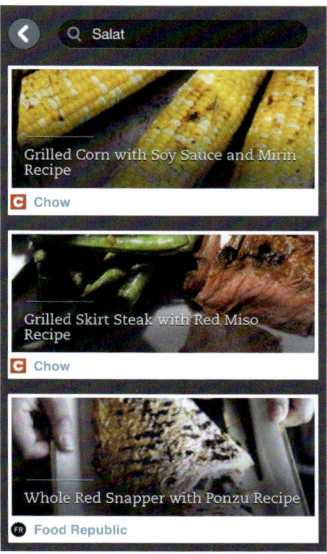

Abb. 8.31: *Neue Rezepte erkunden*

Da jede Rezeptnotiz mehrere Fotos umfassen kann, können Sie sogar den ganzen »Kochprozess« vom Zusammenrühren der Zutaten bis hin zum fertigen Gericht samt Stichpunkten festhalten. Auf Wunsch greift die App auf die Forsquare-Datenbank (https://de.foursquare.com/) zu, die Adressen und Einzelheiten zu Restaurants in der Umgebung bereits gespeichert hat. Damit finden Sie auch in einer fremden Stadt das »tolle Lokal«, das Sie zufällig am vorherigen Tag entdeckt haben, auf Anhieb wieder.

Abb. 8.32: *Eigene Rezepte sammeln*

8.3.5 Hello, du da! (iPhone, Android)

Und noch eine iPhone-App stammt direkt aus dem Hause Evernote: Hello (*http://evernote.com/hello/*). Ob auf Messen oder Tagungen, bei Festen oder im Urlaub – ständig lernen wir neue Personen kennen.

Hello ist eine Adressen-Kontakt-App mit einigen Besonderheiten: In einer Timeline werden die Begegnungen mit Personen festgehalten, auf Wunsch können Daten via Visitenkartenscan oder soziale Netzwerke wie LinkedIn übernommen werden. Hello berücksichtigt dazu auch Informationen aus Ihrem Evernote-Konto und Ihrem Kalender. Sofern Ihr Gegenüber ebenfalls Hello einsetzt, können Sie per Tastendruck Kontaktinformationen austauschen.

Abb. 8.33: *Hello hält Ort und Zeitpunkt fest …*

Abb. 8.34: ... *und erlaubt den Austausch von Kontaktdaten*

Sowohl bei Food als auch bei Hello werden intelligente Verknüpfungen zum eigenen Evernote-Account hergestellt: Neue Rezept- oder Adressangaben werden dort in eigens formatierte Notizblätter aufgenommen. Umgekehrt kann jede App nach bereits vorhandenen Notizen suchen, die etwas mit dem Rezept oder der Person zu tun haben.

Die Liste neuer Evernote-Produkte wird sich sicher in der nächsten Zeit fortsetzen. Ziel wird auch weiterhin bleiben, die »Kernsoftware« Evernote um sinnvolle Produkte zu ergänzen, die das Erfassen von Informationen erleichtern.

Kapitel 9

Selbstorganisation und Informationsmanagement

Ob im schulischen, beruflichen oder privaten Bereich – Evernote leistet hervorragende Dienste beim Umgang mit Informationen. Damit das Potenzial des Programms auch wirklich ausgeschöpft werden kann, müssen drei Voraussetzungen gegeben sein:

▸ Sie müssen wissen, wie das Programm funktioniert. Die grundlegenden Funktionen haben Sie in den Kapiteln 1 bis 3 kennengelernt, Feinheiten wurden in den Kapiteln 4 bis 8 erläutert. Inzwischen gehören Sie also schon zur Fortgeschrittenenliga der Evernote-Anwender.

▸ Sie sollten Evernote Ihren persönlichen Bedürfnissen entsprechend anpassen. Dazu haben Sie auch schon einiges gehört, nun wird es aber um die Frage gehen, wie Sie ganz bestimmte Vorhaben umsetzen können.

▸ Die dritte Zutat zu unserer Zauberformel lautet schlicht »Anregungen sammeln«. Oft sind es die ganz einfachen Dinge, an die man anfangs nicht denkt, die sich aber als ausgesprochen nützlich erweisen. Im Folgenden wird es daher auch um Praxisbeispiele gehen, die Sie auf Ihren eigenen Informationsalltag übertragen können.

9.1 Welcher Ordnungstyp sind Sie?

Menschen sind sehr unterschiedlich in ihrem Ordnungsverhalten. Der eine liebt das Chaos, für den anderen muss immer alles am vorgesehenen Ort bereitliegen und der Dritte mag sich nur ab und zu mit Ordnungsdingen beschäftigen. Zum Glück müssen Sie sich bei Evernote nicht einer Software anpassen, sondern die Software lässt sich Ihren eigenen Bedürfnissen entsprechend anpassen. Wie das konkret aussieht, schauen wir uns einmal an drei fiktiven Fallbeispielen an.

9.1.1 Christa Chaos

Mach Dir keine Umstände! Ein Klick genügt.

Christa ist an allem Möglichen interessiert – sie liebt die schönen Dinge des Lebens: gutes Essen, Mode, Gartenpflege, Bücher, Reisen und Musik.

Daher fallen ihr ständig Dinge ein, die sie gerne in Evernote aufgehoben wissen will: das neue Rezept auf einer Webseite, das Foto von der Ausstellung, das Buch im Laden, das sie verschenken möchte, der Konzertflyer für ihre Lieblingsmusik.

Aber auch Christa muss mit den profanen Dingen des Lebens fertigwerden: Die Steuererklärung ist jährlich zu machen, Rechnungen und Quittungen trudeln ein usw. Da sie genau weiß, dass Ordner, Hefter und Kartons nicht ihr Ding sind – zumindest wenn es ums Wiederfinden geht –, leitet sie auch diese Informationen an Evernote weiter. Dort landen die vielen unterschiedlichen Notizen zwar auch erst einmal unsortiert – aber bei Evernote ist das nicht so tragisch wie im analogen Leben: Denn wenn es wirklich mal knapp wird – »Muss gleich in die Stadt, Sonne scheint, schnell noch mal den Wein … wie sah das Etikett gleich noch aus? « –, greift Christa zur Standardsuche. Da tauchen zwar etliche Notizen gleichzeitig auf, sie muss eventuell auch zwei oder drei Anläufe nehmen, bis sie die gewünschte Notiz gefunden hat, aber – Hurra! – noch wurde sie immer fündig.

Abb. 9.1: *Christa Chaos findet ihren Wein*

Christa wird sich ab und zu mal hinsetzen, vielleicht an Regentagen, und die notwendigsten Dinge in einige Notizbücher verschieben. Das genügt ihr; mit ein bisschen Chaos kann sie leben. Hauptsache, sie muss nicht mehr wie früher in den Keller wandern und Stunden mit der Suche verbringen.

9.1.2   Gunnar Gründlich

Klare Ansage: Bastle dir deine Struktur

Gunnar arbeitet an der Uni und teilt das Schicksal vieler Berufstätiger: Im Büro begonnene Arbeiten müssen im »Homeoffice« fortgesetzt werden und umgekehrt. Für ihn ist es daher wichtig, an mehreren Orten die gleichen Daten zur Verfügung zu haben – vor allem auch mit dem gleichen Bearbeitungsstand. Ihm nützt es nichts, wenn er an einer Excel-Datei im Büro gearbeitet hat, bei einer anderen Version der gleichen Datei zu Hause etwas ergänzt und später zusehen muss, wie er beide Dateien auf einen einheitlichen Stand bringt. Außerdem muss er an jedem Arbeitsplatz – an der Uni, zu Hause, bei der Freundin – Zugriff auf seine Daten haben.

Seine Zeitpläne sind eng getaktet, er kann sich kein »müßiges« Suchen leisten. Er muss seine Unterlagen schnell finden, sich ein System einprägen und an diesem System entlang arbeiten.

Für Gunnar ist es ideal, alle Möglichkeiten ausschöpfen zu können, die Evernote bietet: klassische Notizbücher, um größere Projekte zu verwalten und zwischen beruflich und privat zu unterscheiden. Ein gut durchdachtes Schlagwortsystem, sodass er innerhalb eines Notizbuchs Zugriff auf Strukturen hat. Und gespeicherte Suchen, die er sich einmal genau für seine Bedürfnisse zugeschnitten hat und die ihm nun auf Tastendruck zur Verfügung stehen.

Selbstorganisation mit Evernote bedeutet für Gunnar Gründlich: Notizen werden zeitnah mit den korrekten Schlagwörtern versehen und in die passenden Notizbücher eingeordnet. Alte Notizen verschiebt Gunnar in ein Archivnotizbuch, löscht überholte Daten und integriert nur die aktuellen Versionen der Dateien. Das Ergebnis ist, dass für die Arbeit wichtige Unterlagen rasch gefunden werden und trotz unterschiedlicher Arbeitsorte der Überblick immer vorhanden ist.

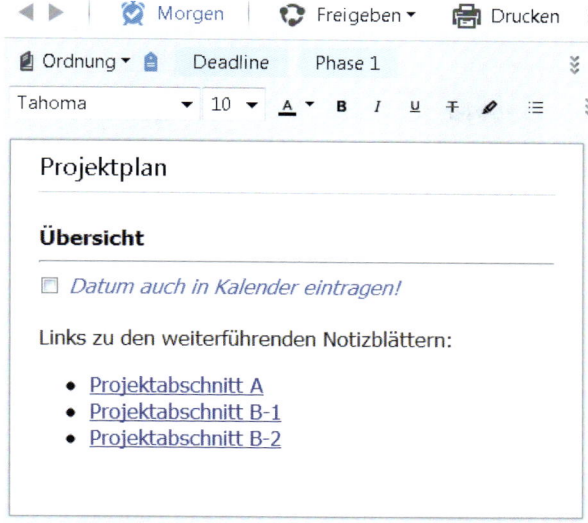

Abb. 9.2: *Bei Gunnar Gründlich ist alles aufgeräumt!*

9.1.3 Matthias Mittig

Matthias mag es eigentlich gerne ordentlich, aber er weiß auch, dass er dafür einiges an Zeit aufwenden müsste. Auch für ihn ist erst mal das Wichtigste, dass berufliche Unterlagen, Quittungen, Adressen und Ideen in Evernote aufgehoben sind, damit sie nicht verloren gehen.

Er hat sein Ordnungssystem angelegt, bestimmte Notizbücher, auch eine ganze Reihe von Schlagwörtern. Aber er setzt sich nicht täglich dran; wenn da mal zwei, drei Wochen alle Notizen ohne Stichwörter und Einordnung im Eingangskorb von Evernote landen, ist es für ihn nicht weiter schlimm, denn dann scrollt er einfach durch die Zeitleiste oder nimmt die normale Suche. Seine älteren Notizen sind ja ohnehin schon eingeordnet, sodass er auch unterwegs schnell fündig wird.

Abb. 9.3: *Matthias Mittig – Ordnung mit Maßen*

Nur liegt ihm schon an einer gewissen Übersicht, denn eigentlich findet er es toll, wenn es nur zwei Klicks braucht und das Gewünschte taucht auf. Daher ordnet er von Zeit zu Zeit wichtige Unterlagen und berufliche Notizen ein und verschlagwortet diese, während der Konzertflyer-Scan oder der Buchtipp auch mal einfach in das Notizbuch »Diverses« geschoben wird.

Sie müssen sich also nicht gleich ein komplexes Ordnungssystem basteln, dank der ausgefeilten Suchfunktion von Evernote (siehe Kapitel 6) erzielen Sie auch mit einer einfachen Struktur überraschend gute Ergebnisse.

Christa Chaos, Gunnar Gründlich und Matthias Mittig sind natürlich nur drei Beispiele. Jeder Leser hat im Lauf der Jahre seinen eigenen Ordnungsstil entwickelt. Auch gibt es private oder berufliche Phasen, in der sich das eigene Ordnungsverhalten ändert. Wenn Sie an einen neuen Arbeitsplatz kommen, an dem alle Kollegen sehr gut vorbereitet und strukturiert zu den Besprechungen erscheinen, wird es für Sie wichtiger werden, schnell Dinge wieder aufzufinden. Dann lohnt sich eine intensivere Handhabung von Evernote.

Oder private Verhältnisse ändern sich plötzlich, Sie geraten unter Zeitdruck, weniger wichtig ist dann eventuell das strukturierte Einordnen, sondern eher, dass in der Hektik nichts verloren geht.

Es lohnt, sich selbst folgende Fragen zu stellen:

▸ Soll Evernote vorwiegend als Archivierungstool, also als Ablage, genutzt werden – oder auch als Ideenpool?

▸ Wie konsequent soll der Weg zum »papierlosen Büro« beschritten werden? Sollen alle schriftlichen Dokumente über Evernote erfasst werden? Kann damit künftig auf Papierordner verzichtet werden?

▸ Stehen Ihnen »Erfassungsgeräte« wie z.B. ein Smartphone zur Verfügung? Oder lohnt sich vielleicht der Kauf einer Drucker-Scanner-Kombination oder einer einfachen Digitalkamera?

▸ Sie kennen sich selbst am besten: Ist Ihnen die Informationserfassung wichtig genug, um gelegentlich einen gewissen Pflegeaufwand auf sich zu nehmen (alte Dokumente löschen, neue Notizen mit Schlagwörtern versehen und in Notizbücher verschieben)?

9.2 Eigene Ordnungsstrategien entwickeln

In Evernote können Informationen auf sehr unterschiedliche Weise geordnet werden. Neben der Art der Information, die Sie in Evernote archivieren, hängt die Entscheidung für eine bestimmte Strategie auch von der Menge der Informationen und dem Aufwand, den Sie für die Einordnung betreiben möchten, ab. Wenn Sie z.B. wenig Zeit und auch nur wenige Dokumente haben, so genügt ein einfaches Verfahren: Informationen in Evernote speichern und für das Wiederfinden die Suchfunktion nutzen. Je umfangreicher Ihre Daten sind und je wichtiger es ist, dass Sie den Überblick behalten, desto mehr lohnt es sich, die von Evernote zur Verfügung gestellten Ordnungsfunktionen zu nutzen. Das kann dann etwa so aussehen:

	wenige Informationen	**viele Informationen**
einfach	einfache Suchfunktion	einfache Suchfunktion Notizbücher oder Schlagwörter
strukturiert	einfache Suchfunktion Notizbücher Schlagwörter	einfache Suchfunktion Notizbücher Schlagwörter komplexe Suchfunktion gespeicherte Suche Anpassung der Favoriten-Rubrik

Sie sollten sich nicht zu sehr an ein starres Gerüst klammern. Mit der Zeit und zunehmender Datenmenge werden Sie feststellen, welche Art und Weise der Strukturierung Ihnen liegt. Im Evernote-Forum gab es z.B. über Wochen eine emotional geführte Diskussion darüber, ob man auf Notizbücher nicht ganz verzichten und sich auf Schlagwörter konzentrieren solle. Schlagwörter würden ja bereits eine Ordnungshierarchie abbilden, das zusätzliche Führen einer Notizbuchliste erhöhe nur den Aufwand.

Oder Sie vergeben vielleicht anfangs sehr viele Schlagwörter und sehen mit der Zeit, dass Sie eine sehr lange Liste erhalten, die nicht mehr übersichtlich ist. Beobachten Sie sich selbst: Nutzen Sie die Schlagwortliste wirklich? Wenn nicht, tragen Sie künftig nur noch zentrale Schlagwörter ein, den Rest löschen Sie (im Unterschied zum Löschen von Notizbüchern bleiben Ihre Notizen erhalten, wenn Sie Schlagwörter löschen). Oder vereinheitlichen Sie Schlagwörter, also nicht gleichzeitig »Unterlage« und »Unterlagen« verwenden, sondern sich für Singular oder Plural entscheiden. Und keine Synonyme verwenden, also »Dokument« und »Unterlage«, sondern nur noch »Unterlage«; nicht »Bilder« und »Fotos«, sondern nur noch »Fotos« usw.

Tipp

Es wurde bereits darauf hingewiesen, dass es oft ein Problem ist, sich bei einer späteren raschen Suche exakt zu erinnern, welchen Ausdruck man als Schlagwort verwendet hat. War es nun »Seminar«, »Fortbildung« oder »Workshop«, mit dem Sie ein Foto vor mehreren Wochen gekennzeichnet hatten? Sie könnten zwar immer sicherheitshalber alle möglichen Schlagwörter einer Notiz hinzufügen, aber das würde zu einer sehr langen und unübersichtlichen Liste führen. Geben Sie die alternativen Begriffsmöglichkeiten lieber direkt im Notizblatt ein, fügen Sie also dem erwähnten Foto mehrere Begriffe hinzu. Dadurch vergrößert sich nicht Ihre Schlagwortliste und trotzdem können Sie nach dem Begriff suchen.

Wenn es sich um ein häufig vorkommendes Wort handelt, können Sie noch ein Sonderzeichen wie z.B. ein »_« anfügen, also »Seminar_«, »Fortbildung_«. Auf diese Weise werden nicht alle möglichen Dokumente gefunden, die irgendwo das Wort enthalten, sondern nur jene, bei denen Sie auch beabsichtigt haben, dass der Begriff als Suchwort dienen soll.

Oder führen Sie besonders häufig bestimmte Suchvorgänge durch? Suchen Sie vielleicht oft PDF-Dateien oder Mails der letzten zwei Wochen, weil in Ihrem Büro viel über diese Formate abläuft? Dann nehmen Sie sich die zwei Minuten Zeit, einmalig eine entsprechende Suche zusammenzustellen, die einen Zeitraum und Dateiformate kombiniert, und speichern Sie diese Suche ab. Vielleicht ziehen Sie sogar die gespeicherte Suche in die Favoritenleiste und sparen künftig viel Zeit.

Die Freude an dem Einsatz von Evernote nimmt deutlich zu, wenn man durch Beispiele auf Ideen kommt, wie man Evernote für seine eigenen Bedürfnisse anpassen kann. Bisher haben wir sehr viele Funktionen und Tipps für den Alltag kennengelernt, bei den folgenden Schilderungen soll es um die Verknüpfung der einzelnen Evernote-Möglichkeiten für die Erreichung eines bestimmten Ziels gehen. Die Fälle wurden so ausgewählt, dass sie sich leicht auf inhaltlich ähnliche Projekte übertragen lassen. Wenn der »Einsatz für das Studium« zur Sprache kommt, lässt sich das natürlich genauso auf die Schule oder auf Fortbildungsseminare übertragen. Oder wenn die Unterstützung durch Evernote beim Schreiben eines Krimis besprochen wird, lassen sich die Prinzipien natürlich auch auf das Schreiben eines Sachbuchs übertragen.

9.3 Ein Studium mit Evernote meistern

Evernote wird von vielen Studierenden bereits für das Studium genutzt – allerdings eher in Form eines »Ablage-Archivs«. Mit wenigen Handgriffen kann man Evernote jedoch in ein »Informationsmanagementsystem« verwandeln, das sich z.B. für die Vorbereitung auf eine Klausur als sehr nützlich erweist.

Ein Studium gibt ja von Haus aus eine gewisse Struktur vor: Fächer/Nebenfächer, Semester, Veranstaltungsart usw. Durch Notizbücher und Schlagworthierarchien lässt sich dies sehr gut abbilden:

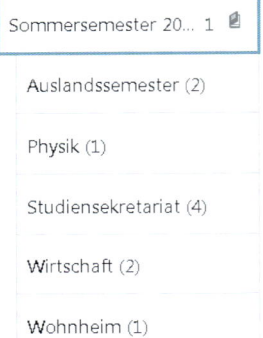

Abb. 9.4: Struktur im Studium durch Notizbücher …

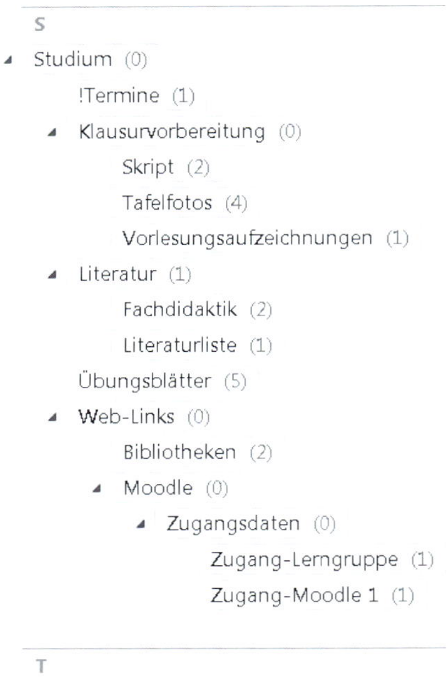

S

◢ Studium (0)

    !Termine (1)

   ◢ Klausurvorbereitung (0)

      Skript (2)

      Tafelfotos (4)

      Vorlesungsaufzeichnungen (1)

   ◢ Literatur (1)

      Fachdidaktik (2)

      Literaturliste (1)

    Übungsblätter (5)

   ◢ Web-Links (0)

      Bibliotheken (2)

    ◢ Moodle (0)

     ◢ Zugangsdaten (0)

        Zugang-Lerngruppe (1)

        Zugang-Moodle 1 (1)

T

Abb. 9.5: … und durch Schlagwörter

Das Beispiel zeigt, dass Evernote eben nicht nur gut für das »Aufheben« eines Skripts ist, sondern dass sehr unterschiedliche Materialien, die im Studienalltag anfallen, eingeordnet werden können: Korrespondenz mit Studentenwerk und Studentenwohnheim, Bescheide des Studiensekretariats über die Anerkennung von Prüfungsleistungen, Unterlagen für einen Auslandsaufenthalt, Vorlesungsskripte, Links zu Vorlesungsaufzeichnungen der Hochschule, Übungsblätter von Tutorien, wichtige Prüfungstermine usw. Einige dieser Positionen sollen nun etwas näher beleuchtet werden.

9.3.1 Prüfungstermine

In den neuen Bachelor- und Masterstudiengängen ist das Einhalten von Prüfungsterminen studienentscheidend. Übersieht man einen solchen Termin oder bereitet man sich nicht planmäßig darauf vor, ist der gesamte Ablauf des Studiums gefährdet. Daher wurde im Beispiel dem Schlagwort »Termine« ein Sonderzeichen vorangestellt, damit es ganz oben in der Liste steht und besondere Beachtung findet. In diesem Fall wurde ein Ausrufezeichen genommen; beliebt ist auch der Punkt oder ein Bindestrich.

9.3.2 Tafelanschriebe

Besonders in naturwissenschaftlichen/mathematischen Fächern wichtig: Das, was in Kreide an die Tafel fabriziert wird, unterstützt das Gedächtnis maßgeblich. Konzentrieren Sie sich auf den Vortrag des Dozenten – und fotografieren Sie die Tafel mit Ihrer Evernote-App ab. Oder Sie nutzen eine der vielen Whiteboard-Apps, die perspektivische Verzerrungen beim Fotografieren aus dem schrägen Winkel automatisch ausgleichen (siehe Abschnitt 8.1.1) und nutzen die eingebaute E-Mail-Funktion, um das Ergebnis an Evernote zu senden.

9.3.3 Handschriftliches Material

Das Notebook hat schon lange Einzug in den Hörsaal gehalten, wofür es oft gute Gründe gibt – aber nicht immer. Jeder Dozent weiß, dass Notebook, Tablet und Smartphone ein hohes Ablenkungspotenzial haben: Schnell werden Messenger-Nachrichten oder Mails abgerufen, dem Kommilitonen eine Einladung zum Mensa-Essen geschickt, auf Facebook und Twitter die Statusmeldungen gecheckt usw. Manchmal täuscht man sich als Studierender selbst, man »sitzt« zwar in der Vorlesung und man »hört« diese auch akustisch, ist aber mit den Gedanken nicht bei der Sache.

Nach wie vor leistet ein guter alter Papierblock (oder das Pedant auf dem Tablet) gute Dienste, was die Konzentration anbetrifft. Allein durch das Notieren von Stichpunkten und Skizzen folgt man dem Verlauf der Vorlesung, kann sich Bemerkungen über Aspekte notieren, die man später nachschlagen will, markiert Themen, die für die Klausur wichtig werden usw.

Ohne Evernote ergibt sich allerdings mit solchen Mitschriften ein zweiter – analoger – Informationsstapel neben den digitalen Informationen, etwa dem PDF-Vorlesungsskript. So können Sie einfach Ihre Notizblätter mit der Evernote-App abfotografieren oder auf einen Scanner legen, mit einem thematischen Schlagwort versehen und einordnen.

Mehr noch:

‣ Mit den Verlinkungsmöglichkeiten innerhalb von Evernote können Sie Ihre Papiernotizen dem entsprechenden Buch- oder Skriptkapitel zuordnen.

‣ Mit der in Evernote bereits »eingebauten« Screenshotfunktion (田 + Druck) können Sie Teile Ihrer handschriftlichen Notiz ausschneiden – etwa eine Skizze – und an anderer Stelle in Evernote einordnen.

‣ Sie können auch mit einem geeigneten PDF-Bearbeitungsprogramm wie Acrobat (es gibt auch Freeware-Alternativen) handschriftliche Notizen direkt in Ihr Vorlesungsskript an den entsprechenden Stellen »montieren«, sodass Sie für die Klausurvorbereitung nur eine einzige Datei benötigen.

‣ Mit Grafikprogrammen wie dem Evernote-Zusatzprogramm Skitch (siehe Abschnitt 8.3.1) können Sie farbige Markierungen – Unterstreichungen, Pfeile usw. – auch auf den Fotos Ihrer Papiernotizblätter vornehmen.

Egal welchen Block Sie nutzen – fotografieren Sie einfach Ihre Notizen mit der mobilen Evernote-App ab (alternativ: auf den Scanner legen), Tag dazu, alles ist an der richtigen Stelle aufgehoben. Ein Glückspilz sind Sie, wenn Sie ein Tablet mit Stylus nutzen können – dann gehen die handschriftlichen Notizen ohne Umweg an Evernote. Wenn Sie auf dem iPad z.B. Notes Plus (*http://notesplusapp.com/*) oder UPad (*http://www.pockeysoft.com/*) nutzen, sind Ihre Aufzeichnungen später im PDF beliebig skalierbar.

9.3.4   Live-Update nutzen

Skripte und Übungsblätter liegen meist in Form von PDF-Dateien vor. Die Besonderheit bei Evernote: Wenn Sie die Datei »aus Evernote heraus« bearbeiten, z.B. mit Adobe Acrobat, werden alle Änderungen und Anmerkungen sofort aufgenommen. Dabei erspart Ihnen Evernote das Speichern auf der Festplatte, Aufrufen im Bearbeitungsprogramm, erneutes Speichern auf der Festplatte, Suchen und Austausch des Notizanhangs. »Live-Update« bedeutet, dass ein Doppelklick in der Notiz genügt: Sofort wird Ihr jeweiliger Editor mit der Datei gestartet, Sie fügen die Ergänzungen ein und drücken lediglich in dem Editor die Speichertaste, ohne sich um irgendeinen Festplattenpfad kümmern zu müssen. Evernote aktualisiert von allein den Anhang mit den neuen Daten. So können Sie einzelne Absätze mit Kommentarfeldern versehen. Wenn Sie sich angewöhnen, solche Anmerkungen zeitnahe zur Vorlesung zu machen, ist die Erinnerung noch frisch und Sie verstehen später besser, worum es in diesem Abschnitt ging. Sie verfügen also über ein »erweitertes Skript«, das von Sitzung zu Sitzung wächst, ohne immer darauf achten zu müssen, die aktuellste Version abzuspeichern.

Sie können Ihr Material natürlich auch in einem Festplattenordner ablegen und dieses Verzeichnis von Evernote überwachen lassen. Ähnliches ist möglich, wenn Sie mit mobilen Geräten oder Tablets arbeiten, die inzwischen dank spezieller Stifte handschriftliche Markierungen und Ergänzungen zulassen (auf dem iPad schätze ich persönlich PDF-Expert und iAnnotate für diese Zwecke sehr), die auch auf dem PC gelesen werden können. Gleiches gilt für PowerPoint-Folien.

231

Abb. 9.6: Ergänzen Sie Ihre Vorlesungsaufzeichnungen mit eigenen Hinweisen

Tipp

Sie haben ja schon gesehen, dass man zu jedem Notizblatt einen internen Link erzeugen kann (siehe Abschnitt 2.3.3). Einen solchen Link können Sie auch in Ihre PDF-Datei einfügen. Sie nutzen dazu die Weblinkfunktion Ihres PDF-Editors und »tun so«, als wollten Sie den Link zu einer Internetseite einfügen. Ihr Link beginnt aber nicht mit `http://www...`, sondern mit `evernote:///view/...` und verweist z.B. auf das Foto einer handschriftlichen Notiz.

9.3.5 Informationen ergänzen

In vielen Fällen werden Vorlesungen heute aufgezeichnet, meist unter sehr langen Links und passwortgeschützt. Speichern Sie den Link zur aktuellen Aufzeichnung mit einem Stichwort und den Zugangsdaten, vermerken Sie, ab welcher Minute wichtige Informationen darin vorkommen. So ersparen Sie sich Wochen später die zeitraubende Suche in einer langen Videodatei.

Skripte enthalten oft auch Links zu anderen PDF-Dokumenten – speichern Sie diese ebenfalls in Evernote, dann kommen Sie später ohne Internetverbindung aus.

Tragen Sie Termine von Klausuren, Arbeitsgruppen, Nachbesprechungen, E-Mail-Adressen Ihrer Kommilitonen usw. ein. Nicht, dass es für all das nicht tonnenweise verschiedene Software gibt, das Besondere ist, dass Sie in Evernote alles an einem Platz versammelt finden und später nicht mühsam zusammensuchen müssen.

9.4 Projektarbeit – vom ersten Einfall bis zum Teamarchiv

Gleich, ob Sie in einer IT-Abteilung, an einem Hochschulinstitut oder in einem Verlag tätig sind – immer gilt es, neue Projekte zu entwickeln und voranzutreiben. Gerade am Anfang solcher Projekte ist Evernote besonders hilfreich, weil es eben nicht nur die üblichen Textformate aufnehmen kann. Sogar Ideenfindung, Brainstorming und Gruppenarbeit lassen sich hervorragend über dieses Programm abbilden.

9.4.1   Das erste Meeting

Am Anfang solcher Projekte stehen meist zunächst Besprechungen, in denen klar werden soll, wohin die Reise gehen soll. Bei einer guten Teamarbeit, bei der alle Beteiligten ihre Ansicht einbringen können, entsteht bereits hier eine Reihe von Materialien, die es festzuhalten gilt:

▸ ein erstes Meinungsbild, z.B. in Form von Stichwortkarten an die Korkwand gepinnt

▸ Entwürfe von Logos, Slogans, Arbeitstiteln am Flipchart gezeichnet

▸ die Ergebnisse eines Brainstormingprozesses in Form einer Mindmap

▸ kurze Protokollpunkte, z.B. wer welche nächsten Schritte zu erledigen hat

▸ eine Gesprächsrunde mit ersten Einfällen

Mit Evernote können Sie nun all diese Eindrücke und Facetten der ersten wichtigen Besprechung festhalten: Fotos vom Whiteboard oder dem Flipchart sagen mehr, als wenn Sie umständlich versuchen würden, einen länglichen Text zu verfassen. Die anderen Teilnehmer waren ja dabei – wenn sie die Bilder sehen, wissen sie auch wieder, worum es ging.

Abb. 9.7: *Ideen auf Papier können auch in Evernote festgehalten werden*

Wenn Sie selbst oder jemand anders seine Gedanken nur handschriftlich notiert hat – kein Problem. Auch hiervon ein Foto oder kurz einscannen, schon gerät es nicht in Vergessenheit.

Vielleicht gilt es später, einen Bericht über das Vorgehen zu verfassen? Dann können Sie die in Evernote gespeicherten Dokumente via Drag & Drop übernehmen – nichts ist verloren.

Vor allem können Sie die »Mixstrategie« (siehe Abschnitt 2.3) verwenden: Das Foto von den Stichwortkarten wird durch einen kurzen Interpretationssatz in der Evernote-Notiz ergänzt (»Wenn wir noch mehr grüne Karten gehabt hätten, wäre der erste Punkt noch deutlicher ausgefallen – nur Hugo war nicht einverstanden.«).

Oder wenn Sie ein kompliziertes Diagramm aufgenommen haben: Ersparen Sie sich die Tipparbeit und sprechen Sie einfach Ihren Kommentar dazu.

Durch die Funktion NOTIZEN TEILEN können Sie die ganze Sammlung später Ihren Kollegen zugänglich machen.

9.4.2   Audioaufnahmen mit Markierungen versehen

Oder Sie nehmen mit der mobilen App von Evernote – natürlich mit dem Einverständnis der Anwesenden – kurze Wortbeiträge auf, z.B. über welchen Arbeitstitel am meisten gelacht wurde. Und schon lösen diese kurzen Aufnahmen eine Vielzahl von Erinnerungen aus.

Was oft übersehen wird: Sie können in Evernote (Menüpunkt: AUDIO-NOTIZ) parallel zur Aufnahme Textnotizen verfassen, ohne dass die Aufnahme unterbrochen wird. Und da im Rekordingbereich permanent die aktuelle Zeitangabe eingeblendet wird, ist die Geschichte ideal, um sich »Lesezeichen« zu notieren. Später scrollen Sie in der Evernote-Notiz zur jeweiligen Minutenangabe. So brauchen Sie sich nur jene Ausschnitte anzuhören, die wichtige Informationen beinhalten.

Sie können dieses Verfahren natürlich auch in »Papierform« anwenden: Lassen Sie wie beschrieben die Evernote-Software laufen. Aber wenn Ihnen das lieber ist – weil Sie vielleicht sowieso mehr Text für ein Protokoll erfassen müssen –, notieren Sie die Minutenangaben auf Ihrem Zettel. Diesen können Sie später einscannen oder abfotografieren und an die Audionotiz anhängen.

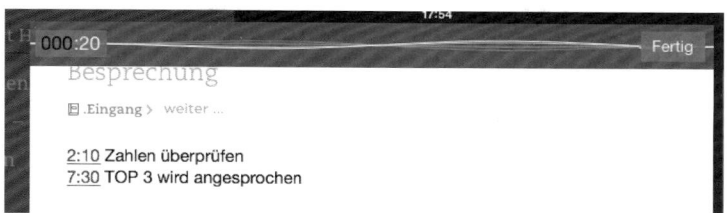

Abb. 9.8: *Während der Aufnahme Notizen hinzufügen (iPad)*

9.4.3 Dokumentation mit System

Wenn das Projekt voranschreitet, gilt es, den Überblick zu behalten: Anträge werden bewilligt, Stellen ausgeschrieben, Materialien besorgt, Dienstreisen bewilligt, Präsentationen gehalten, Aufträge vergeben usw.

Einige dieser Dinge betreffen nur Sie oder eine kleine Untergruppe, wieder andere Sachverhalte sollen allen zugänglich gemacht werden.

Die Stärke von Evernote ist es, dass Sie nicht zwei unterschiedliche Programme benötigen. Alle individuellen Einträge, z.B. Spesenquittungen, bleiben in Ihrem privaten Bereich und sind nicht für andere einsehbar. Wenn aber eine ursprünglich individuelle Notiz für andere zugänglich gemacht werden soll, etwa ein Tagungsprogramm, brauchen Sie diese Notiz nur in das Gruppennotizbuch zu verschieben (oder Sie erzeugen eine Kopie), schon ist der Inhalt für andere einsehbar.

Und jene Dokumente, die für das Gesamtprojekt eine Rolle spielen, legen Sie im geteilten Projektordner an (siehe Abschnitt 4.3). Wenn es zum Abschluss des Projekts kommt, haben Sie so nicht nur eine vollständige Diskussion, Sie können mit einem einzigen Klick auch eine Chronologie erzeugen (sortiert nach Erstelldatum) oder die Dokumente mittels Schlagwörtern völlig unterschiedlich anordnen.

Tipp

Anlagen durch Evernote verschicken lassen

Denkt man oft nicht dran, kann aber ganz nützlich sein: Unterlagen direkt über Evernote verschicken. Das geht mit wenigen Mausklicks. Insbesondere wenn Sie wenig Zeit haben, es sich nur um eine »Reich doch mal eben rüber«-Anfrage handelt oder Sie an einem anderen PC kein Mailprogramm mit dem eigenen Account zur Hand haben. Sie ersparen sich das »Aus Evernote speichern – an Mail dranhängen« (obwohl das via Drag & Drop auch recht schnell geht): einfach die gewünschten Notizen markieren, auf den Evernote-Mailbutton klicken, Empfänger eintragen – fertig.

9.5   Recherchieren – nicht nur für Wissenschaftskrimis

Während meines letzten Urlaubs las ich einen Krimi, der den Zusammenbruch weltweiter Stromnetze als Ausgangspunkt für seinen Plot nahm. Auf den rund 800 Seiten wurden sehr detailreich Zusammenhänge und Hintergründe geschildert, auch sehr aktuelle Vorgänge fanden Eingang in die Romanhandlung (nur mal nebenbei: mir persönlich hat in diesem speziellen Fall die Langatmigkeit der Handlung nicht gefallen, aber so was ist ja immer Geschmackssache). Vielleicht sind Sie auch ein Freund der Thriller von Jeffery Deaver, in denen er die (Heim-)Tücke moderner Technik erklärt (»Der Täuscher«), oder von politischen oder wirtschaftsökonomischen Krimis. Kein solches Buch kommt heute mehr ohne gründliche Recherchearbeit aus, die noch stärker als früher gefragt ist. Denn inzwischen hat auch jeder Leser via Web Zugang zu Informationen und kann überprüfen, ob sich jemand an die Fakten hält oder »Peru« auf die Kanarischen Inseln verlegt.

Am Anfang vieler Projekte steht Recherchearbeit. Sie müssen sich auf einen aktuellen Stand bringen, sich mit Begriffen vertraut machen, schauen, was bereits an Material zum Thema vorhanden ist. Zuständige Stellen und Ansprechpartner müssen ausfindig gemacht, Zahlenmaterial aktualisiert werden usw. Ob es nun um die einfache Hausarbeit für die Schule geht, Sie sich beruflich mit einer neuen Zielgruppe vertraut machen möchten oder den nächsten Bestseller für einen Hightechkrimi schreiben wollen (informieren Sie mich, wenn Sie ihn geschrieben haben!), in fast allen Fällen beginnt die Suche im Web. Wenn man sich nicht mit den ersten fünf Google-Suchbegriffen zufriedengibt, sondern eine anspruchsvollere Aufgabe lösen muss, erhält man meist innerhalb kurzer Zeit eine Fülle von Material. Selbst wenn man sich Lesezeichenlisten anlegt – bald hat man den Überblick verloren. Es sei denn, man setzt Evernote ein.

9.5.1 Ansprechpartner und Gesprächsnotizen

Oft wird man Kontakt mit Fachleuten aufnehmen wollen, um sie um ein erstes Gespräch oder Materialien zu bitten. Gerade solche Personen sind aber häufig nicht auf Anhieb zu erreichen, man muss Termine vereinbaren, sich Namen notieren usw. Anschriften und Telefonnummern findet man in aller Regel auf den Webseiten – dank des Web Clipper können diese Daten sogleich in den entsprechenden Evernote-Projektordner aufgenommen werden.

Im Unterschied zu vielen puren Adressdatenbanken können diese Informationen aber leicht zu einem späteren Zeitpunkt ergänzt werden: kurze Telefonnotizen, Namen von Kollegen, ein Stadtplanausschnitt zum Termin, wann jemand wieder erreichbar ist usw. können problemlos hinzugefügt werden. Mit der Evernote-Schnappschussfunktion nehmen Sie Daten vom Impressum der Webseite auf und fügen die jeweiligen Notizen hinzu (»Habe zum 3. Mal angerufen«, »Ist nachmittags am besten erreichbar«, »Zu Herrn Schmidt durchstellen lassen« usw.). So können Sie beim nächsten Anruf kurz die Evernote-Notiz einblenden und auch ein paar Stichpunkte zum Gespräch festhalten. Alles beieinander, ohne viele Notizzettel.

Tipp

Ähnlich wie ich weiter vorn in diesem Kapitel darauf verwiesen habe, dass man Links zu Notizblättern in PDF-Dateien einfügen kann, ist es bei Recherchevorhaben sinnvoll, die Links z.B. in seinem Google-Kalender einem Gesprächstermin beizufügen. Das klappt bei den mobilen Apps von Smartphones und Tablets sogar noch besser, da dort automatisch die dazugehörige App aufgerufen wird. Ideal, um rasch noch einen Blick auf die Unterlagen zu werfen, wenn man gleich einen Termin mit einem bestimmten Gesprächspartner hat.

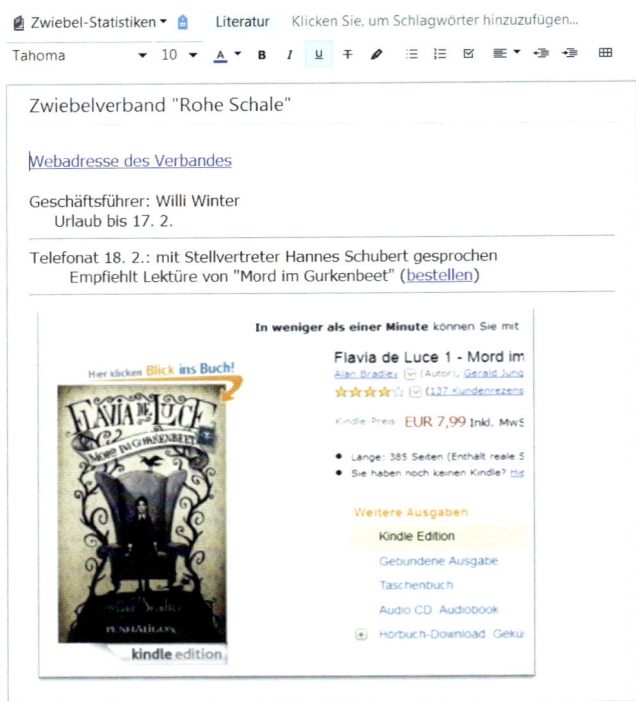

Abb. 9.9: *Gesprächsnotizen – alles auf einem Blatt*

9.5.2 Die eigene Wissensdatenbank

Wie leicht Texte oder Grafiken von Webseiten zu speichern sind, habe ich ja schon in Kapitel 2 ausgeführt. In der Praxis sind aber besonders oft eingehendere Informationen von Interesse, die meist als Dateidownload – z.B. in Form eines PDF-Dokuments – angeboten werden. Nun könnten Sie die Datei auf gewohnte Weise speichern und später erst ins Evernote-Archiv aufnehmen. Doch dann müssen Sie die Datei ein zweites Mal »in die Hand« nehmen, was unnötig Zeit kostet. Warum nicht gleich an Evernote schicken? Um diesen Zweck zu erfüllen, gibt es verschiedene Möglichkeiten.

PDF-Dokumente speichern via Web Clipper

Der Web Clipper erkennt, ob Sie gerade ein PDF-Dokument im Browser geöffnet haben. Er bietet Ihnen an, dieses Dokument direkt an Evernote zu übergeben, ohne dass Sie dieses zuvor auf der Festplatte speichern müssten. Wie gewohnt können Sie Einstellungen für das Notizbuch und die gewünschten Schlagwörter vornehmen.

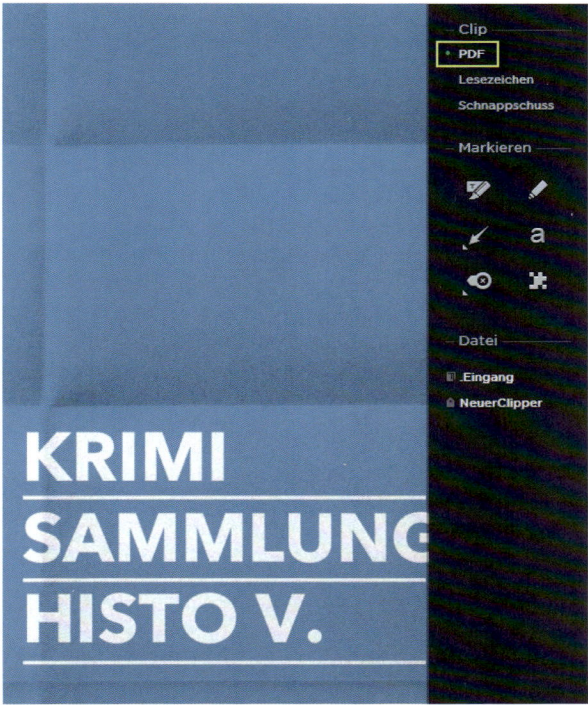

Abb. 9.10: *PDF-Dokumente mit dem Web Clipper speichern*

In der Praxis ist dies bei mir der bevorzugte Weg: Ich stoße im Web auf eine interessante Datei, durch den Klick auf den Dokumentenlink öffnet sich diese Datei zunächst im Browser. Damit verschaffe ich mir einen ersten Eindruck. Falls ich das Dokument für »archivierungswürdig« halte, klicke ich kurz auf den Web Clipper und die Arbeit ist erledigt.

Dokumente via Importverzeichnis speichern

Es gibt noch einen zweiten Weg: der automatische Evernote-Import von Dateien (siehe Abschnitt 3.5). Sie legen einen von Evernote überwachten Ordner an, dort werden die Webdownloads gespeichert. Und da Sie Evernote sogar sagen können, in welches spezielle Notizbuch eine importierte Datei aus diesem Pfad Eingang finden soll, landet die Datei auch an der richtigen Stelle und kann später mit Schlagwörtern versehen werden.

Besonders elegant geschieht dieser Vorgang, wenn Sie sich im Browser nicht erst zu Ihrem Festplatten-Importordner »hinhangeln« müssen, sondern direkt eine Auswahl treffen können. Für die meisten Browser gibt es Erweiterungen, die eine Pfadanpassung zulassen. Firefox bietet hierfür ein besonders pfiffiges Plug-in: Safe File to (https://addons.mozilla.org/de/firefox/addon/save-file-to/). Damit können beliebige Downloadordner vorab eingestellt werden. Wenn Sie auf einer Webseite z.B. ein PDF-Dokument entdecken, von dem Sie wissen, dass es in ein bestimmtes Notizbuch in Evernote aufgenommen werden soll, genügt es, mit der rechten Maustaste das Kontextmenü aufzurufen und das betreffende Ziel auszuwählen. Die Datei wird damit im überwachten Ordner gespeichert und Evernote archiviert sie automatisch.

Abb. 9.11: *Mit dem Plug-in Safe File to Dateien direkt an Evernote-Notizbücher schicken*

Übrigens wird die Ordnerauswahl auch in das Dialogfeld SPEICHERN UNTER integriert – wenn Sie also z.B. eine EXE-Datei direkt anklicken, haben Sie ein zusätzliches Pull-Down-Menü für Ihre Verzeichnisse.

9.6   Evernote für Autoren

Wir haben bereits gesehen, dass Evernote ideal für die Speicherung von Recherchematerial ist. Ob es um eine Ausarbeitung für Schule oder Hochschule, um einen Projektantrag, einen fachlichen Aufsatz oder die Strukturierung eines umfangreichen Romans geht – mit Evernote steht Ihnen ein professionelles Hilfsmittel für all diese Vorhaben zur Verfügung. Im Folgenden einige Anregungen, die Sie für Ihre eigenen Projekte anpassen können.

9.6.1   Strukturierung

Joanne K. Rowling, die Autorin der Harry-Potter-Bände, bezog sich bei der Schilderung ihres Schreibprozesses oft auf unendlich viele Zettel und Karteikarten, die in der ganzen Wohnung verteilt waren. Sie hatte in ihren Büchern ein Paralleluniversum geschaffen, das keine Widersprüche duldete. Der Zauberspruch, der für das Erblühen von Blumen gedacht war, durfte nicht plötzlich für ein Tor beim Quidditch-Turnier benutzt werden. Der blondgelockte Dozent in Hogwarts durfte nicht in einem anderen Band mit pechschwarzem Haar auftauchen usw. Gerade bei umfangreichen Vorhaben sind es oft derartige Kleinigkeiten, die man immer wieder nachschlagen muss.

Entsprechend können Sie sich zunächst eine grobe Struktur in Evernote anlegen, etwa Notizbücher zu Eigenschaften von Orten oder Personen.

Abb. 9.12: *Vorgabe einer Struktur*

Schlagwörter hingegen können Hinweise zu Kapiteln oder Kapitelab-schnitten aufnehmen oder zu besonders zentralen Ereignissen. Wenn Sie später etwa auf das Schlagwort »Kontrollgruppe« klicken, können Sie sehen, ob Sie auch alle recherchierten Besonderheiten dieser Gruppe in Ihrem Fachaufsatz untergebracht haben.

Auch hier zahlt sich wieder die Flexibilität von Evernote aus. Denn gerade das Schreiben von umfangreichen Texten ist ein Vorgang, bei dem am Anfang noch nicht alle Inhalte oder Besonderheiten feststehen. In Ihren Evernote-Notizen können Sie während dieses Prozesses jederzeit Ände-rungen, Ergänzungen, Präzisierungen usw. aufnehmen, ohne dass von Anfang an alles starr vorgegeben sein müsste.

Wiederum leisten Vorlagen (siehe Abschnitt 10.8) und Verknüpfungen zu vorhandenen Notizen gute Dienste: Wenn sich »Sunny Sandra« mit Vor-liebe im »Café Dreistein« rumtreibt, müssen Sie in der Personennotiz keine Besonderheiten wiederholen, die Sie bereits in der Ortsnotiz festgehalten haben.

Abb. 9.13: *Materialien verlinken*

9.6.2 Reihenfolge anpassen

Notizen in Evernote haben starre Sortierkriterien: Anfangsbuchstabe des Titels, Erstell- oder Änderungsdatum usw. Sie könnten zwar bei den Titeln mit vorangestellten Ziffern arbeiten, um eine bestimmte Sortierung zu erreichen, also etwa »01-Anfang«, »02-Forschungsfragen«, »03-Entdeckung« usw., aber das ist umständlich. Während des Schreibens oder bei der Überarbeitung werden Sie eventuell sehr oft eine Reihenfolge ändern müssen, was dann jeweils die Umbenennung des Titels mit neuen Ziffern erfordert.

In der Rubrik FAVORITEN ist jedoch eine Änderung der Reihenfolge per gewohntem Drag & Drop möglich. »Zweckentfremden« Sie also die Lesezeichen und erstellen Sie an dieser Stelle Ihre individuelle Gliederung, die Sie jeweils sehr schnell dem Schreibprozess anpassen können. Später sind diese Favoriten mit dem entsprechenden Kontextmenübefehl rasch wieder entfernt und Sie haben das gewohnte Bild Ihrer Lesezeichen vor sich.

Abb. 9.14: *Flexible Struktur dank Favoriten*

9.6.3 Informationen einblenden

Einzelne Notizen lassen sich ja in gesonderten Fenstern einblenden (Doppelklick auf das Vorschaubild in der mittleren Evernote-Spalte). Diesen Sachverhalt können Sie sich zunutze machen, indem Sie die gerade benötigte Information während des Schreibens einblenden. Wenn Sie beispielsweise Word verwenden, können Sie die gewünschte Notiz in einem schmalen Fenster an den Rand rücken. Damit haben Sie Einzelheiten wie Schreibweisen von Namen, Ortsangaben usw. direkt vor Augen; oder das Literaturverzeichnis, aus dem Sie zitieren.

Dabei geht es nicht nur um Texte, die Sie zuvor erfasst haben. Da sich Evernote auch auf Ihrem Smartphone findet, können Sie eine kurze handschriftliche Skizze »einscannen« oder das Foto eines Gegenstands, eines
Gebäudes, einer Landschaft in Ihre Notiz einfügen. Die Formulierungen
Ihrer Texte werden Ihnen leichter fallen, wenn Sie solche bildlichen Informationen einblenden können.

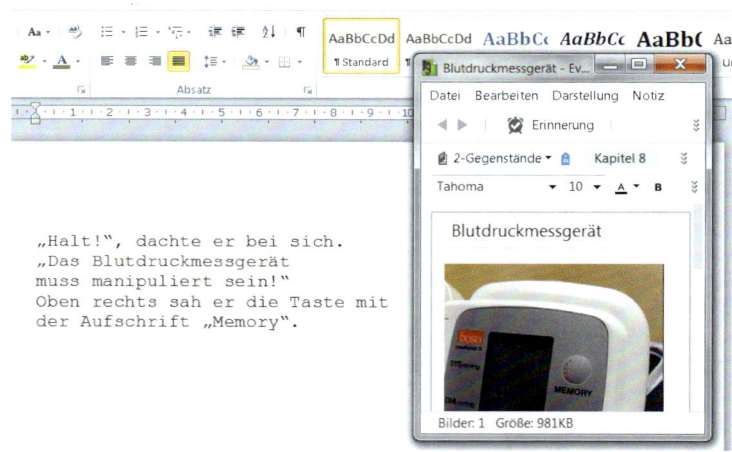

Abb. 9.15: *Memos für Ihren zukünftigen Bestseller*

Übrigens, Sie können auch eine Reihe statistischer Daten von Evernote einblenden lassen: Wörter, Zeichen und Absätze werden in der Statusleiste
am unteren Rand angezeigt – sehr nützlich, wenn Sie Vorgaben für den
Umfang Ihrer Arbeit haben. Wenn Sie sich im Editor befinden und mit der
rechten Maustaste klicken, können Sie mit dem Kontextmenübefehl WÖR-
TER- UND DATENZÄHLER noch weitere Informationen zu der Notiz abrufen.

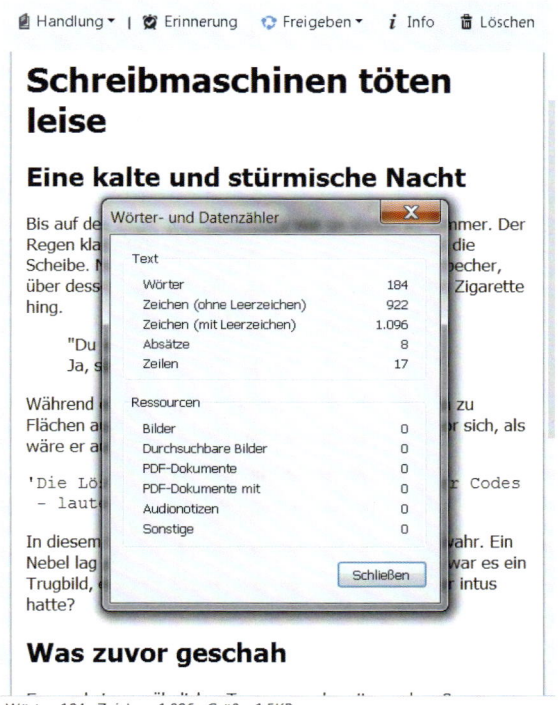

Wörter: 184   Zeichen: 1.096   Größe: 1.5KB

Abb. 9.16: *Statistische Angaben zur Notiz*

Tipp

Evernote nimmt eine Überprüfung der Rechtschreibung in Ihrer Notiz vor. Dazu verwendet es die gleichen Lexika (Hunspell Dictionaries), die auch Open Office verwendet. Sie können also für viele Sprachen – kostenlos – Dateien downloaden (zu finden auf *http://extensions.openoffice.org/*). Die Datei speichern Sie auf dem Programmpfad Ihrer Evernote-Installation im Ordner Dict, also z.B. C:\Programme(x86)\Evernote\Dict. Dann noch in Evernote unter FUNKTIONEN – OPTIONEN – SPRACHE die gewünschte Variante auswählen, und schon können Sie im schönsten exotischen Schwyzerdütsch Ihre Texte überprüfen lassen.

9.6.4 Schneller schreiben mit Markdown

Eines meiner persönlichen Lieblingsthemen ist das Schreiben mit Markdown-»Befehlen«. Diese Auszeichnungssprache ist bei Mac- und iOS-Programmen recht verbreitet, in der Windows-Welt fristet sie eher ein Schattendasein.

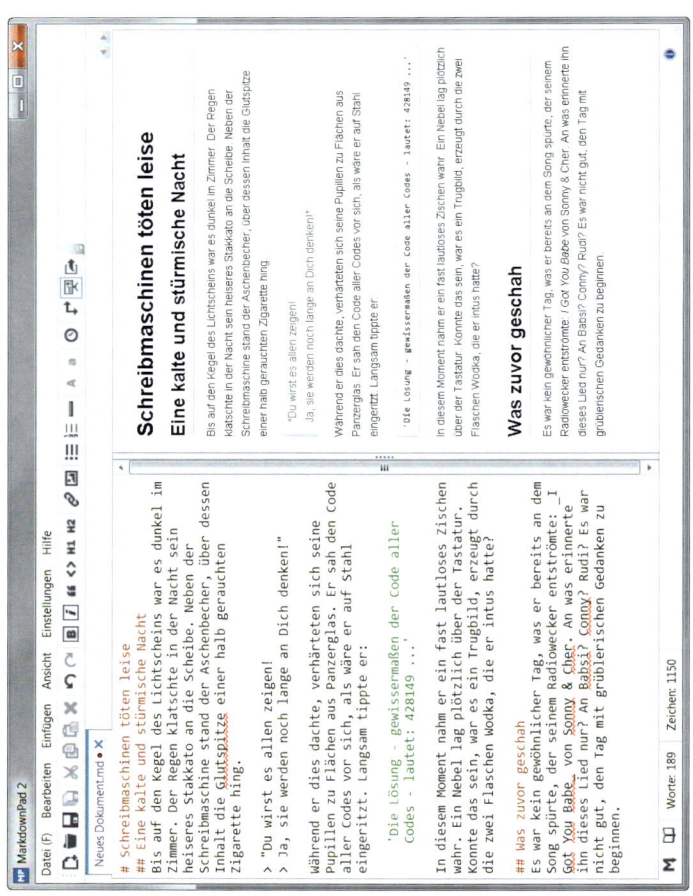

Abb. 9.17: *Links Markdown – rechts der fertig formatierte Text*

Vor allem klingt der Name sehr »nerdy« (obwohl die Einarbeitung nur zehn Minuten dauert), sodass sich Autoren jenseits von IT-Sachbüchern eher abgeschreckt fühlen. Ich will es auch nicht zu ausführlich machen, sondern mich hier auf die Zusammenarbeit mit und die Vorteile für Evernote beschränken.

Viele Autoren möchten sich auf ihren Text konzentrieren, also nicht unnötig Icons anklicken, Layoutanpassungen vornehmen, mit Farben und Fonts rumhantieren müssen. Andererseits möchte man keine Text-(früher: Blei-) Wüste erzeugen, in der das Auge immer wieder die wichtigen Punkte erst suchen muss.

Abb. 9.18: Mit Markdown erzeugte Notiz in Evernote

Markdown benutzt nun einige wenige Sonderzeichen, um Text rasch zu strukturieren. Eine Raute – # – am Anfang einer Zeile bedeutet: »Dies soll eine Hauptüberschrift sein«. Zwei Rauten – ## – meint: »Dies soll eine Überschrift der Ebene 2 ergeben«. Ein Sternchen vor und nach einem Wort – *Beispiel* – lässt den Text später *kursiv* erscheinen. Man wird also nicht in seinem Schreibfluss unterbrochen und erhält dennoch eine optische Strukturierung.

Da die Software, die Markdown verwendet, immer auch den Text im HTML darstellen oder zumindest exportieren kann, genügt meist ein einfacher Kopierbefehl, um das strukturierte Layout in eine Notiz zu übernehmen.

Wer nun Lust auf das Schreiben mit Markdown bekommen hat, dem empfehle ich als Startpunkt *http://markdown.de/syntax/*. Gute Editoren:

- **Windows:**
  MarkdownPad: *http://markdownpad.com/*
  WriteMonkey: *http://writemonkey.com/*
- **iOS und Mac:**
  Writing Kit: *http://getwritingkit.com/*
  iA Writer: *http://www.iawriter.com/mac/*
- **Web:**
  Markable: *http://markable.in/ (mit Evernote-Export)*
  StackEdit: *https://stackedit.io/*

Hinweis

Die durch Markdown erzeugten Dateien sind »pure« Textdateien und damit plattformübergreifend austauschbar. Auf dem iPad verwende ich iA Writer, der seine Dateien in einem Dropbox-Ordner ablegt. Unter Windows greife ich mit WriteMonkey auf diese Dateien zu und kann »nahtlos« weiterarbeiten – und umgekehrt.

9.7 Unterricht mit Evernote vorbereiten

9.7.1 Materialien für die Unterrichtsplanung

Da ich unter anderem Studierende betreue, die im Lehramtsstudium bereits Schulpraktika absolviert haben, bin ich immer wieder erstaunt, wie wenig qualitativ hochwertige Ressourcen aus dem Web zur Unterrichtsvorbereitung genutzt werden. Evernote eignet sich hervorragend zur Materialiensammlung – gerade auch bei aktuellen Themen, da sehr unterschiedliche Formate aktiviert werden können. *Wie* man technisch vorgeht, habe ich ja bereits in den vorangegangenen Kapiteln beschrieben. Hier einige Beispiele, *was* man in Evernote aufnehmen kann.

Arbeitsblätter und Vorlagen

Kennen Sie lehrer-online (http://lehrer-online.de)? Ein riesiges Portal mit Unterrichtsmaterialien, betreut von einem hervorragenden Redaktionsteam, Beiträge, die von Lehrern aus der Praxis stammen – was will man mehr? Ob Mathematik, Physik, Biologie oder Sprachen: Arbeitsblätter, Dossiers, weiterführende Links – eine wirkliche Schatzgrube an Materialien, die nur darauf warten, in das Evernote-Notizbuch des eigenen Fachs, eventuell nach Jahrgängen sortiert und mit Schlagwörtern versehen zu werden.

Abb. 9.19: *Gerade auch für MINT-Fächer sehr zu empfehlen*

Bildung: Der weite Weg zum vernetzten

02.12.2013 Digitale Bildung Der weite Weg

Mathematikum Gießen: Wo das Angstfach

02.12.2013 Mathematikum Gießen: Wo das Angstfach

Von Algebra bis Trigonometrie -

02.12.2013 Von Algebra bis Trigonometrie Erkenntnisse

Unterricht in der Schule: Alles schläft,

02.12.2013 Unterrichtsformen Alles

Wie Unternehmen den Schulstoff beeinflussen

02.12.2013 Wie Unternehmen den

Wie das Bildungssystem von

02.12.2013 Wie das Bildungssystem von

Schulsysteme im Vergleich: Die Angst

02.12.2013 Schulsysteme im Vergleich Die Angst des

SZ-Schülergipfel: "Lehrer sind auch nur

02.12.2013 SZ-Schülergipfel "Lehrer

Recherche zu Bildung und Schule:

02.12.2013 Recherche zu Bildung und Schule:

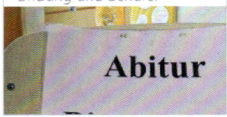

Schulstudie - Lehrer haben bei Schülern

02.12.2013 Schulstudie Lehrer haben bei Schülern

Allensbach-Studie - Das größte Problem

02.12.2013 Allensbach-Studie Das größte Problem der Lehrer sind ihre Schüler Die meisten Lehrer haben Spaß an ihrem Job. Eigentlich.

Buch über Lehrer: "Referendare sind nicht

02.12.2013 Buch über angehende Lehrer

Abb. 9.20: *Artikelserie der SZ über Bildungsthemen*

Oder mediaculture-online (*http://mediaculture-online.de*). Das Portal des Landesmedienzentrums Baden-Württemberg archiviert seit vielen Jahren herausragende Unterrichtsprojekte im Medienbereich: Von der Idee bis hin zur Stundenplanung und einer Vielzahl von Praxisbeispielen ist hier alles versammelt. Dazu die Aufbereitung von aktuellen Themen und eine große digitale Bibliothek von Sachliteratur. Warum nicht einmal einen Unterrichtspodcast mit der 6a zu einem Umweltthema gestalten? Tutorials zu Audioschnittprogrammen, Ablauf, didaktische Empfehlungen – alles künftig griffbereit in Ihrem Evernote-Archiv. Eine Schnitzeljagd via GPS und den Smartphones, die die Schüler ohnehin in der Tasche haben? Hier finden Sie fertige Unterrichtsmodule.

Oder wie sieht es mit bildungspolitischen Diskussionen aus, etwa das Entstehen der neuen Schulform »Gemeinschaftsschule« in Baden-Württemberg? Die große »Bildungsrecherche« der Süddeutschen Zeitung? Ob Sie solche Artikel via Webseite, E-Paper oder auf Papier lesen – oft lohnt es sich, gute Inhalte für später aufzuheben (im Falle der Papierzeitung via Scanner oder Evernote-App-Foto).

9.7.2 Langfristige Unterrichtsplanung mit Metadaten

Wenn Sie ein Dokument archivieren, so wissen Sie zu diesem Zeitpunkt recht genau, warum gerade diese Information für Sie wichtig ist. Wenige Wochen oder gar Monate später ist es nicht mehr so sicher, ob Sie sich an Einzelheiten erinnern. Beispielsweise sind Sie im Netz auf eine Broschüre gestoßen, die im nächsten Schulhalbjahr für eine Unterrichtseinheit von Interesse sein könnte: bestimmte Statistiken, Abbildungen für Arbeitsblätter usw. Wenn Sie diese Broschüre im Januar archivieren, aber erst im Mai verwenden, müssen Sie das Dokument »neu« durchsehen, um wieder auf die interessanten Stellen zu stoßen.

Einfacher ist es, wenn Sie Ihre Gedanken, *warum* eine Information wichtig ist, direkt bei der Erfassung festhalten. Diese »Metadaten« sollten immer an der gleichen Stelle stehen und auch auf mobilen Geräten gut darstellbar sein. Eine Möglichkeit: immer am Notizanfang, also z.B. über einem PDF-Dokument, zentriert und kursiv. So müssen Sie nicht lange suchen, diese Zusatzinformationen haben immer das gleiche Aussehen und sind am gleichen Ort zu finden. Meist genügen wenige Stichpunkte, und Sie wissen auch nach längerer Zeit, worum es Ihnen ursprünglich ging.

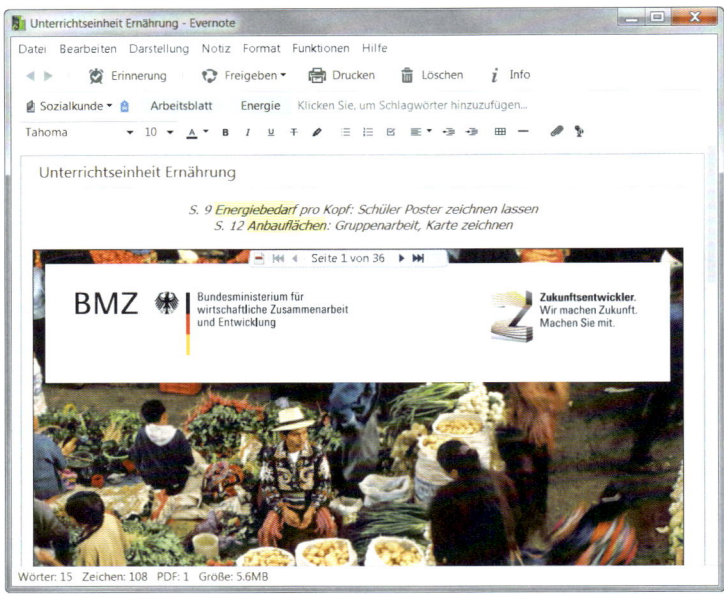

Abb. 9.21: *Eigene Metainformationen hinzufügen*

Vielleicht fertigen Sie auch Fotos von einem gelungenen Tafelanschrieb an oder einer Gruppenarbeit, bei der die Schüler auf neue Ideen kamen. Wenn Sie solche Fotos einfach auf Ihrer Festplatte neben Urlaubserinnerungen und Verwandtenbesuchen belassen, werden Sie sich in einem Jahr kaum mehr daran erinnern. Warum nicht gleich in ein Notizbuch, das für einen bestimmten Jahrgang vorgesehen ist, dazu ein Schlagwort für die Unterrichtseinheit. Vielleicht machen Sie sich zu Beginn des neuen Schuljahrs ohnehin eine grobe Zeitskizze – dann können Sie in Ihrer Timeline bereits auf diese Materialien verweisen, die Ihnen noch einmal Anregungen geben können. Wozu das Rad immer neu erfinden?

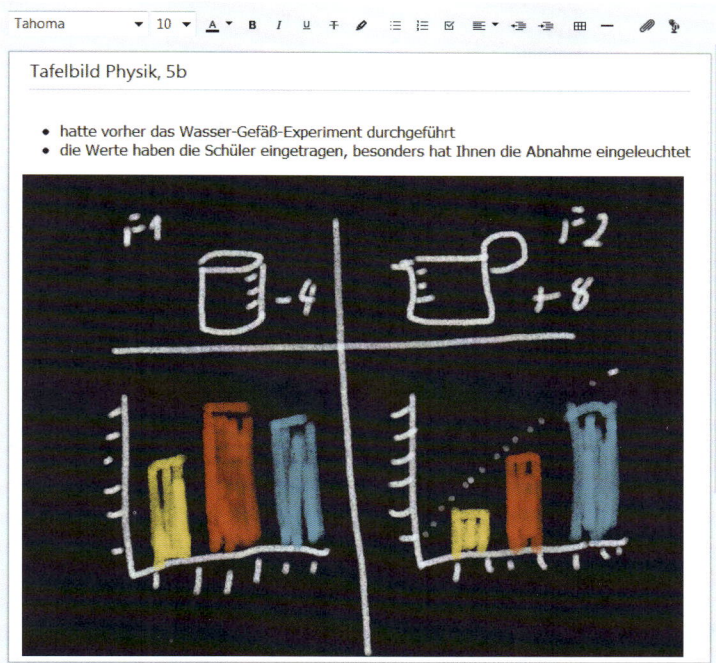

Abb. 9.22: *Tafelbilder archivieren*

Oder – auch diese Möglichkeit ist in den mobilen Apps von Evernote bereits vorhanden – mal eine akustische Darstellung von einem Schüler aufnehmen. Beim späteren Anhören können Sie noch einmal in Ruhe überlegen, wie ein Konzept, ein Modell, ein Unterrichtsgegenstand verarbeitet wurde. Reden fällt den jüngeren Schülerinnen und Schülern meist leichter und ist deutlich unaufwendiger als die schriftliche Form. Dabei sollten Sie die datenschutzrechtlichen Bedingungen beachten, die sich von Bundesland zu Bundesland unterscheiden können. Die Empfehlungen von Baden-Württemberg für den Einsatz von Evernote im schulischen Bereich finden Sie beispielsweise unter *http://lehrerfortbildung-bw.de/werkstatt/ sonstige/evernote/*

Abb. 9.23: *Aufzeichnung von Schülererlebnissen*

Alle diese Möglichkeiten stecken bereits in Ihrer Evernote-App. Sie müssen also nicht erst eine Vielzahl von Apps bedienen können, sondern sich lediglich mit den grundsätzlichen Funktionen vertraut machen.

9.7.3 Grafikbibliothek für Arbeitsblätter und Präsentationen

Wer regelmäßig Präsentationen oder Arbeitsblätter für den Unterricht gestaltet, kann sich Arbeit ersparen, indem er sich in Evernote eine ganz persönliche Grafikbibliothek erstellt. Bestimmte Motive verwendet man ja immer wieder: ein Smiley, um für die Aufgabe zu motivieren, ein »Achtung«-Schild, um einen Absatz zu betonen, ein Männchen, das ein Gefühl ausdrückt, usw.

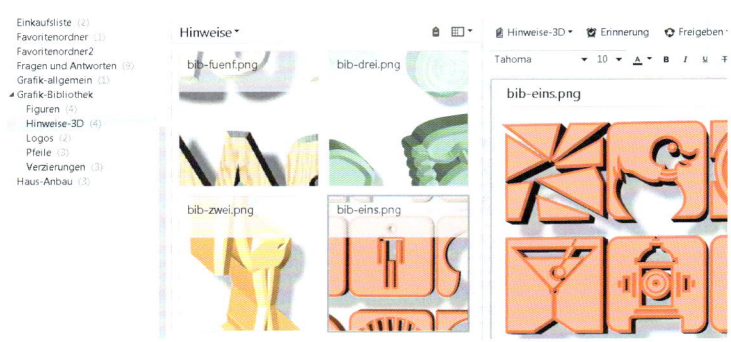

Abb. 9.24: *Die eigene Grafikbibliothek verwalten*

Sie können vorhandene Motive aus früheren Vorlagen, die Sie z.B. in Word erstellt haben, einfach auf ein leeres Notizblatt in Evernote ziehen. Oder via Drag & Drop bzw. Web Clipper einer Webseite entnehmen. Oder Sie fotografieren mit der Evernote-App einfach eine Zeichnung ab.

Damit das keinen »Bilderwust« von 1000 Cliparts gibt, sortieren Sie die Illustrationen nach Gebieten für den gewünschten Zweck. Entweder erstellen Sie dafür einen Notizbuchstapel, der die gewünschten Kategorien enthält, oder Sie arbeiten mit Tags – das ist Geschmackssache. Bei einer sehr umfangreichen Grafiksammlung können Sie den Abbildungen Stichwörter zuweisen, sodass sie leichter über eine Suchfunktion gefunden werden.

Erstellen Sie später ein neues Arbeitsblatt, blenden Sie einfach die betreffende Galerie ein und übernehmen die passenden Grafikelemente. Je nach System geht auch das via Drag & Drop, ansonsten genügt der übliche Kopierbefehl.

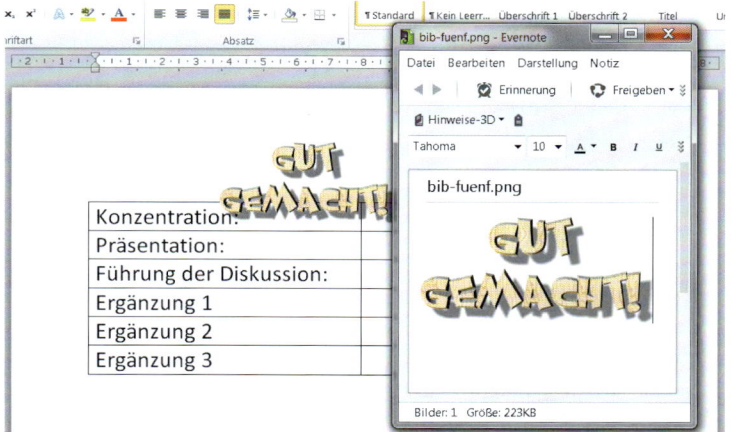

Abb. 9.25: *Per Drag & Drop rasch übernommen*

Hilfreich kann es auch sein, wenn Sie die Ansicht der mittleren Spalte von der Ausschnittansicht auf die Kartenansicht umstellen; damit erhalten Sie eine Art Thumbnail-Katalog.

Das Verfahren ist natürlich nicht auf Grafiken beschränkt: Textpassagen, Audioschnips, Videostücke, Zitate aus Büchern – eben alles, was Sie regelmäßig einsetzen. Ebenso können Sie neu gefundene oder neu entstandene »Schnipsel« direkt bei der Aufnahme in Evernote in Ihren Bibliotheksabschnitt einordnen, sodass Sie ihn zu einem späteren Zeitpunkt zur Hand haben.

9.8   Feste und Feiern planen mit Evernote

Evernote lässt sich hervorragend für die Planung von Feierlichkeiten einsetzen. Ob es sich um eine Geburtstagsparty, ein Klassentreffen, eine Hochzeit oder ein traditionelles Fest handelt – mit Evernote haben Sie die Planung fest im Griff.

Als Beispiel soll hier das bekannteste Fest dienen: Weihnachten. Ein großes Fest, für das viele Vorbereitungen zu treffen sind. Hier die besten Tipps und Tricks für die Weihnachtszeit:

▸ **Merklisten anlegen.** Hört sich simpel an, aber nichts geht über die schnellen To-do-Listen – und das schöne Gefühl, ein Kästchen nach dem anderen abhaken zu können!

▸ **Notizschnipsel aufnehmen.** Sie machen sich zunächst mit Papier und Bleistift Gedanken, z.B. bei heimeligem Kerzenschein? Oder Ihre Partnerin hinterlässt einen Zettel am Kühlschrank: »Funktioniert der Tannenbaumständer noch?« All die kleinen Dinge: Schnell mit dem Smartphone abfotografieren oder auf den Scanner legen, das Stichwort »Weihnachten« vergeben – schon haben Sie später alles griffbereit und müssen nicht nach verschwundenen Notizen suchen.

▸ **Fotos in der Vorweihnachtszeit.** Der Gedanke des »Sammelns von Ideen« gilt auch für unterwegs: Eine Auslage in einem Schaufenster, eine Tasse in einem Regal, eine Stehlampe in einem Möbelhaus. Mit der Evernote-App können Sie schon Wochen vor dem Fest solche Gelegenheiten festhalten, ohne gleich zugreifen zu müssen. Da die Evernote-Apps auf Smartphones auch den Ort des Schnappschusses festhalten, müssen Sie noch nicht einmal notieren, in welchem Geschäft Sie darauf gestoßen sind. Zu Hause wählen Sie dann ohne Zeitdruck wie in einem Katalog aus – und kaufen dann auch nur, was wirklich Sinn macht.

▸ **Onlineideen sammeln.** Es gibt wunderbare Shops im Internet mit kleinen Kunstgegenständen oder Basteleien, beispielsweise das Webangebot DaWanda (*http://de.dawanda.com/*): die Handschuhe als bunte Fäustlinge, der Kerzenständer für das Jugendzimmer, den Schlüsselanhänger für Otto, alles einfach mit der Maus markieren, den Evernote-Web-Clipper starten – und schon sind die Dinge, die Sie auf 40 verschiedenen Webseiten gefunden haben, archiviert. Und zwar direkt mit Abbildung und Link – wenn Sie also Ihre Entscheidungen getroffen haben, genügt ein Klick und Sie sind auf der richtigen Seite und müssen nicht lange Bookmarklisten durchkämmen.

▸ **Mit Schlagwörtern arbeiten.** Jetzt zeigt es sich, dass Schlagwörter eine echte Erleichterung sind. Zum Beispiel gilt es, daran zu denken, was an Geschenken für eine bestimmte Person infrage kommt. Des Weiteren müssen die Präsente gekauft, bestellt oder gebastelt werden. Und es muss geschaut werden, ob alles eingepackt, verschickt usw. wurde. Also Vorgänge, für die Sie mehrere getrennte Listen anlegen müssten. Wenn Sie aber für jede »gedachte« Liste ein Schlagwort vergeben, so genügt ein Klick auf das jeweilige Stichwort – und es werden nur jene Notizen aufgeführt, die gerade von Interesse sind. In unserem Beispiel gibt es ein »Personen-Schlagwort« (»Julius«) mit dem sofort aufgezeigt wird, was Julius alles erhalten soll: das Bilderbuch, den Kinderwecker, den neuen Schlafanzug usw. Ein zweites Schlagwort sortiert nach den Einkaufsorten: Amazon, Toys "R" Us, Mediamarkt usw. Wenn Sie also ohnehin auf dem Weg zu Mediamarkt sind, klicken Sie auf dieses Etikett und erhalten sofort eine »Einkaufsliste« mit jenen Produkten, die Sie an diesem Ort einkaufen müssen – unabhängig davon, für welche Person sie gedacht sind.

▸ **Rezepte.** Ja, da kann Evernote seine ganze Stärke ausspielen: Plätzchen-, Kuchen-, Gänserücken- und Was-sonst-noch-Rezepte, die sich im Internet tummeln: Fotos und Zutaten wieder mit dem Web Clipper einfangen, später mit der beschriebenen Methode des »Notizenverschmelzens« (siehe Abschnitt 2.3.2) zu einer einzigen Notiz zusammenfügen, ausdrucken, in den Einkaufskorb legen.

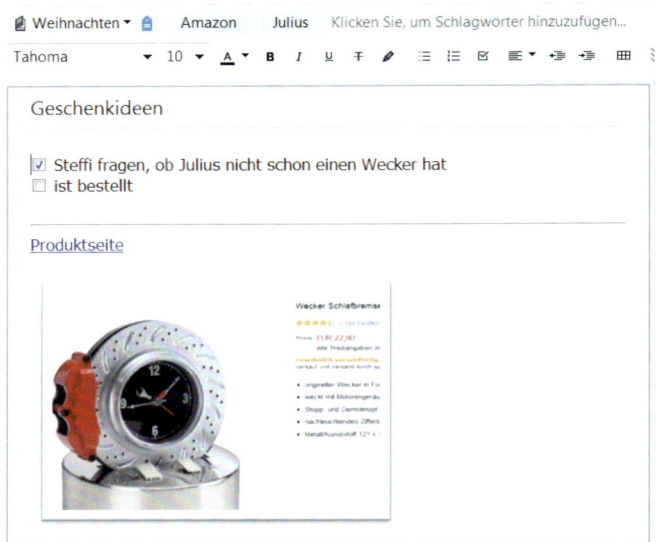

Abb. 9.26: *Mit einem Screenshot haben Sie sofort das Geschenk vor Augen*

- ▸ **Adressen für die Weihnachts- und Neujahrskarten.** Manche werden Sie im Adressbuch stehen haben, andere benutzen Sie so selten, dass Sie kurz auf einer Homepage nach Einzelheiten suchen müssen. All diese Adressen in Evernote kopieren, die Liste ausdrucken, Karten beschriften, fertig.

- ▸ **Kalender einsetzen.** Bestimmte Einkäufe sind vielleicht an einem bestimmten Tag fällig, weil z.B. Karolina dann bei Ikea vorbeikommt oder Sie selbst ohnehin in der Nachbarstadt mit dem kleinen Kunstladen sind. Dann, wiederum: Wie bereits beschrieben (siehe Abschnitt 2.3.3), die Links zu den Evernote-Notizen in den Online- oder Smartphone-Kalender einfügen – schon haben Sie sie am betreffenden Tag zur Hand.

- ▸ **Playlisten für die Weihnachtsmusik.** Muss es schon wieder die alte Bing-Crosby-CD sein? Sie haben doch wunderbare Titel auf Ihrer Festplatte! Stellen Sie die Titel schon mal zusammen. iTunes und andere Musikverwaltungsprogramme exportieren Playlisten, die Sie in Evernote aufnehmen, um später die CDs für den Weihnachtsabend zu brennen. Alternativ: Sie können in eine Evernote-Notiz nicht nur Weblinks einfügen, sondern auch Verzeichnispfade zu Dateien auf der Festplatte. Also ab mit den MP3-Links in ein Notizblatt, sodass später in der Hektik nicht die Suche losgeht.

▸ Sie haben einen Drucker, der randlos Fotos ausdrucken kann? Das ist die Gelegenheit, Ihren Präsenten geschmackvolle Karten beizugeben. Die Motive suchen Sie dazu vorher bei Fotodiensten zusammen. Sehr zu empfehlen ist 500px (*http://500px.com/*) oder das deutsche Angebot Fotocommunity (*http://www.fotocommunity.de/*). Schöne Motive direkt in Evernote abspeichern. Kleiner Tipp für iPad-Besitzer: Die App FlickrStackr (*http://ipont.ca/ip/flickstackr/*) arbeitet nicht nur mit Flickr, sondern auch mit 500px zusammen – via Maillink können Sie Fundstücke direkt an Evernote senden.

9.9 Kellerkartons »röntgen«

Ja, es gibt sie, die Zeitgenossen, die immer alles an Ort und Stelle haben: Dort ein Haken für lange Kabel, daneben einer für kurze Kabel, eine Schublade für Klebeband, einen Karton für Videokassetten bis 1990 usw. Aber meiner Schätzung nach schaffen das nur 10 Prozent der Bevölkerung – beim Rest herrschen unterschiedliche Schattierungen von Chaos. Beherrscht wird dieses Chaos meist durch eine Vielzahl von Kartons, Plastikkisten, Schubladen, Blechdosen, die sich im Laufe der Jahre in bunter Reihenfolge in Kellerregalen türmen. Beim Einräumen denken Sie noch: »Ja, das merke ich mir, hier drin sind alle Verlängerungskabel, dort die Fotos von meiner Abiturfeier.« Schon drei Monate später ist eine zweite Kartonschicht entstanden – und nach drei Jahren gleicht die Suche nach einem bestimmten Teil, das Sie gerade jetzt ganz dringend benötigen, einem archäologischen Unterfangen.

Wie kann Evernote in diesen Fällen helfen? Da gibt es verschiedene Möglichkeiten:

▸ **Fotografisches Gedächtnis.** In Kartons kann man ja meistens nicht hineinsehen. Also einfach ein Foto mit der Evernote-App vom Inhalt aufnehmen, vielleicht noch ein paar grundlegende Tags wie »Kabel«, »Musik-CDs« vergeben und ab damit in das Notizbuch »Keller-Fensterbereich«. Eventuell noch ein zweiter Schnappschuss vom Standort des Kartons, sodass Sie später gleich zum richtigen Regal gehen.

‣ **Suchlisten anlegen.** Lohnt sich nicht unbedingt für jeden Karton, aber bei bestimmten hat man ja schon den Verdacht, dass man Teile des Inhalts später durchaus einmal wieder suchen wird. Also einfach eine kleine Inhaltsliste mit Stichwörtern pro Karton tippen. Der Vorteil solcher Listen: a) Sie können sie später ergänzen, wenn Sie Dinge aus dem Karton entfernen oder neue hinzufügen; b) Evernote nimmt die Begriffe in seinen Suchindex auf, sodass Sie bei dem Suchwort »Verlängerungskabel« auf das Hauptnotizbuch »Keller« mit dem Unternotizbuch »Karton Kabel« stoßen. In diesem Unternotizbuch finden sich dann zusätzlich die eben erwähnten Fotos vom Aussehen und Standort der Kiste.

‣ **QR-Code nutzen.** Und jetzt noch ein Tipp, der sich erst mal anhört, als müsse man ein totaler Computerfreak sein, um so etwas gut zu finden. In Wirklichkeit ist die Handhabung derart einfach, dass auch ein absoluter Neuling die Sache in zwei Minuten beherrscht. Dazu kommt noch eine Besonderheit, die kein anderes Ordnungssystem erfüllen kann: Sie brauchen Ihr Smartphone nämlich nur in die Nähe eines Kartons zu halten – und schwupp sehen Sie den Inhalt. Unschätzbar bei Bergen von Gerümpel oder unzugänglichen Stellen! Okay, wie funktioniert die Sache nun:

  ‣ Sie legen sich wie eben beschrieben Notizbücher für die Inhalte der Kisten an, also Fotos oder Listen.

  ‣ Sie erzeugen einen Weblink zu dem betreffenden Notizblatt oder Notizbuch (ausführlich wird das Thema »Freigeben« in Kapitel 4 behandelt).

  ‣ Den Link kopieren Sie in die Zwischenablage und fügen ihn auf einer Webseite ein, die QR-Codes erzeugt. Es gibt unzählige solcher QR-Generatoren, empfehlenswert ist *http://goqr.me/*. Wahrscheinlich haben Sie solche Codes schon einmal auf Briefumschlägen oder Ausdrucken von Fahrkarten gesehen. Es entsteht eine Grafik, die Sie ausdrucken und an Ihren Karton heften können (drucken Sie diese ruhig etwas größer aus, damit Sie auch aus der Entfernung den Code aktivieren können).

▸ Abschließend spielen Sie noch eine App auf Ihr Smartphone auf, die QR-Code lesen kann. Diese Apps gibt es für jedes Smartphone kostenlos – ich empfehle für das iPhone Barcoo.

▸ Wenn Sie später mit dem Smartphone durch den Keller schlendern und es auf eine Kiste richten, wird Ihnen sofort der Inhalt angezeigt: Der QR-Link öffnet das jeweilige Evernote-Notizbuch mit Fotos, Inhaltsbeschreibungen usw. Vor allem: Die Listen sind immer aktuell, ohne dass Sie den Code verändern müssten. Denn alle Änderungen nehmen Sie ja direkt in der Evernote-Anwendung vor.

Abb. 9.27: Ein QR-Code für Ihre Kellerkisten

9.10 Links zu weiteren Praxisbeispielen

Inzwischen haben viele Anwender ihren persönlichen Umgang ausführlich beschrieben, hier einige besonders interessante Beispiele zum Weiterlesen:

▸ Landesakademie für Fortbildung und Personalentwicklung an Schulen: *http://lehrerfortbildung-bw.de/werkstatt/sonstige/evernote/*

▸ »Wie Lehrer Felix Schaumburg mit Evernote seinen Unterricht papierfrei hält«: *http://evernote-de.tumblr.com/post/19178865591/*wie-lehrer-felix-schaumburg-mit-evernote-seinen

▸ Papierfreie Lehrer/-innen: *http://www.lehrerfreund.de/schule/1s/unterrichtsvorbereitung-evernote/*

- ▸ Digitaler Lehrerworkflow: http://blog.meinunterricht.de/?p=326
- ▸ Wie man ein Printmagazin für Designthemen mit Evernote organisiert (englisch): http://blog.evernote.com/2012/06/19/how-to-run-a-magazine-with-evernote-janine-vangool-of-uppercase-video/

Eine ganze Reihe weiterer Beispiele finden Sie bei den offiziellen Blogs von Evernote:

- ▸ deutscher Blog: *http://evernote-de.tumblr.com*
- ▸ englischer Blog: *http://blog.evernote.com*
- ▸ und natürlich bei »Evernote für Pfiffige«: *http://notieren.de*

Kapitel 10

Tipps und Tricks

10.1 Checkboxen auf einen Schlag

Sie werden immer wieder auf Listen, Aufzählungen usw. stoßen, die Sie in eine Notiz kopieren und zugleich mit Checkboxen versehen möchten. Sie können diesen Vorgang »auf einen Schlag« erledigen, indem Sie die Zeilen markieren und das Checkbox-Symbol anklicken.

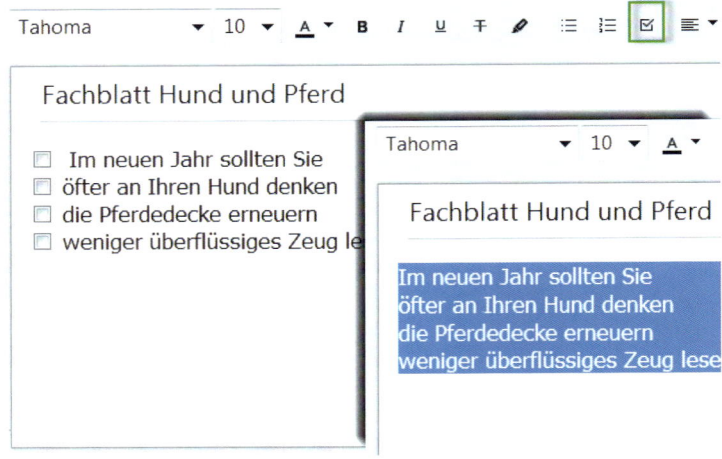

Abb. 10.1: *Kästchen rasch eingefügt*

Ideal ist dieses Verfahren auch für Urlaubschecklisten, die Sie auf vielen Webseiten finden. Sie können den Text in eine Notiz kopieren und die Zeilen mit todo-Kästchen versehen. Wenn Sie das entsprechende Notizbuch für Ihre Mitreisenden öffnen, können diese Punkte ergänzen oder bereits erledigte Dinge abhaken, sodass doppelte Besorgungen entfallen. Eine der umfangreichsten Listen dieser Art finden Sie unter

http://www.urlaubs-checkliste.de.

10.2 Grafiken flott bearbeiten

Sobald Sie mit dem Mauszeiger über einer Grafik schweben, erscheint ein Button für Markierungsvorgänge. Neben den üblichen Tools versteckt sich dort auch eine Option zur Größenänderung: Klicken auf den Button, der sonst für das Ausschneiden zuständig ist. Möchten Sie hingegen ein Foto innerhalb einer Notiz drehen, so genügt der Aufruf des Kontextmenüs mit der rechten Maustaste. Die dritte Möglichkeit besteht in einem Doppelklick: Damit wir jene Software aufgerufen, die auf Ihrem System für das Bearbeiten von Grafiken eingebunden ist (also z.B. Photoshop).

Abb. 10.2: *Markierungstools aufrufen*

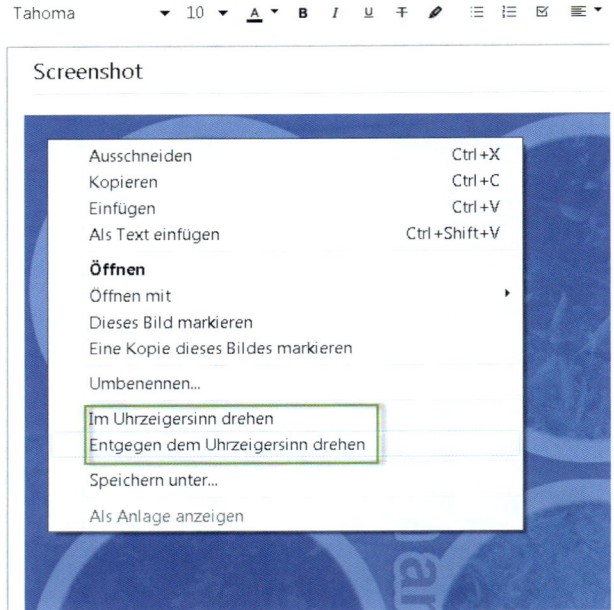

Abb. 10.3: *Grafiken drehen*

10.3 Mehr finden mit der doppelten Suche

Evernote nimmt in seinen Suchindex ja nicht nur Ihre eigenen Texte und Wörter aus Bildern auf, auch der gesamte Text von PDF-Dokumenten (bei Premium-Accounts: zusätzlich von Office-Dokumenten) wird indiziert. Mit der Eingabe eines Suchbegriffs wird Ihnen zwar die betreffende Notiz als Treffer angezeigt, aber Sie wissen damit nicht, an welcher Stelle der 72-Seiten-Datei die entsprechende Textpassage steht. Nun könnten Sie zwar die Datei in einer externen Applikation öffnen, um dort mit der Suche fortzufahren. Es geht aber auch einfacher: Drücken Sie in der gefundenen Notiz die Tastenkombination $\boxed{\text{Strg}}$+$\boxed{\text{F}}$ (für »Suchen«) oder $\boxed{\text{Strg}}$+$\boxed{\text{H}}$

(für »Suchen und Ersetzen«) und geben Sie den Suchbegriff nochmals ein. Dadurch können Sie von Fundstelle zu Fundstelle in dem Dokument springen, ohne die Notiz zu verlassen.

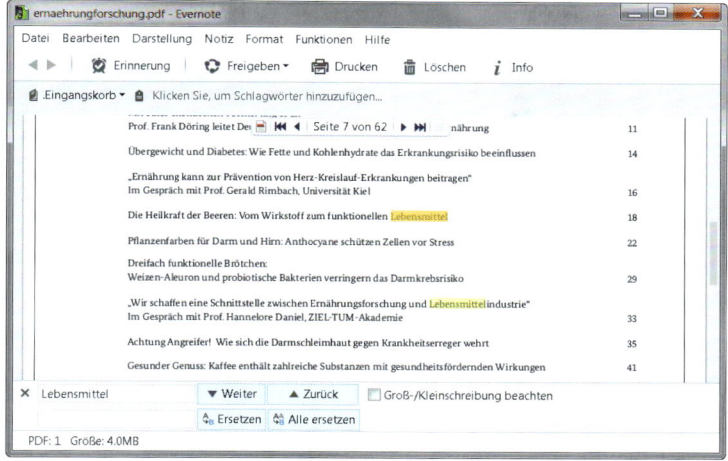

Abb. 10.4: In großen Dokumenten suchen

10.4   Filter für unerledigte Notizen

Sie können Notizen, die Sie noch bearbeiten müssen, auf vielfältige Weise kennzeichnen oder einsortieren: durch Vergabe eines Schlagworts, Archivierung in einem Notizbuch, Verwendung der Erinnerungsfunktion usw. Eine weitere Möglichkeit: einfach eine offene Checkbox in die Notiz aufnehmen. Denn dann können Sie mit dem Suchbefehl todo:false alle offenen Notizen filtern; sobald Sie ein Häkchen machen, taucht diese Notiz nicht mehr in Ihren Suchergebnissen auf. Besonders bequem: Speichern Sie diese Suche mit einem leicht zu merkenden Begriff, z.B. »unerledigt«, und ziehen Sie sie in die FAVORITEN-Rubrik. So genügt ein Klick und sofort werden die entsprechenden Notizen eingeblendet.

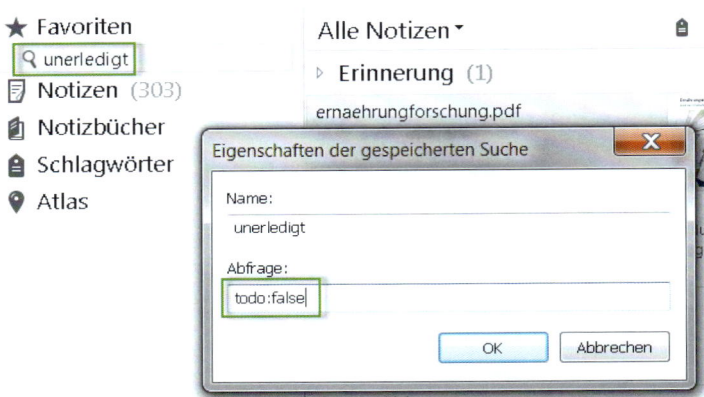

Abb. 10.5: *Suchparameter »todo:« nutzen*

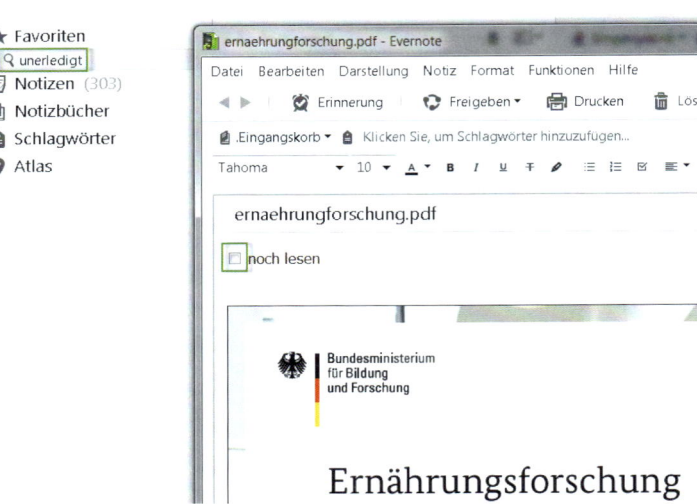

Abb. 10.6: *Unerledigte Notizen rasch auffinden*

10.5 Anhänge einfach verschieben

In der Praxis möchte man gelegentlich bei einer neuen Notiz Dateien einfügen, die bereits in einer anderen Notiz vorhanden sind. Zwar könnten Sie mit Kopieren und Überschreiben der alten Notiz das Problem bewältigen, aber einfacher geht es auch hier mit Drag & Drop. Um bei dem Vorgang die Dateien besser im Blick zu haben, wandeln Sie eine etwaige PDF-Vorschauansicht in eine Anhangansicht um: Rufen Sie mit der rechten Maustaste das Kontextmenü über der Vorschau in der Notiz auf und wählen Sie den Punkt ALS ANLAGE ANZEIGEN aus.

Abb. 10.7: *Statt großer Vorschau …*

Abb. 10.8: *… eine kleine Anlage*

Anschließend wählen Sie die neue Notiz aus und blenden die ältere per Doppelklick auf die Vorschauansicht ein, sodass Letztere in einem eigenen Fenster dargestellt wird. Nun können Sie komfortabel die gewünschten Dateien in Ihre neue Notiz ziehen. Sofern Sie die Vorschauansicht einer Datei wiederherstellen möchten, entfernen Sie einfach das Häkchen beim Kontextmenüpunkt ALS ANLAGE ANZEIGEN.

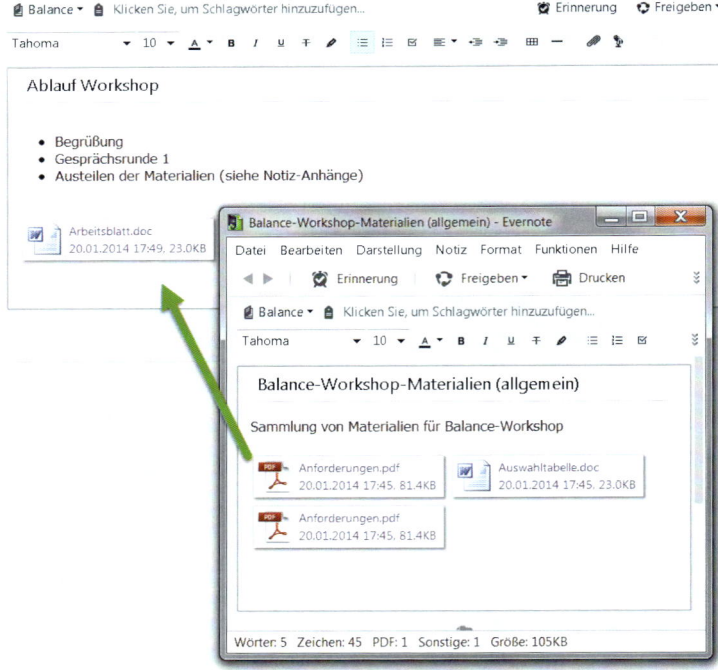

Abb. 10.9: *Anhänge verschieben*

10.6 Notizen als Browser-Lesezeichen

Dass Evernote neben den freigegebenen Weblinks auch »interne Links« zu Einzelnoten erzeugen kann, wurde bereits dargestellt. Da in den meisten

Fällen das Betriebssystem den Beginn dieser Links – `evernote:///` – korrekt als Aufforderung zum Start von Evernote versteht, können Sie derartige Adressen auch im Browser verwenden. Sie legen dort auf gewohnte Weise ein Lesezeichen an, wie Sie es auch bei Webseiten tun würden. Nur dass Sie diesmal nicht etwas wie `http://www.spiegel.de` vermerken, sondern den erzeugten Link kopieren, also `evernote:///view/1234....`

Wenn Sie später in Ihrem Browser ein solches Lesezeichen anklicken, erscheint umgehend die betreffende Evernote-Notiz über Ihr Desktopprogramm.

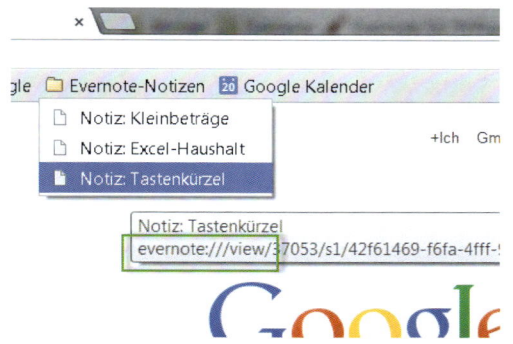

Abb. 10.10: *Notizen aus dem Browser aufrufen*

Ein praktischer Anwendungsfall: Wenn Sie oft etwas über das Web bestellen, finden Sie häufig in Ihren Kontoauszügen kryptische Vermerke wie z.B. »3,22 Euro für Company GrSchFA«, ohne dass Sie sich an das Unternehmen erinnern können, weil es sein Webangebot vielleicht »Großartige Schuhe für alle« genannt hat.

Man fragt sich dann gelegentlich, ob nicht jemand unberechtigt etwas abgebucht hat. Wenn Sie sich hingegen eine Notiz für Kleinbeträge in Evernote angelegt haben, können Sie direkt beim Bestellvorgang den Betrag notieren, indem Sie über das Lesezeichen die Evernote-Tabelle aufrufen.

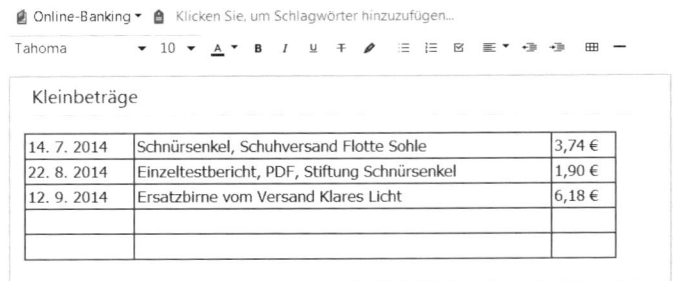

Abb. 10.11: *Kleinigkeit rasch eintragen*

10.7   Ein kleines Logbuch

Manchmal ist es übersichtlicher, eine bestehende Notiz zu ergänzen, als viele kleine Notizzettel anzulegen. Gerade wenn Sie eine Historie zu einem Projekt anlegen möchten, schnell ein paar Stichpunkte zu einer wöchentlichen Sitzung aufzeichnen oder schlicht die Entwicklung eines Sachverhalts im Auge behalten möchten. Für diese Fälle gibt es zwei Tastaturbefehle, die sich als sehr nützlich erweisen:

- Mit Strg + ⇧ + _ erzeugen Sie eine durchgehende Linie, sodass sich Abschnitte innerhalb der Notiz übersichtlich trennen lassen.
- Mit Alt + ⇧ + D – oder noch kürzer: Strg + ü – werden Datum und Uhrzeit eingefügt.

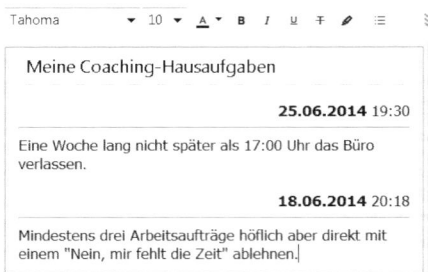

Abb. 10.12: *Logbuch mit Datum und Uhrzeit*

10.8   Mit Vorlagen arbeiten

Ein ausgefeiltes Vorlagensystem wie Sie es von Textverarbeitungen kennen, kann Evernote leider nicht bieten. Dennoch erweist sich die Notizenkopierfunktion als außerordentlich nützlich im Alltag. Ein Teilnehmer unserer Google+ Community »Evernote DE« berichtet, dass er einen großen Teil seiner Aufgaben als Hausverwalter über diese Funktion erledigt. Einer der Vorteile: Gerade wenn man mobil Aufgaben »abzuhaken« hat, ist die grafisch einfache Darstellungsform mit Checkboxen ideal, um sich solche Notizen auf dem Smartphone anzeigen zu lassen.

Und so könnten Sie vorgehen:

Zunächst legen Sie eine Notiz an, die alle wichtigen Vorgaben enthält. Dabei können Sie einen Tick aufwendiger vorgehen, z.B. auch mit Tabellen arbeiten, da Sie sich diese Mühe ja nur einmal machen. Vor allem: Es sind alle Punkte enthalten, die für die Erfassung eines späteren Vorgangs wichtig sind, sodass Sie sich nicht immer wieder neue Gedanken machen müssen.

Diese Vorlagen wandern in ein gesondertes Notizbuch, z.B. mit dem Titel »Vorlagen«. Wird ein Doppel benötigt, wählen Sie in der mittleren Vorschauansicht den Kontextmenübefehl NOTIZ KOPIEREN und dann den Namen des Notizbuchs aus, in dem Sie die Vorlage benötigen.

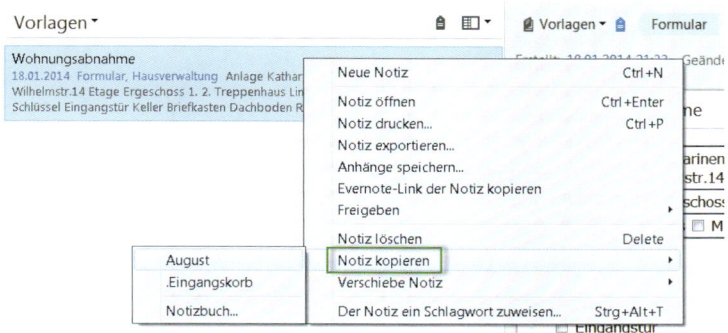

Abb. 10.13: *Vorlagen kopieren*

Der Aufbau einer Vorlage richtet sich nach dem Verwendungszweck. So können Sie etwa Platz lassen, um an Ort und Stelle ein Foto hinzuzufügen (was direkt im Editiermodus mit der Evernote-App erledigt werden kann). Oder Sie fügen »Standardlinks« zu anderen Evernote-Notizen hinzu (etwa Notizen mit Lageplänen, Vertragstexten), die bei diesen Aufgaben eine Rolle spielen könnten. Oder Sie nehmen am Notizende Angaben zu bestimmten Ansprechpartnern, Webadressen usw. auf.

Übrigens: Das Kopieren von einzelnen Notizen ist inzwischen auch in der iOS-App von Evernote möglich; wahrscheinlich demnächst auch in den anderen mobilen Anwendungen.

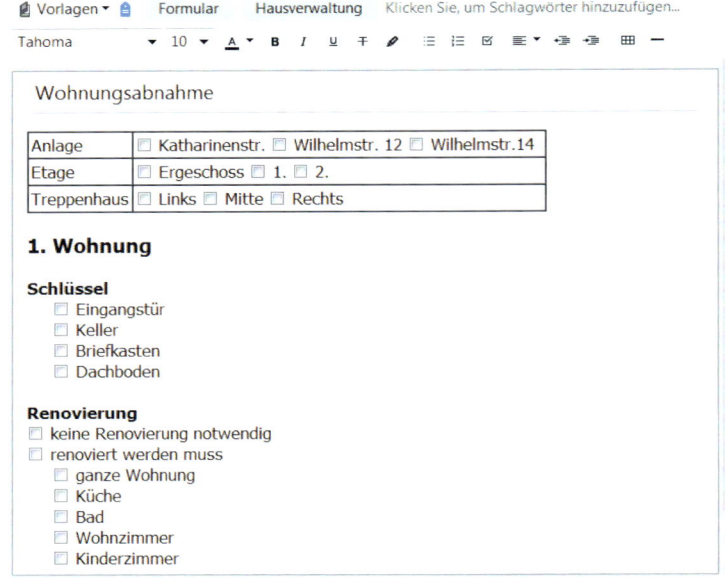

Abb. 10.14: *Beispiel für eine Notizenvorlage*

10.9   Die Notiz in der Notiz

Dass Sie in einer Notiz sehr einfach Links zu anderen Notizen aufnehmen können, wurde bereits ausgeführt (siehe Abschnitt 2.3.3). Allerdings führt ein Klick direkt zu dieser Notiz, die aktuelle Information ist erst mal »aus den Augen«. Natürlich können Sie zurückblättern. Noch eleganter ist es aber, wenn Sie einen weithin unbekannten Kniff anwenden: Halten Sie die ⇧-Taste gedrückt, während Sie auf den Link klicken. Dadurch bleibt die momentane Notiz erhalten, die verlinkte Information wird in einem zusätzlichen Fenster eingeblendet. Haben Sie diese Information zur Kenntnis genommen, können Sie das Fenster einfach wieder schließen. Oder Sie verschieben es an den Rand, können also in Ihrer »Hauptnotiz« weiterarbeiten, haben aber weiterhin die Zusatznotiz – etwa eine Liste mit Namen oder Jahreszahlen – im Blick.

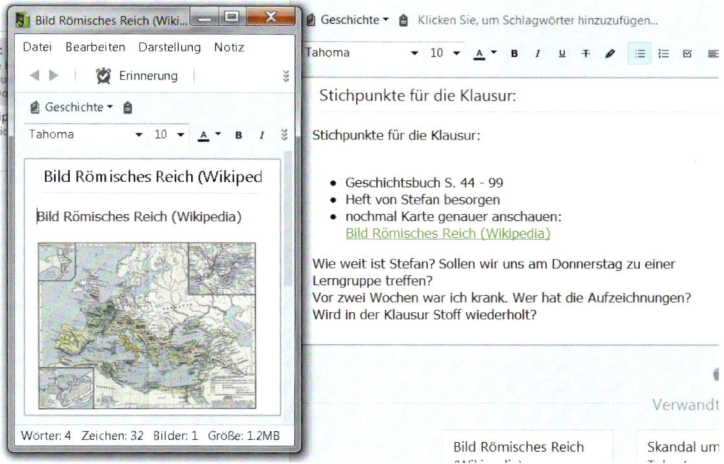

Abb. 10.15: *Notiz in zusätzlichem Fenster einblenden*

Tipp

Wenn Sie einen Link zu einer anderen Notiz einfügen, wird als Text standardmäßig der Titel dieser Notiz verwendet. Sie können diesen Text aber überschreiben; im vorliegenden Beispiel etwa statt »Bild Römisches Reich (Wikipedia)« den Begriff »Landkarte« tippen. Oder Sie markieren bestehende Textteile, nehmen den üblichen Kopiervorgang des Notizenlinks in die Zwischenablage vor und fügen dann mit Strg+K den Link ein.

10.10 Weblogs mit Postach.io gestalten

Durch die Veröffentlichung von Notizen oder ganzen Notizbüchern können Sie schnell und problemlos Evernote-Inhalte veröffentlichen (siehe Kapitel 4). Wenn es optisch ein wenig »hübscher« aussehen soll, dann lohnt sich ein Blick auf den Dienst Postach.io (*http://postach.io*). Dieser stellt eine Reihe von Layout-Vorlagen zur Verfügung, mit denen Sie Ihre veröffentlichten Notizen ein Aussehen verleihen können, wie man es von Weblogs kennt. Dazu gibt es einen Feed und das Layout passt sich unterschiedlichen Bildschirmgrößen automatisch an, so dass Ihre Notizen auch auf einem Smartphone einen guten Eindruck hinterlassen.

Der große Pluspunkt ist die einfache »Bedienung« von Postach.io: Sie versehen eine Notiz mit einem bestimmten Schlagwort, z.B. »publizieren«, schon erscheint diese als neuer Beitrag in Ihrem Weblog. Entfernen Sie das Schlagwort hingegen, verschwindet der Inhalt der Notiz aus dem Web.

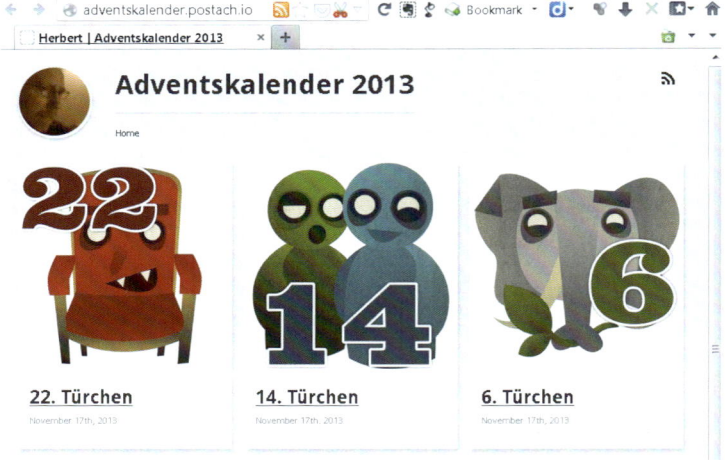

Abb. 10.16: *Notizen im Web veröffentlichen mit Postach.io*

10.11 Automatisierung mit IFTTT

IFTTT (IF This Than That, *http://ifttt.com*) ist ein weiterer Dienst, der mit Evernote verknüpft werden kann. Je nach Einstellung werden bestimmte Aktionen ausgelöst: Erscheint beispielsweise in Facebook oder auf Twitter eine neue Nachricht, kann IFTTT den Inhalt in einer Evernote-Notiz speichern. Oder Sie markieren eine Mail in Gmail mit einem Sternchen, IFTTT bemerkt dies und leitet die Mail an Evernote weiter. Der Dienst ist zwar sehr beliebt, damit er aber funktioniert, muss er zumindest eingeschränkten Zugang zu den verschiedenen Accounts erhalten. Bei sensiblen Inhalten sollte man sich das unter Aspekten des Datenschutzes überlegen.

Jedenfalls gibt es eine Vielzahl von vorgefertigten »Rezepten«, die auf Evernote abgestimmt sind. Inzwischen beherrscht die iPhone-App von IFTTT sogar die Lokalisierungsfunktion. Wenn Sie also einen bestimmten Ort, etwa Ihr Büro, betreten, sendet IFTTT eine Nachricht an Evernote. So können Sie beispielsweise ein Kunden-Zeitkonto in Evernote führen.

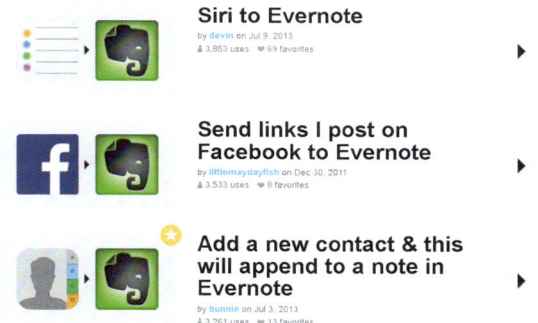

Siri to Evernote
by devin on Jul 9, 2013
3,853 uses   69 favorites

Send links I post on Facebook to Evernote
by littlemaydayfish on Dec 30, 2011
3,533 uses   8 favorites

Add a new contact & this will append to a note in Evernote
by bunnie on Jul 3, 2013
3,261 uses   13 favorites

Abb. 10.17: *IFTT verknüpft Evernote mit anderen Diensten*

10.12 Zeichnen lernen mit Penultimate

Zunehmend wird bei Präsentationen oder Workshops wieder auf Zeichnungen »per Hand« gesetzt. Das »Sketchnote Handbuch« von Mike Rohde (mitp-Verlag, 24,99 €) ist ein gutes Beispiel dafür. Nutzen Sie doch einfach die kostenlose App Penultimate von Evernote (siehe Abschnitt 8.3.2), um von einzelnen Stellen Screenshots zum Nachzeichnen anzufertigen. So können Sie auch mal in der Bahn oder im Wartezimmer üben, ohne das ganze Buch dabei haben zu müssen. Und gelungene Zeichnungen sind damit gleichzeitig bei Evernote archiviert, so dass Sie später Ihr Kunstwerk in Word oder PowerPoint aufnehmen können.

Abb. 10.18: *kreativ mit Penultimate und Sketchnote*

10.13 Eine Frage des Papiers

Sie werden sich nun vielleicht erstaunt fragen: Evernote und Papier? Ist nicht gerade das Schaffen eines »papierlosen Büros« eins der Ziele, die man mit Evernote verwirklichen kann? Ja und nein, ich persönlich habe eher das Ziel, mir eine »papierarme« Umgebung zu schaffen, nicht aber auf Biegen und Brechen auf jegliches Papier zu verzichten. So verwende ich zwar sehr gerne mein Tablet und einen entsprechenden Stift, um Skizzen anzufertigen: Durch die Zoomfunktion der Apps, verschiedene Farben und Stiftarten kann ich damit besser Ideen umsetzen als auf einem »normalen« Papier. Wenn es aber um Notizen in einer Besprechung oder in einer Gesprächsrunde geht, bevorzuge ich allerdings ein Notizbuch aus Papier. Nichts ist unauffälliger, lenkt weniger ab und ist so unkompliziert zu bedienen. Anschließend eine Aufnahme per Evernote-App – schon habe ich samt Handschriftenerkennung die Notizen digitalisiert und auffindbar gemacht. Aber es gibt noch eine Reihe von Produkten, die den Papieralltag erleichtern.

10.13.1 Moleskine

In allen mobilen Evernote-Apps finden sich Einstellungen, die auf Papierprodukte aus dem Hause »Moleskine« abgestimmt sind. Wenn man von diesem Hersteller für Evernote vorgesehene Notizbücher kauft, so liegen diesen kleine Klebesticker bei. Die grundsätzliche Idee: Man fertigt unterwegs, z.B. während einer Urlaubsreise, seine handschriftlichen Notizen oder Skizzen an. Als Gedächtnisstütze markiert man die jeweilige Seite mit einem Sticker. Den unterschiedlichen Stickersymbolen kann man wiederum Evernote-Notizbücher und Schlagwörter zuweisen. Fotografiert man dann einzelne Seiten aus dem Moleskine-Notizbuch, werden die digitalen Varianten der Seiten automatisch in das passende Notizbuch eingeordnet und mit den gewünschten Schlagwörtern versehen.

Abb. 10.19: Seite aus Evernote-Moleskine-Notizbuch

Abb. 10.20: Einstellungsmenü Evernote-iPhone-App

Neben den Stickern enthält das Notizbuch auch einen Gutscheincode für Premiummonate. Dieser Code kann auf der folgenden Webseite, die weitere Einzelheiten zu den Moleskine-Produkten enthält, eingelöst werden: *http://evernote.com/partner/moleskine/*.

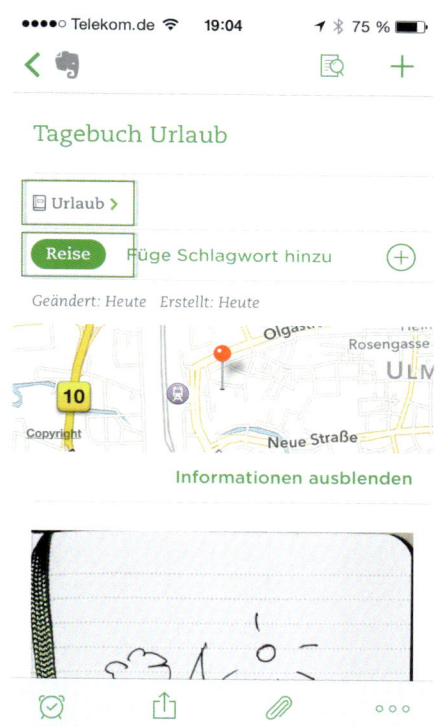

Abb. 10.21: *Automatische Einsortierung durch Sticker*

10.13.2 Mit Whitelines Link Dropbox und Evernote verknüpfen

Eine Alternative zu Moleskine stellen Produkte von Whitelines dar. Das Unternehmen fertigt schon länger Notizbücher, die eine Besonderheit aufweisen: Der Papierhintergrund ist leicht grau, die Linien hingegen sind weiß. Damit soll insbesondere bei Scanvorgängen ein besonders guter Kontrast erreicht werden. Eine Produktserie – Whitelines Link – weist zusätzliche Markierungen auf: Der untere Rand jeder Seite weist ein Mail-, ein Evernote- und ein Dropbox-Symbol auf, zusätzlich sind die vier Ecken jeden Blattes markiert.

Abb. 10.22: *Whitelines Link mit Evernote-Symbol*

Dazu gibt es kostenlos für iOS und Android eine App vom Hersteller, mit der man seine Notiz aufnehmen kann. Durch die Eckmarkierungen richtet diese App die Seite automatisch korrekt aus und löst auch ohne weiteres Zutun den Schnappschuss aus. Für Evernote kann man zuvor Schlagwörter definieren, die dem Scan automatisch zugeordnet werden.

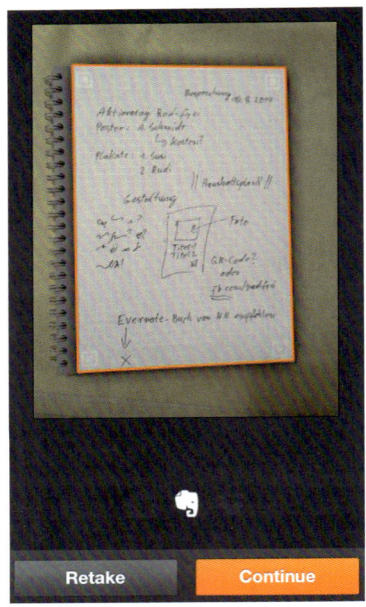

Abb. 10.23: *Automatische Justierung …*

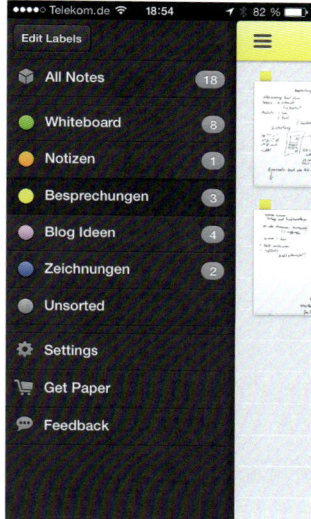

Abb. 10.24: ... und Zuordnung

Zwar handelt es sich bei Whitelines (*http://whitelines.se/*) um ein schwedisches Unternehmen, die Blöcke sind aber auch in Deutschland erhältlich, z.B. über Amazon. Wer die Sache erst einmal kostenlos ausprobieren möchte, kann sich über die Whitelines-Website ein Probepapier ausdrucken.

10.13.3 Post-it®-Notizen

Wer kennt sie nicht, die kleinen Klebezettelchen, die auf Papieren, Aktenordnern und Kühlschränken kleben. Evernote ist Ende 2013 eine Kooperation mit dem Originalhersteller, 3M, eingegangen. Man muss allerdings nicht zu den Päckchen greifen, die das Evernote-Logo aufweisen, auch die handelsüblichen Neonvarianten, die es schon länger auf dem Markt gibt, funktionieren mit den mobilen Apps von Evernote. Ähnlich wie bei Moleskine ist auch hier der Gedanke, dass durch eine einfache Fotoaufnahme die Information sofort einsortiert wird. Diesmal sind allerdings keine Sticker im Spiel, sondern die Farbe des Zettels entscheidet über die

Zuordnung. Da solche Zettel meist dringliche Notizen enthalten, können Sie in diesem Fall sogar eine automatische Erinnerung mitgeben.

Abb. 10.25: *Information per Haftnotiz*

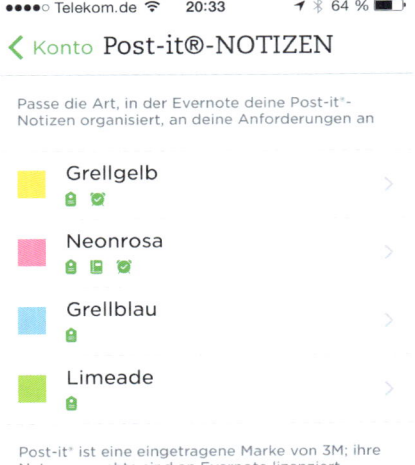

Abb. 10.26: *Vier Farben werden erkannt*

Die Farben Grellgelb, Neonrosa, Grellblau und Limone können für die Unterscheidung genutzt werden. Das Vorgehen ist ähnlich wie bei der Moleskine-Notiz: Sie fotografieren mit der Evernote-App den Zettel, die Ränder werden ausgerichtet und beschnitten, den Vorgaben (in den Einstellungen der mobilen App) entsprechend erfolgt die Einordnung in Evernote.

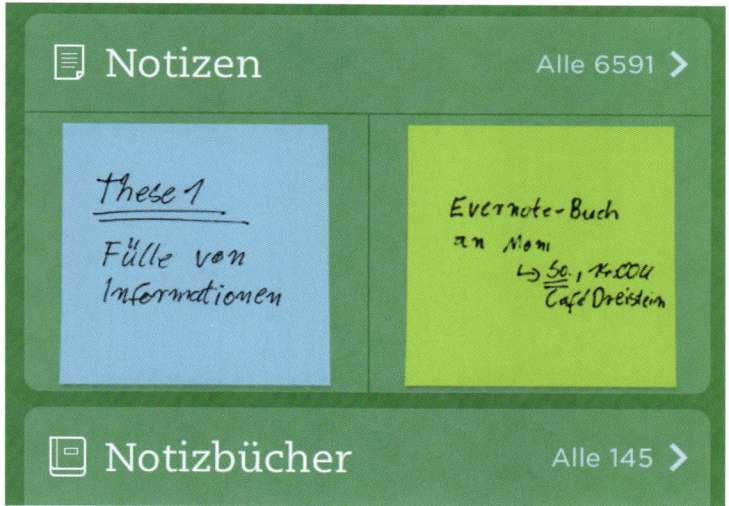

Abb. 10.27: *Post-it in Evernote*

Das spätere Vorschaubild entspricht den Notizzetteln. Was das Verfahren für Workshops interessant macht: Laut Evernote sollen auch die großen Varianten, sogenannte Meeting-Notes, erkannt werden (bis zu 20 x 15 cm). Überhaupt lohnt sich hier das Experimentieren. Grelle Farben von Leuchtmarkern führen gelegentlich ebenfalls zum Erkennen und Einsortieren.

Ausführliche Einzelheiten rund um Evernote-Post-it sind in einer eigenen Rubrik auf der Homepage von Evernote aufgeführt:

http://evernote.com/intl/de/partner/postitbrand/guide/?external=1

10.13.4 Das persönliche Papierbuch

Zu welchem Papier man auch immer greift, wichtig ist in meinen Augen, sich auch hier zu beschränken. Also nicht zahllose Blöcke (Kühlschrank, Schreibtisch, Telefon, Wohnzimmer usw.) zu nutzen, sondern sich wirklich auf einen Block zu beschränken. Sonst muss man wieder überlegen, wo damals genau die Notizen erfolgten, die man jetzt in Evernote aufnehmen möchte.

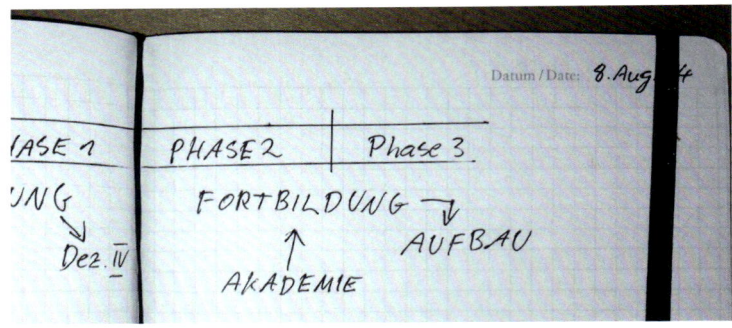

Abb. 10.28: *Notizbücher von Leuchtturm*

Mein ganz persönlicher Favorit sind Notizbücher des deutschen Herstellers »Leuchtturm 1917«, deren Aufmachung natürlich Ähnlichkeiten mit dem Marktführer Moleskine aufweist. Allerdings gefällt mir, neben dem Index am Anfang des Notizbuchs und der Art des Papiers, insbesondere die Nummerierung der Seiten. Beim späteren Scan kann ich so das Originalbuch noch im Falle des Falles leichter zurate ziehen. Angetan hat es mir die Softcover-Reihe (hier könnte der Hersteller mal eine breitere Farbpalette anbieten), die den Vorteil hat, dass die Notizbücher »dünner« und damit leichter sind. Vor allem aber lässt sich der Umschlag umbiegen, man hat also auch ohne Tischfläche eine stabile »Unterlage«. Und aufgeschlagen ergeben die gegenüberliegenden Seiten recht genau die Fläche einer DIN-A4-Seite. Die Papierlinien »verschwinden« weitgehend, wenn man die Evernote-Dokumentenkamera oder eine andere Scan-App nutzt. Man erhält ein kontrastreiches Bild. Auf die Moleskine-Sticker muss man natürlich verzichten, aber die Einordnung der Scans in Evernote ist ja nicht sehr zeitaufwendig. In wichtigen Fällen notiere ich Schlagwörter am Anfang der Seite, so erinnere ich mich auch später noch über den vorgesehenen Verwendungszweck.

Inzwischen ist das Unternehmen Leuchtturm sogar eine Kooperation mit Whitelines eingegangen und hat spezielle Notizbücher im Sortiment, die die benötigten Scan-Markierungen (siehe Abschnitt 10.9.2) für Evernote aufweisen.

Einzelheiten zu den Notizbüchern finden Sie unter:

http://www.leuchtturm1917.com/.

Kapitel 11

Datenschutz und Premium-Account

11.1   Ihre Daten gehören Ihnen!

Es würde den Rahmen dieses Buches sprengen, wollte man auf alle Fragen eingehen, die sich durch die Enthüllungen des Whistleblowers Edward Snowden bezüglich der Tätigkeiten von NSA und anderen Geheimdiensten ergeben. Auch deutsche (Nachrichten-)Dienste oder Internetknotenpunkte wie z.B. Frankfurt scheinen involviert zu sein, sodass man sich grundsätzlich die Frage stellen wird, welche Informationen man den Internetkanälen anvertrauen möchte.

Zwar ist zu vermuten, dass Evernote im Unterschied zu sozialen Netzwerken nicht sonderlich im Mittelpunkt geheimdienstlichen Interesses steht, aber wenn – wie wahrscheinlich durch den britischen Geheimdienst GCHQ geschehen – einfach mal Schnappschüsse der gesamten Informationen, die durch Unterseekabel geschickt werden, zeitweise gespeichert werden, hat man als unbescholtener Anwender ein ungutes Gefühl …

Aber neben diesen »staatlichen« Datensammlungen gibt es schon immer kommerzielle Interessen, möglichst viel über einen Nutzer herauszufinden – und an dieser Stelle kann Evernote im Vergleich zu anderen Diensten punkten.

Gerade bei Onlinediensten gibt es oft den Fall, dass man – quasi im Gegenzug zur kostenlosen Speicherung – an den Servicebereitsteller Rechte abtritt. Meist steht das im Kleingedruckten, bei Facebook etwa findet sich auf einer Unterseite eine sehr, sehr lange Liste mit vielen Formulierungen, die für juristische Laien oft schwer verständlich sind (»Datenverwendungsrichtlinien« *https://www.facebook.com/full_data_use_policy*). Evernote ist in diesem Punkt, zum Glück, völlig anders als die gewohnten sozialen Netzwerke. Von Anfang an garantiert Ihnen Evernote: »Ihre Daten gehören Ihnen – und sonst niemandem!« (*http://evernote-de.tumblr.com/post/4084829534/die-drei-evernote-regeln-des-datenschutzes*; siehe auch die »Terms of Service« unter *http://evernote.com/tos/*).

Nun könnte man sagen, Papier ist geduldig, aber es ist vor allem das Geschäftskonzept von Evernote, das für sich spricht: Für soziale Netzwerke wie Facebook oder Twitter ist nicht der einzelne Nutzer von Interesse, sondern die Verknüpfung sehr vieler individueller Daten, damit Werbetreibende möglichst zielgerichtet ihre Produkte platzieren können. Wer also oft Texte über Schuhe schreibt, wird, vereinfacht ausgedrückt, Anzeigen eines Schuhversenders eingeblendet bekommen. Und von Urlaubsanbietern. Und von Modehäusern … und … und … und … Denn genau dies ist das Geschäftsmodell: Mit Werbung Geld verdienen.

Werbung ist hingegen für Evernote ziemlich uninteressant. Es gibt bei der kostenlosen Version – nur bei den Desktopvarianten – zwar eine kleine Ecke links unten, die man nach einiger Zeit gar nicht mehr wahrnimmt. Doch die meisten Werbetexte beziehen sich auf Evernote selbst.

Evernotes Idee ist: Mach das kostenlose Produkt so gut, dass es die Leute überzeugt und ihnen eine erweiterte Version Geld wert ist. Dabei geht Evernote nicht den Weg, eine verkürzte Variante als kostenlose Version anzubieten. Sie erhalten eine Version, die bereits fast alle Funktionen zur freien Verfügung hat. Lediglich wer spezielle Wünsche hat, z.B. ein sehr hohes Speichervolumen benötigt, einen besonders schnellen Support wünscht oder Inhalte auf mobilen Geräten dauerhaft offline speichern möchte, der wird um einen Jahresbeitrag von 40 Euro gebeten.

Für Evernote ist es also nicht wichtig, möglichst viel über Ihre Person zu erfahren, Ihre Vorlieben, Ihre demografischen Daten. Sie brauchen außer Ihrer Mailadresse fast nichts anzugeben. Sie können auch ein Pseudonym als Namen verwenden, Ihre Daten werden nicht mit irgendeinem »Freundeskreis« verknüpft.

Und es gibt noch einen weiteren Aspekt, der Vertrauen schafft: Während die Gründer anderer Dienste, z.B. von Google, Yahoo oder Facebook, eher interviewscheu sind, steht Phil Libin mit seinem Namen für sein Unternehmen ein, gibt gerne Interviews, beantwortet die Fragen von Journalisten und ist oft in der Öffentlichkeit zu sehen. Auch der Support reagiert schnell, meist erhalten Sie innerhalb von 24 Stunden eine Antwort auf Ihre Fragen – ebenfalls ein wichtiges Kriterium für einen seriösen Dienst.

Für die Sicherheit Ihrer Daten verwendet Evernote die üblichen Sicherungsmechanismen, also z.B. ein mehrfaches Backup, falls es in einem Rechenzentrum zu irgendwelchen Problemen kommen sollte.

11.2 Datensicherung

Was ist, wenn das Unternehmen Evernote aufhören sollte, zu existieren? Obwohl Evernote sich selbst als »Hundert-Jahre-Unternehmen« sieht und

langfristige Strategien verfolgt, ist die Frage im schnelllebigen Internetzeit-
alter nicht unbegründet. Manche Anwender haben die Befürchtung, dass
sie dann ihre Daten nicht mehr in der ursprünglichen Form aus dem System
lösen können, um sie in eine Alternative einzupflegen.

Die Sorge ist unbegründet, denn Notizinhalte und -anhänge werden *nicht*
in ein anderes Format konvertiert. Ihre Foto-, Word- oder PDF-Dateien
bleiben in ihrer ursprünglichen Form erhalten, sie werden lediglich – etwas
laienhaft ausgedrückt – in einem »Datenbankbehälter« aufbewahrt. Und
diese SQL-Datenbank folgt einem verbreiteten Standard, sodass Sie eine
Reihe von Export- und Backup-Möglichkeiten haben. Lassen Sie uns einen
Blick auf diese Möglichkeiten werfen.

11.2.1 Anhänge in einem Rutsch speichern

Um in Notizen vorhandene Anhänge auf Ihrer Festplatte zu speichern, gibt
es ein sehr einfaches Verfahren, mit dem Sie sogar große Mengen von
Daten in wenigen Sekunden zur Verfügung haben. Nehmen wir an, Sie
haben ein Notizbuch, das eine Reihe von Notizen mit unterschiedlichen
Anhängen beinhaltet: PDF-, Word- und ZIP-Dateien.

Abb. 11.1: *Notizen mit unterschiedlichen Anhängen*

Alles, was Sie nun tun müssen, ist, diese Notizen auf Windows-übliche
Weise zu markieren: Drücken Sie in der mittleren Vorschauspalte
[Strg]+[A], um alle Notizen auszuwählen, oder wählen Sie gezielt mehrere einzelne Notizen mit gedrückter [Strg]-Taste und linkem Mausklick
aus. Sie erhalten das Bild eines »Notizenfächers« mit mehreren Optionen.

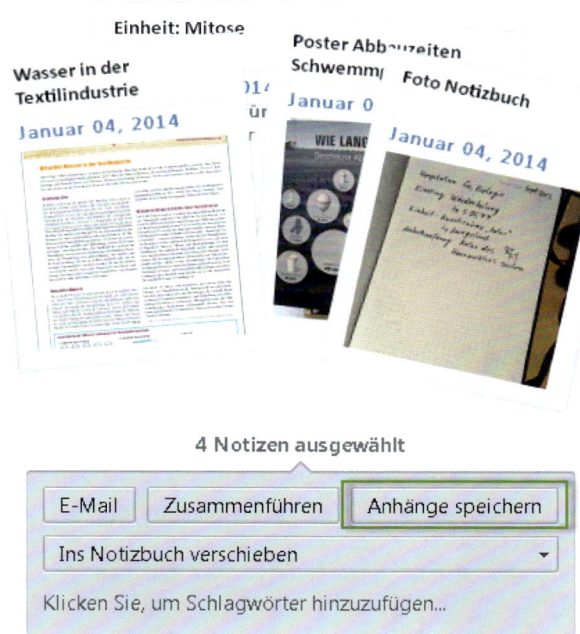

Abb. 11.2: *Anhänge werden gespeichert*

Mit dem Button ANHÄNGE SPEICHERN werden in einem Zug die Dokumente auf einem Festplattenpfad gespeichert und stehen Ihnen für die Weiterbearbeitung zur Verfügung.

11.2.2 Archivierung mit Exportoptionen

Wenn es Ihnen nicht nur um die Anhänge, sondern um den gesamten Notizinhalt geht – also z.B. Fotos, denen Sie Text beigefügt haben –, sollten Sie eine Option des EXPORT-Menüs wählen. Dieses steht im Kontextmenü zur Verfügung, wenn Sie einzelne Notizen oder ein Notizbuch auswählen.

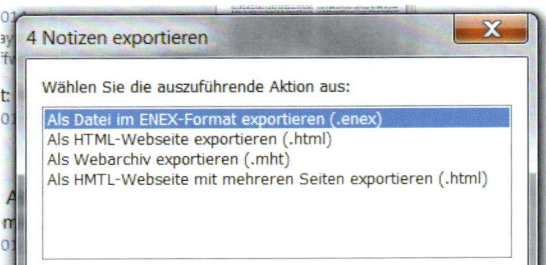

Abb. 11.3: *Exportmöglichkeiten*

ENEX-Format

ENEX (für EverNoteEXport) hört sich exotisch an, ist aber eigentlich nur ein XML-Format, das den Notizinhalt mit zusätzlichen Informationen, wie etwa Titel und Schlagwörter, »umrahmt«. Wenn Sie beispielsweise das Notizbuch »Arbeitsblätter« exportieren, erhalten Sie eine einzelne Datei – Arbeitsblätter.enex –, die alle Informationen und Anhänge der Notizen enthält.

Die Besonderheit dieses Formats: Sie können die Datei verschicken oder in einen anderen Account importieren (DATEI – IMPORT – EVERNOTE-DATEIEN). Sofort sind alle Notizen in ihrer ursprünglichen Form samt Schlagwörtern vorhanden. Damit ist dieses Format ideal für die Archivierung: Sie können nicht mehr benötigte Notizbücher auf Ihrer Festplatte »auslagern« und so Ihre Datenbank kleiner halten. Sollten Sie später doch einmal diese Unterlagen benötigen, haben Sie die Notizen sehr rasch wieder in Ihren Account aufgenommen.

> ### Hinweis
>
> Dieses Verfahren funktioniert für einzelne Notizen bzw. einzelne Notizbücher. Sie können aber nicht einen Notizbuchstapel oder z.B. vier Notizbücher in einem einzigen Vorgang exportieren.

Webseitenformate

Drei weitere Formate benutzen den HTML-Standard, den Sie von Webseiten her kennen. Die Notizinhalte werden aber nicht im Web, sondern auf

Ihrer Festplatte in diesem Format aufgerufen, entweder als einzelne Seiten, als ein Bündel von Seiten mit »Indexblatt« oder als Webarchiv (.mht). Zu Letzterem: Dieses Format kann von Internet Explorer (und durch Plugins auch von anderen Browsern) gelesen werden, ist aber nicht sehr verbreitet. Der Vorteil: Es wird nur eine einzige Datei statt vieler kleiner Dateien angelegt.

Wenn Sie völlig unabhängig von irgendwelchen Formaten sein wollen und Ihre Notizinformationen so vollständig wie möglich auf Ihrer Festplatte speichern möchten, können Sie die Option ALS HTML-WEBSEITE MIT MEHREREN SEITEN EXPORTIEREN wählen.

Wichtig ist, dass Sie vor der Speicherung über den Button OPTIONEN alle Felder aktivieren, die Ihnen wichtig sind, also z.B. ERSTELLDATUM, SCHLAGWÖRTER, QUELL-URL usw.

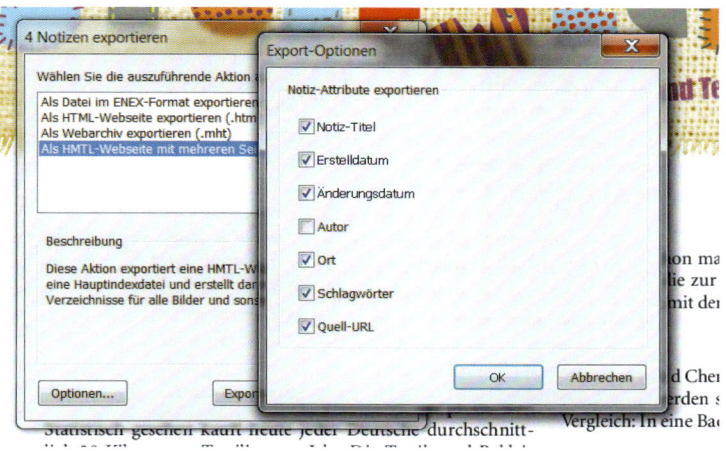

Abb. 11.4: *Exportoptionen wählen*

Der Export geht sehr schnell vor sich. Sie müssen lediglich ein Dateiverzeichnis wählen, Evernote speichert im Hauptverzeichnis die Texte im HTML-Format und in Unterverzeichnissen die Dateianhänge. Die Unterverzeichnisse werden automatisch mit dem Titel der Notizen versehen, sodass sie rasch auffindbar sind.

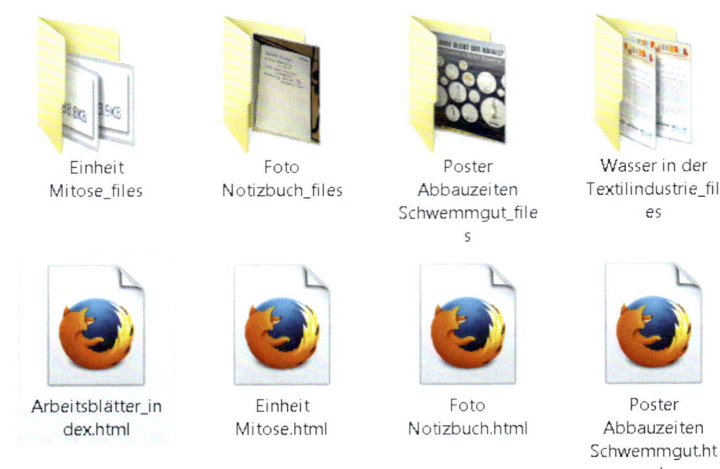

Abb. 11.5: *Nach dem Export*

Evernote ruft automatisch die Startdatei in Ihrem Browser auf (im vorliegenden Beispiel Arbeitsblätter_index.html), die einige Textzeilen mit Links zu den Notizen enthält.

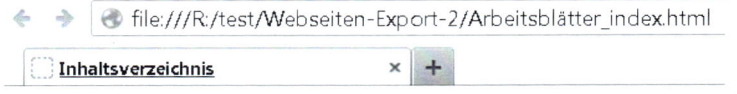

Inhaltsverzeichnis

- Foto Notizbuch
- Poster Abbauzeiten Schwemmgut
- Einheit: Mitose
- Wasser in der Textilindustrie

Abb. 11.6: *Das Inhaltsverzeichnis Ihrer Notizen*

Sobald Sie einen dieser Links aktivieren, gelangen Sie zu allen Notizinformationen, die nun – samt Anhang – im »Klartext« einsehbar sind.

Foto Notizbuch

Erstellt: *04.01.2014 14:38*
Geändert: *04.01.2014 15:45*
Schlagwörter: *Notizen, Planung*

Die Notizen muss ich noch übertragen.
Auch die Planung der neuen Jahrgangsstufe anpassen.

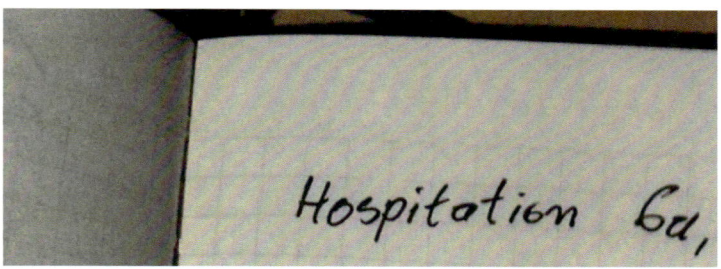

Abb. 11.7: *vollständige Sicherung der Informationen*

Wenn Ihnen also irgendwann einmal Evernote nicht mehr gefallen sollte, so können Sie in jede beliebige andere Software Ihre Informationen übertragen: Ihre Bemerkungen, Schlagwörter, Quellangaben und Dateien sind ja alle abrufbar. Lediglich das erste Einpflegen ins neue System müssen Sie vielleicht »von Hand« vornehmen, sofern Ihnen kein Importfilter zur Verfügung gestellt wird. Aber wichtig ist ja, dass Sie alles zur Verfügung haben, ohne von Evernote abhängig zu sein.

Tipp
Je nach Datenmenge können Sie einen solchen Export von Zeit zu Zeit vornehmen. Wenn Sie die so entstandenen Dateien samt Unterverzeichnissen in ein ZIP-Archiv zusammenfassen, haben Sie jeweils eine handliche Datei für den Fall der Fälle.

11.2.3 Sicherung der Datenbank

Die beschriebenen Exportvarianten bringen alle einen gewissen Arbeitsaufwand mit sich, da Sie Notizen und Notizbücher zunächst auswählen, dann den Export durchführen und die erzeugten Dateien sichern müssen.

Einfacher ist es, nur die Datenbank zu sichern, in der alle Informationen samt Suchindex gespeichert sind. Zur Nutzung sind Sie zwar weiterhin auf Evernote angewiesen, aber solange Sie mit diesem Dienst zufrieden sind, ist es die unkomplizierteste Form der Sicherung.

Sie finden die Angabe, wo genau sich diese Datenbank befindet, sogar in Evernote selbst:

Unter dem Menüpunkt FUNKTIONEN gibt es den Punkt OPTIONEN; die erste Registerkarte nennt sich ALLGEMEIN und weist unter LOKALE EVERNOTE-DATEIEN den Pfad auf und enthält sogar den Link ÖFFNE DATENBANK-ORDNER, sodass Sie die Datenbank sehr bequem kopieren können.

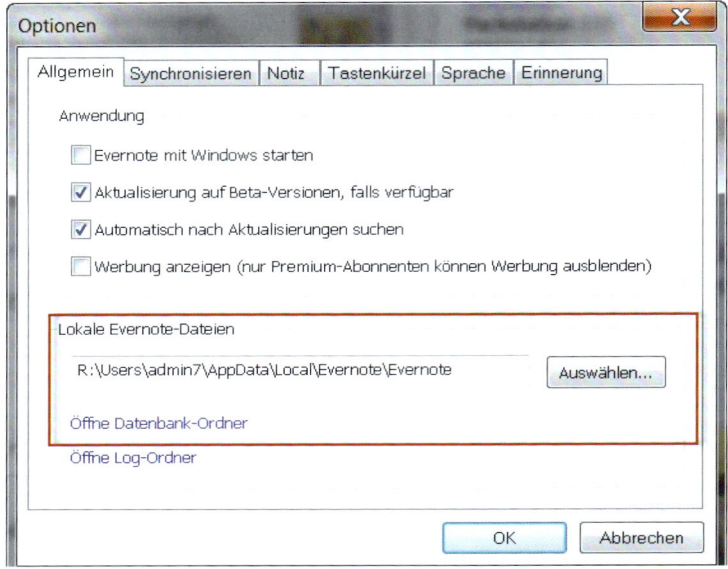

Abb. 11.8: *Evernote zeigt den Pfad zur zentralen Datenbank*

Tipp

Ein kostenloses und sehr gutes Windows-Tool zum Automatisieren solcher Sicherungen ist Personal Backup (*http://personal-backup.rathlev-home.de/*).

11.3   Ihren Account schützen

Es gibt eine ganze Reihe von Sicherungsmaßnahmen für den eigenen Evernote-Account – sowohl für die verbreitete kostenlose Variante als auch für den Premium-Account. Dreh- und Angelpunkt ist dabei Ihre Kontoseite im Web, die Sie mit dem Link *https://www.evernote.com/Settings.action* aufrufen können.

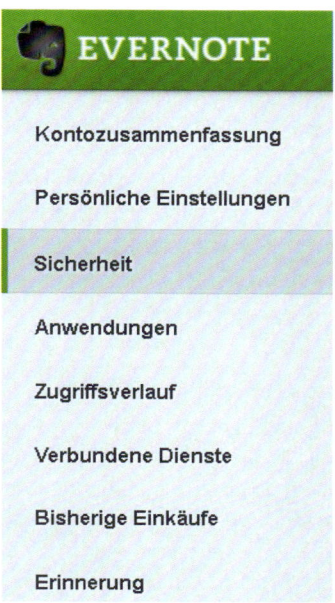

Abb. 11.9: *Sicherheitseinstellungen festlegen*

Zugriffsverlauf anzeigen lassen (alle Accounts)

Ab sofort können Sie sehen, mit welcher IP zu welchem Zeitpunkt mit welchem Gerät auf Ihr Konto zugegriffen wurde. Dabei wird der ungefähre Standort des Servers in der Liste aufgeführt. Falls Sie aus irgendeinem Grund einmal ein unsicheres Gefühl haben, können Sie sich hier Gewissheit verschaffen – meist ist man dann ja beruhigter.

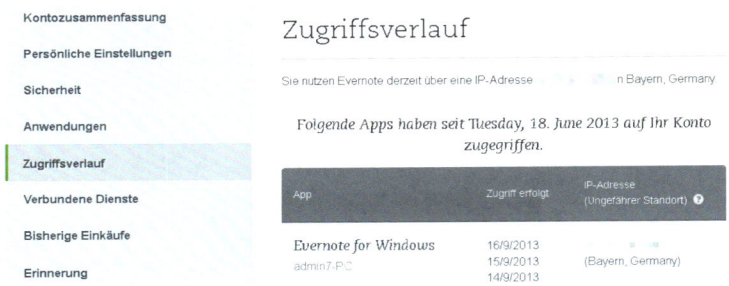

Abb. 11.10: Liste des Zugriffverlaufs

Nebenbei: Es können in dieser Liste unterschiedliche Bundesländer auftauchen. So wird bei mir z.B. die Netzwerkadresse meines heimischen Büros »Bayern« zugeschlagen (Ulm würde sich da etwas wehren, aber immerhin ist die Zuordnung dicht dran); es taucht aber auch Nordrhein-Westfalen auf – nämlich immer dann, wenn ich über meinen Provider via Smartphone auf Evernote zugegriffen habe.

Anwendungen »fernabschalten« (alle Accounts)

Meist hat man ja nicht nur auf einem Gerät seine Evernote-Anwendung – ob Bürocomputer, Smartphone, Tablet oder andere Apps, die auf Evernote zugreifen, sie sind alle in einer Liste aufgeführt. Evernote geht da einen »Mittelweg« bei den Anmeldeprozeduren. Gelegentlich muss man sein Passwort eingeben, aber nicht bei jedem Aufruf einer App – da hätte man am Tag ja ganz schön viel zu tippen. Was nun, wenn man z.B. im Büro Evernote immer automatisch aufruft, nun aber z.B. den Urlaub antritt und das Ausloggen vergisst? Wenn man nicht möchte, dass ein Kollege aus Versehen einen Blick auf die Evernote-Inhalte wirft, kann man über seine

Accountseite das Ausloggen veranlassen. Das gilt auch für liegen gebliebene Smartphones usw. Ebenso können Sie Anwendungen von Software von Drittanbietern nachträglich die Zugriffsberechtigung auf Ihre Evernote-Daten mit einem einfachen Klick entziehen. Denn oft testet man ja eine App, die mit Evernote zusammenarbeitet, und stellt später fest, dass man die Anwendung gar nicht nutzt.

Wiederum stellt Evernote eine ausführliche Liste mit Anwendungsname, Bezeichnung des Computers, Zeitangaben usw. zur Verfügung.

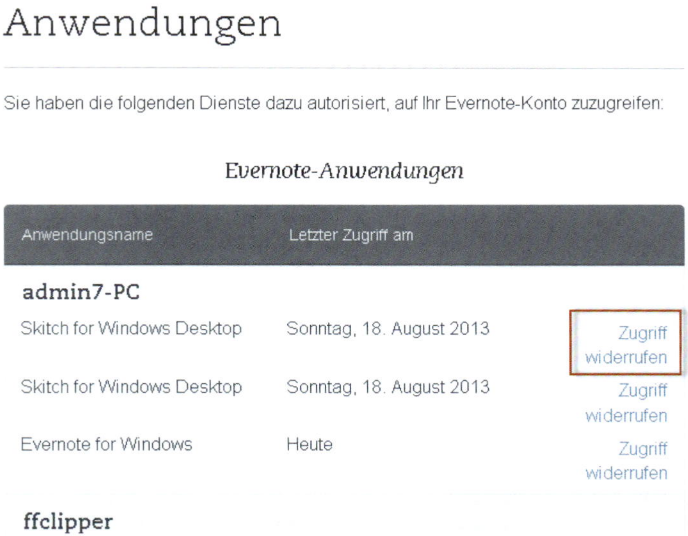

Anwendungen

Sie haben die folgenden Dienste dazu autorisiert, auf Ihr Evernote-Konto zuzugreifen:

Evernote-Anwendungen

Anwendungsname	Letzter Zugriff am	
admin7-PC		
Skitch for Windows Desktop	Sonntag, 18. August 2013	Zugriff widerrufen
Skitch for Windows Desktop	Sonntag, 18. August 2013	Zugriff widerrufen
Evernote for Windows	Heute	Zugriff widerrufen
ffclipper		

Abb. 11.11: *Ein Klick genügt*

11.4 Zwei-Wege-Authentifizierung

Ihr Account ist über Ihre Mailadresse und das von Ihnen gewählte Passwort geschützt. Obwohl ursprünglich nur für Premium-Kunden vorgesehen, können inzwischen alle Anwender einen weiteren Schutz aktivieren: In der Anwendung oder auf der Webseite geben Sie weiterhin Ihr Passwort an, aber zusätzlich benötigen Sie einen »Einmalcode«, der Ihnen auf einem anderen Weg, z.B. via SMS, zugeschickt wird.

Diese Art von zusätzlicher Sicherung bedeutet allerdings, dass Sie Ihr Smartphone während des Einloggens in erreichbarer Nähe haben müssen; so gesehen bringt dieser Weg also eine kleine Unbequemlichkeit mit sich. In der Praxis ist dies allerdings erträglich, da Evernote nicht bei jedem Start der Anwendung den zweiten Code verlangt. Evernote »merkt« sich, welche Computer oder Anwendungen »vertrauenswürdig« sind. Aber die Neueingabe wird z.B. erforderlich, wenn Sie sich zuvor von Ihrem Account abgemeldet haben.

Sie können das Verfahren auch zeitweise ausprobieren und über die Einstellungsseite wieder ausschalten.

Folgende Wege stehen Ihnen zur Verfügung:

Zusendung des Codes via SMS

Sie werden gut und verständlich in deutscher Sprache durch den ganzen Prozess geleitet, sodass Sie nur die einzelnen Schritte befolgen müssen. Evernote garantiert noch einmal nachdrücklich, dass die Telefonnummer nicht für Marketingzwecke benutzt wird. Zusätzlich können Sie eine zweite Telefonnummer (genannt »Backup-Telefonnummer«) eintragen, falls mal der Akku gerade leer ist und Sie beispielsweise das Handy Ihres Partners benutzen müssen.

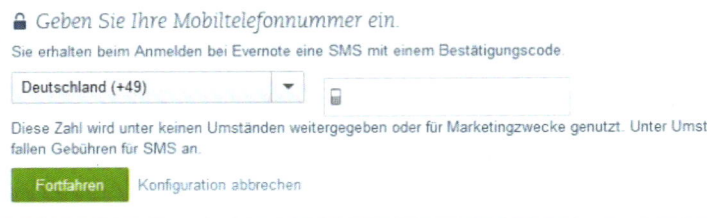

Abb. 11.12: Versand via SMS

> ## Tipp
>
> Der Code ist ca. 30 Sekunden gültig. Obwohl die Zusendung nach der Anforderung meist innerhalb weniger Sekunden erfolgt, kommt es in der Praxis gelegentlich vor, dass man sein Smartphone nicht gleich zur Hand hat und der Code inzwischen ungültig ist. Kein Problem: Unter jeder Code-Eingabezeile finden Sie einen Link mit der Beschriftung »Ich benötige Hilfe …«. Nach dem Anklicken können Sie sich einen neuen Code zusenden lassen. Ich selbst nutze das Verfahren jetzt ca. sechs Monate und hatte bisher noch keine Probleme mit meinem Zugang.

Backup-Codes

Neben der primären Telefonnummer und der Zweitnummer gibt es noch eine dritte Sicherungsmaßnahme: Es werden Ihnen fünf »Backup-Codes« zum Ausdrucken angezeigt. Wenn Sie also im Hotel feststellen, dass Sie Ihr Smartphone vergessen haben und Ihre Frau zu Hause nicht erreichen können, aber ganz dringend ein Dokument für die bevorstehende Präsentation benötigen – so zücken Sie Ihre Brieftasche, in der sich hoffentlich dieser kleine Ausdruck befindet. Und für ganz Vorsichtige: Der Verlust des Zettels ist kein Weltuntergang, denn die Codes sind wertlos ohne Ihr Passwort (das Sie hoffentlich im Kopf und nicht in der Brieftasche haben). Sie können die Codes auch für ungültig erklären und eine neue Liste anfordern.

Abb. 11.13: *Telefonnummern und Backup-Codes*

Es versteht sich von selbst, dass die Liste mit Backup-Codes eine der wenigen Informationen ist, die Sie nicht in Evernote speichern, sondern wirklich analog zur Hand haben sollten. Denn die Codes nützen Ihnen innerhalb von Evernote ja nichts, wenn Sie keinen Zugang haben.

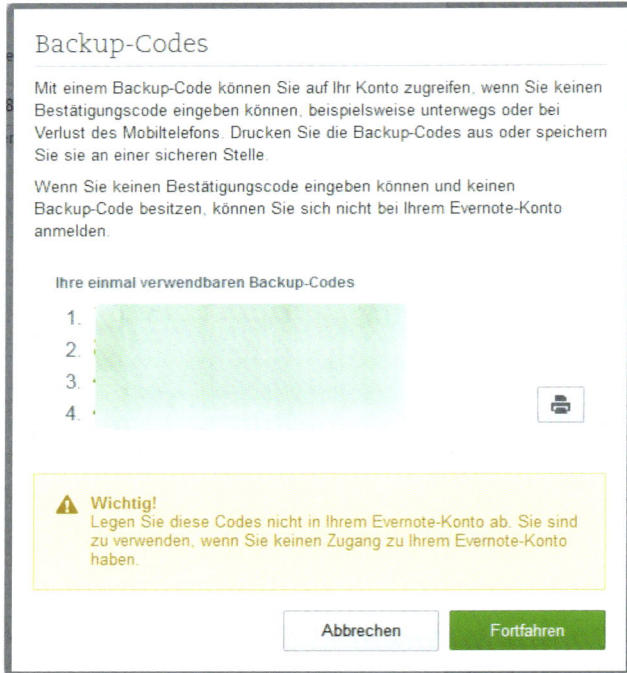

Abb. 11.14: Codes für den Ausdruck

Die App Google Authenticator

Neben Evernote nutzen auch Dienste wie Google Mail oder Dropbox das gleiche Zwei-Wege-Verfahren. Daher gibt es eine App namens Google Authenticator (https://support.google.com/accounts/answer/1066447), die bei all diesen Diensten eingesetzt werden kann. Der Vorteil: Sie müssen Ihre Telefonnummer nicht weitergeben. Die App steht für Android, iPhone, iPod touch, iPad, BlackBerry und andere Systeme zur Verfügung.

11.5   Was bietet ein Premium-Account?

Wie schon erwähnt: Die kostenlose Version von Evernote ist üppig ausgestattet und hat eigentlich alles, was man für die Dokumentenverwaltung benötigt. Ein Premium-Account bietet den ein oder anderen zusätzlichen Nutzen; wer intensiver mit Evernote arbeitet, für den kann es nützlich sein, einmal einen Blick auf die entsprechende Liste zu werfen.

> **Tipp**
>
> Momentan gibt es Provider wie die Telekom (Festnetz, T-Mobile oder Congstar), die ihren Kunden ein Jahr Premiumzugang schenken. Sofern Sie selbst bei einem anderen Provider sind, können Sie sich auch einmal in Ihrem Familienkreis umhören, ob jemand das Evernote-Premiumkonto nicht nutzt und Sie den Service über Ihren eigenen Account aktivieren dürfen. Alternativ findet sich auch bei den Evernote-Papiernotizbüchern von Moleskine ein Gutscheincode für einen Premium-Account.

Uploadvolumen

Sie können monatlich bis zu 1 GB Dateien einstellen. Bei der kostenlosen Version sind es zwar zu Beginn nur 60 MB, aber in jedem neuen Monat starten Sie wieder bei »null« und können weitere 60 MB auffüllen. Außerdem darf eine einzelne Notiz bis zu 50 MB groß sein (in der freien Variante bis zu 25 MB). Es gibt keine Begrenzungen des Speicherplatzvolumens. Selbst wenn Sie zu irgendeinem Zeitpunkt wieder von der Premiumvariante zur kostenlosen wechseln, bleiben alle Daten erhalten!

Verschlüsselung von Texten

Sofern Ihre Notiz Text enthält, können Sie diesen bei einem Premium-Account verschlüsseln (Text markieren, im Kontextmenü AUSGEWÄHLTEN TEXT VERSCHLÜSSELN wählen). Dies gilt momentan nur für reinen Text (Verschlüsselungsstärke: AES 128) – Evernote verschlüsselt keine angehängten Dateien. Allerdings plant Evernote die Einführung erweiterter Verschlüsselungsverfahren.

Natürlich steht es Ihnen frei, z.B. mit Passwort geschützte ZIP-Archive anzuhängen – das klappt auch in der kostenlosen Version.

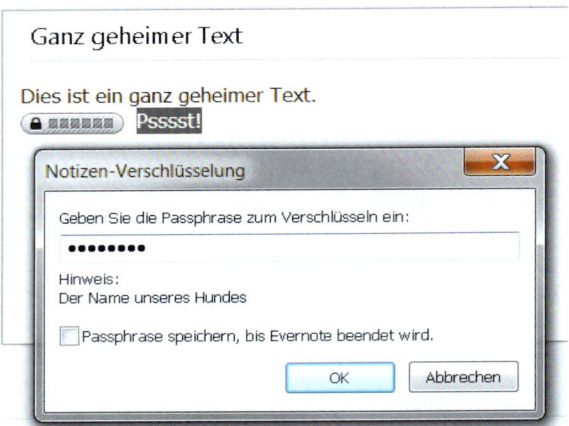

Abb. 11.15: Text kann verschlüsselt werden

Offlinenotizbücher

Im mobilen Bereich nützlich: Zwar werden auch in der freien Version Notizinhalte geladen und, bis zum nächsten Aufruf, vorgehalten. Mit dem Premium-Account können Sie aber ganze Notizbücher offline speichern. Sie haben damit auch auf längeren Reisen ohne Internetverbindung, z.B. im Flugzeug, Zugriff auf gespeicherte Materialien. Geht es Ihnen hingegen nicht um den Notiztext, sondern z.B. nur um die PDF-Anhänge, so können Sie diese natürlich in einer anderen App, z.B. in iBooks, für die Reise »zwischenlagern«.

Durchsuchbare PDF-Dateien

Natürlich können Sie auch in der freien Version nach bestimmten PDF-Dateien suchen, der Dokumententitel wird in den Suchindex übernommen. Beim Premium-Account wird zusätzlich der gesamte Text einer PDF-Datei indiziert und durchsuchbar gemacht.

PIN-Sperre

Bei stationären Systemen, also Ihrem PC oder Mac, haben Sie immer die Möglichkeit, sich aus Ihrem Evernote-Account auszuloggen oder Ihr System anderweitig zu schützen. Bei mobilen Systemen ist das manchmal schwieriger, aber Evernote soll ja nicht so einfach von irgendjemand aufgerufen werden können. Daher können Sie unter iOS oder Android eine PIN festlegen, die eingegeben werden muss, bevor die App startet.

Abb. 11.16: *Mobile Apps lassen sich durch einen PIN-Code schützen*

Gemeinsame Editiermöglichkeiten bei mehreren Notizbüchern

Dies ist ein echter Pluspunkt des Premium-Accounts. In der freien Version können Sie zwar Notizen und Notizbücher freigeben, das bedeutet aber nur, dass andere »mitlesen« können oder die Notiz in ihr eigenes Evernote-Archiv aufnehmen können. Lediglich bei *einem* Notizbuch können Sie auch Editiermöglichkeiten einrichten. Wenn es jedoch möglich sein soll, dass z.B. Kollegen oder Familienmitglieder in mehreren Notizbüchern Änderungen oder Ergänzungen an den Notizen vornehmen können, müssen Sie über einen Premium-Account verfügen (für die anderen Teilnehmer genügt ein kostenloses Konto).

Und noch ...

‣ schnellere Bereitstellung der OCR-Erkennung bei neuen Grafiken

‣ keine Werbeeinblendungen im kleinen Fenster links unten

‣ eine Historieliste, mit der Sie frühere Fassungen einer Notiz aufrufen können

- Supportanfragen werden etwas schneller bearbeitet
- Sie können Ihren Benutzernamen ändern lassen, ohne ein neues Konto eröffnen zu müssen
- bei den Desktopanwendungen von Mac und Windows ein zusätzlicher Menüpunkt, der es ermöglicht, rasch zwischen mehreren Accounts zu wechseln
- die Inhalte von Office-Dokumenten werden in den Suchindex aufgenommen
- ein Präsentationsmodus für Beamervorträge steht zur Verfügung
- Scans von Visitenkarten können als Kontaktdaten aufgenommen werden
- PDF-Dateien können zusätzliche Markierungen aufnehmen

Die Kosten für einen Premium-Account betragen 5 Euro im Monat bzw. 40 Euro für ein Jahr (Stand: 2014). Ermäßigte Accounts gibt es für den Bildungsbereich.

Einzelheiten zur Premiumversion erfahren Sie auf dieser Seite:

https://evernote.com/intl/de/premium/

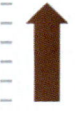

Übergroße Uploads

Evernote Premium bietet ein monatliches Upload-Volumen von bis zu 1 GB. Genug für hochauflösende Fotos, viele Dateien und Tausende von Textnotizen und Webausschnitten.

Support höchster Priorität

Haben Sie eine Frage oder ein Problem? Sie werden sofort an den Anfang der Warteschlange vorgezogen, damit Sie Ihre Support-Antwort schneller bekommen.

Offline-Notizbücher

Nehmen Sie zwecks eines einfacheren Zugriffs ganze Notizbücher offline, vor allem, wenn Sie keine optimale Netzverbindung haben. Eine perfekte Option, wenn Sie auf Reisen sind. Für iOS und Android verfügbar.

Zusammenarbeit

Anwender von Evernote Premium können anderen Anwendern erlauben, dass sie ihre Notizen bearbeiten können, was Evernote zu einem hervorragenden Werkzeug für die Arbeit an einem Projekt mit anderen oder die Planung einer Reise mit Freunden macht.

Notizverlauf

Machen Sie eine Zeitreise in die Vergangenheit. Sehen Sie sich die einzelnen Versionen Ihrer Notizen in Ihrem Konto an. Dies ist eine tolle Option, vor allem, wenn Sie mit anderen zusammenarbeiten.

Größere Dateien, längere Notizen

Für Premium-Anwender wird die maximale Größe einer einzelnen Notiz auf 50 MB erhöht. Das bedeutet, dass Sie noch mehr in Ihren Notizen ablegen können.

Abb. 11.17: *Die Vorteile eines Premium-Accounts*

Tipp

Wenn Sie eine Premiumfunktion nur kurzfristig benötigen, genügt in vielen Fällen die Aufstockung für einen Monat. Auf diese Weise können Sie z.B. Ihren Benutzernamen ändern lassen – der neue Name bleibt erhalten, auch wenn Sie wieder auf die Freeware-Version umsteigen.

Noch mehr über Evernote – Links im Web

▸ Homepage von Evernote mit allen Downloads: https://evernote.com/

▸ Evernote-Support-Center: *http://evernote.com/intl/de/contact/support*

▸ Evernote für Softwareentwickler: *http://dev.evernote.com/*

▸ Offizieller Weblog – deutsch mit aktuellen Hinweisen und Fallbeispielen: *http://evernote-de.tumblr.com/*

▸ Offizieller Weblog – englisch, auf Neuerungen wird hier zuerst hingewiesen: *http://blog.evernote.com/*

▸ Sammlung von Softwareprodukten, die mit Evernote zusammenarbeiten, wird ständig aktualisiert: *http://evernote.com/intl/de/trunk/*

▸ Anwenderforum von Evernote (englisch), sehr rasche Antwortzeiten, auch Mitarbeiter von Evernote schreiben hier:

http://discussion.evernote.com/

▸ Google+-Community »Evernote DE« – aktive Gruppe mit über 1700 Mitgliedern:

https://plus.google.com/u/0/communities/105926538055285473258

▸ Notizbuchblog.de – Blog von Christian Mähler, der sich mit Papiernotizbüchern befasst, sehr aktuell, sehr gut gepflegt: *http://www.notizbuchblog.de*

▸ ToolBlog – Blog von Stephan List zu Themen des Selbstmanagements und der Arbeitsmethodik: *http://www.toolblog.de/*

▸ Caschiys Blog – Carsten Knobloch ist selbst Evernote-Nutzer, sein Blog eine Fundgrube für alle technikbegeisterten Surfer: *http://stadt-bremerhaven.de/*

▸ Lifehacker – ein Webangebot mit zahlreichen Beiträgen zu Evernote und anderer Software, die dem Informationsmanagement dient:

http://lifehacker.com/

▸ Bildung-Technik-Zukunft – sehr interessante Podcast-Reihe zu Fragen des Informationsmanagements im Bildungsbereich:

http://bildung-zukunft-technik.de

▸ Evernote für Pfiffige – ein Blog mit Tipps und Tricks zu Evernote vom Autor dieses Buchs ;-): *http://notieren.de*

Für zahlreiche Hinweise und Ratschläge danke ich den Mitgliedern des englischen Supportforums, den Leuten aus der Google+ Community »Evernote DE«, Lesern meines Weblogs und meiner Tweets sowie ganz besonders Horst vom Blog »Hastenichgesehen« (*http://www.hsw.onpw.de/blog/*).

11.6   Machen Sie Evernote zu Ihrem ganz persönlichen Werkzeug

Sie haben in diesem Buch, so hoffe ich jedenfalls, viele Möglichkeiten für sich selbst entdeckt, Ihren Alltag mit Evernote zu organisieren. Wenn Evernote neu für Sie war, sollten Sie rasch einen Einblick erhalten haben. Wenn Sie Evernote bereits kannten, werden Sie dennoch eine Reihe von Funktionen, Tipps und Kniffen entdeckt haben, die bisher übersehen wurden oder »brachlagen«.

Vor allem hoffe ich, dass Sie – jenseits der puren Bedienung einer Software – durch die Beispiele auf Ideen gekommen sind, wie Sie eigene Abläufe, Projekte, Vorhaben und, und, und durch Evernote besser planen und organisieren können. Ziel sollte es sein, dass Sie Ihren ganz eigenen Stil finden, Evernote so anpassen, dass der Dienst zu Ihnen und Ihren Anliegen auch wirklich »passt«.

Wenn Sie Evernote in Ihren Alltag integrieren, werden Sie feststellen, dass je länger Sie das Programm nutzen, es eine immer wertvollere Hilfe werden wird. Während ich persönlich vor einigen Jahren noch zahlreiche weitere Tools im Einsatz hatte – Suchprogramme für die Festplatte, Schreibtools für die Strukturierung von Texten, Manager für die Dateiverwaltung usw. –, fiel mir nach einigen Monaten plötzlich auf, dass ich kaum noch zu diesen Softwareprogrammen griff. Wichtige Daten und Informationen waren inzwischen an einem einzigen Ort versammelt, in Evernote, und mit einer Ordnungsstruktur verknüpft, die mir das Auffinden und

Zusammenstellen so sehr erleichterte, dass andere Tools überflüssig geworden waren.

Wahrscheinlich werden Sie auch feststellen, dass sich die Art der Nutzung mit zunehmender Erfahrung verändert. Während ich anfangs weitgehend auf Notizbücher verzichtete und versuchte, alles über eine Schlagwortstruktur zu organisieren, hielten schließlich doch Notizbücher Einzug, da die optische Trennung bei steigender Informationsfülle eben doch Vorteile hatte.

Mein Ratschlag: Experimentieren Sie, probieren Sie unterschiedliche Verfahren aus, setzen Sie den ein oder anderen Tipp aus diesem Buch ein. Sie werden Ihren eigenen Weg mit Evernote finden – und ich wünsche Ihnen alles Gute für Ihre Entdeckungsreise!

Index

Die kleinen Schwarzen von mitp

Mike Rohde

Das Sketchnote Handbuch

Der illustrierte Leitfaden zum Erstellen visueller Notizen

"Mike Rohde lässt seinen Worten Taten folgen: Dieses wunderbare, einfache Buch bietet alles, was man benötigt, um Sketchnotes wie ein Profi zu erstellen. Das Sketchnote Handbuch ist *die* Referenz für eine neue, praktische und innovative Disziplin!"
— Dave Gray, Autor von "The Connected Company", Co-Autor von "Gamestorming"

"Etwas Magisches geschieht, sobald man Bilder und Worte zu Notizen kombiniert. In diesem sympathischen und ermutigenden Buch verrät der Sketchnote-Meister Mike Rohde seine Geheimnisse, so dass jeder seine Tricks stehlen kann, um selbst Ideen mit Stift und Papier festzuhalten."
— Austin Kleon, Autor von "Steal Like an Artist"

Probekapitel und Infos erhalten Sie unter:
www.mitp.de/8203

ISBN 978-3-8266-8203-2